高等院校公共管理类专业系列教材

社会保险理论与实务（第2版）

邵文娟 奚伟东 主编

The Theory and Practice of Social Insurance

清华大学出版社
北京

内 容 简 介

本书从社会保险的基本知识和基本方法出发，结合我国社会保险的发展现状，阐述养老、医疗、生育、工伤、失业保险的主要内容和相关实务。本书共分九章，首先在介绍社会保险的概念、种类及发展的基础上，阐述社会保险管理、社会保险基金、社会保险登记及费用征缴等知识。然后，详细地介绍了我国养老、医疗、生育、工伤、失业保险制度的覆盖范围、资金来源、待遇标准及享受资格等内容。此外，为了实现理论与实务相结合，本书安排了知识拓展和拓展训练模块。

本书可供劳动与社会保障专业、公共事业管理专业、行政管理专业、人力资源管理专业等社会保险课程的教学和参考使用，也可供社会保险机构、社区等人员培训使用。

图书在版编目(CIP)数据

社会保险理论与实务/邵文娟，奚伟东主编. —2版. —北京：清华大学出版社，2023.4（2024.2重印）
高等院校公共管理类专业系列教材
ISBN 978-7-302-63162-0

Ⅰ. ①社… Ⅱ. ①邵… ②奚… Ⅲ. ①社会保险—高等学校—教材 Ⅳ. ①F840.61

中国国家版本馆 CIP 数据核字 (2023) 第 043908 号

责任编辑：施　猛　王　欢
封面设计：常雪影
版式设计：孔祥峰
责任校对：马遥遥
责任印制：宋　林

出版发行：清华大学出版社
网　　址：https://www.tup.com.cn, https://www.wqxuetang.com
地　　址：北京清华大学学研大厦 A 座　　邮　　编：100084
社 总 机：010-83470000　　邮　　购：010-62786544
投稿与读者服务：010-62776969，c-service@tup.tsinghua.edu.cn
质 量 反 馈：010-62772015，zhiliang@tup.tsinghua.edu.cn
印 装 者：三河市龙大印装有限公司
经　　销：全国新华书店
开　　本：185mm×260mm　　印　　张：17　　字　　数：373 千字
版　　次：2016 年 11 月第 1 版　　2023 年 5 月第 2 版　　印　　次：2024 年 2 月第 2 次印刷
定　　价：59.00 元

产品编号：094756-01

前言(第2版)

《社会保险理论与实务》自2016年出版以来，受到广大高校师生的欢迎，被多所高校的劳动与社会保障专业及相关专业指定为教学用书，产生了广泛的影响。

如今，我国社会保险事业在不断改革和完善中取得了重大进展，社会保险的参保人数稳步提升。据统计，截至2021年末，全国基本养老保险参保人数102 871万人，其中职工基本养老保险参保人数48 074万人(参保职工34 917万人，参保离退休人员13 157万人)，城乡居民基本养老保险参保人数54 797万人(实际领取待遇人数16 213万人)。全国有11.75万户企业建立企业年金，参加职工2875万人。全国基本医疗保险参保人数136 297万人，参保率稳定在95%以上，其中职工基本医疗保险参保人数35 430万人(在职职工26 106万人，退休职工9324万人)，城乡居民基本医疗保险参保人数100 866万人。全国失业保险参保人数22 855万人，全国工伤保险参保人数27 778万人。截至2021年末，全国城市最低生活保障对象737.8万人，全国城市最低生活保障平均标准为每人每月711元；全国农村最低生活保障对象3474.5万人，全国农村最低生活保障平均标准为每人每年6362元；全国城市特困人员救助供养32.8万人，全国农村特困人员救助供养437.3万人。这组数据表明，基本养老保险、基本医疗保险已经成为全民共享国家发展成果的基本制度安排，这是我国社会保险制度发展取得的巨大成就。社会保险的经办也逐步实现了社会化经办，形成了覆盖全国的社会保险经办网络，经办服务的标准化和规范化程度不断提升，基本保障了社会保险制度的正常运行与发展。2022年10月16日，习近平总书记在中国共产党第二十次全国代表大会上的报告中提出：“健全社会保障体系。社会保障体系是人民生活的安全网和社会运行的稳定器。健全覆盖全民、统筹城乡、公平统一、安全规范、可持续的多层次社会保障体系。完善基本养老保险全国统筹制度，发展多层次、多支柱养老保险体系。实施渐进式延迟法定退休年龄。扩大社会保险覆盖面，健全基本养老、基本医疗保险筹资和待遇调整机制，推动基本医疗保险、失业保险、工伤保险省级统筹。促进多层次医疗保障有序衔接，完善大病保险和医疗救助制度，落实异地就医结算，建立长期护理保险制度，积极发展商业医疗保险。”结合近年来我国社会保险事业的改革，需要重新梳理“五险”的现行制度及实务，以期更好地针对高校社会保障专业学生理论与实践的对接，突出社会保险教材的应用性和操作性。

本书在第1版内容的基础上，主要做出如下修订：第五章补充了企业职工基本养老保险基金中央调剂制度、个人养老金制度以及企业年金等的相关内容；第六章更新了城镇职工基本医疗保险的个人账户和待遇水平、城乡居民基本医疗保险制度现状、城乡居民大病保险制度等内容；第七章更新和完善了生育保险基金的相关内容；第八章补充了工伤保险省级统筹的相关内容；第九章更新了失业保险金领取标准；全书补充说明了近年来我国社会保险费率的调整情况，修订了社会保险费由税务部门统一征收的相关内容，更新了各章“知识拓展”等模块的内容。

本书编写分工具体如下：邵文娟负责全书框架体系的设计、统稿及第五章、第六章、第七章、第八章、第九章的编写工作，奚伟东负责第一章、第二章、第三章、第四章的编写和全书校对工作。本书参考和借鉴了诸多学者和专家的著作、教材，在此表示诚挚的谢意。

编者在编写本书的过程中，力图体现最新的改革动态，但受编者水平和掌握的资料所限，书中难免存在疏漏和不足之处，恳请读者指正，以便本书不断修正和完善。

反馈邮箱：wkservice@vip.163.com。

编者

2022年12月

前言(第1版)

本书是针对高校劳动与社会保障专业主干课程“社会保险学”而设计的教材，适用于高等学校公共管理类专业、人力资源管理专业的“社会保险学”课程使用，也可作为社会保险机构、社区、人力资源管理机构等工作人员的培训教材和参考书。

本书从社会保险的基本理论、基础知识出发，紧密结合我国社会保险发展现状，深入阐述社会保险现行制度的主要内容和实务。本书共九章，前四章介绍了社会保险的基本理论，主要包括社会保险的基本概念、社会保险管理、社会保险基金、社会保险登记及费用征缴等；后五章介绍了“五险”，即养老、医疗、生育、工伤、失业保险的现行制度和实务。本书的特色主要体现在以下几个方面。

1. 理论与实务相结合

本书在内容设计方面，在介绍社会保险相关理论的基础上，安排了实务环节，使社会保险的理论和相关实务有序结合，使抽象的理论知识形象化，提高学生的实务操作技能。同时，为体现课程的应用性，本书还设计了模拟性实务练习和拓展训练，从而实现“学中做、做中学”的知识技能传递。

2. 打破“五险”的常规设计顺序

本书在章节设计上，打破“养老、医疗、失业、工伤、生育”五大保险的顺序安排。在我国人力资源和社会保障部、财政部颁布的《关于阶段性降低社会保险费率的通知》(人社部发〔2016〕36号)提出“生育保险和基本医疗保险合并实施工作，待国务院制定出台相关规定后统一组织实施”的大背景下，本书将生育保险安排在医疗保险后，便于学生对比学习，并积极思考合并方案。本书考虑到医疗保险、生育保险、工伤保险中都涉及医疗待遇，为了让学生清晰地把握这“三险”中医疗待遇给付水平的不同及各自的特点，将医疗、生育、工伤保险分别安排在第六章、第七章和第八章。

3. 模块化设计

本书在每章的设计方面，在学习目标的引导下，从现行制度的覆盖范围、资金来源、享受资格、待遇标准等内容入手，为了加强学生对重点、难点内容的理解，设计了“知识拓展”和“拓展训练”等模块，强化学生的实务操作技能。每章后的“本章小结”和“习题”环节，可加深和巩固学生对本章内容的理解。

4. 内容上重点介绍我国现行制度

本书的内容设计在“社会保障概论”课程的基础上，以社会保险现行制度为核心，详细、深入地介绍我国社会保险最新政策和实务，将各险种的建立、发展及改革过程放到一节来介绍，便于集中篇幅重点介绍我国各险种的现行制度。考虑到与“社会保障国际比较”课程的开课顺序及相互补充的关系，本书没有介绍各国社会保险的发展及现状，实现了“社会保障概论”“社会保险学”“社会保障国际比较”这三门课程内容安排不重复，理论知识衔接得当，便于学生循序掌握社会保险的相关知识和实务技能。

本书编写分工具体如下：邵文娟负责全书框架体系的设计、统稿及第一章、第四章、第五章、第六章、第七章、第八章、第九章的编写工作，奚伟东负责第二章、第三章的编写和全书校对工作。本书参考和借鉴了诸多学者和专家的著作、教材，在此表示诚挚的谢意。

编者在编写本书的过程中，力图体现最新的改革动态，但受编者水平和掌握的资料所限，书中难免存在疏漏和不足之处，恳请读者指正，以便不断修正和完善。

反馈邮箱：wkservice@vip.163.com。

编者

2016年7月

目　录

第一章　社会保险概述

学习目标

1. 在了解社会保险含义及特征的基础上，掌握社会保险的功能；
2. 掌握社会保险的种类，了解养老、医疗、失业、工伤、生育保险化解的主要风险；
3. 掌握社会保险与社会保障、商业保险的区别；
4. 了解社会保险的发展历程，掌握我国社会保险的发展与改革的特征及趋势。

第一节　社会保险的含义、特征及功能

一、社会保险的含义

社会保险是国家通过立法，采取强制手段对国民收入进行再分配，建立社会保险基金，在劳动者由于年老、疾病、伤残、失业、生育及死亡等原因，暂时或永久性丧失劳动能力，从而失去部分或全部生活来源时，由国家或社会给予物质帮助和补偿，以保障其基本生活需求的一种保障制度。

从理论上说，社会保险是对劳动者在特定情况下分配个人消费品的一种形式。这种分配是通过立法，采取强制手段对国民收入进行再分配，进而形成一种专门的消费基金，当劳动者丧失劳动能力或失业时，对其基本生活需要在物质上给予帮助。劳动者享有社会保险的权利，是以对社会保险履行了社会义务为前提的。

对社会保险含义的理解，可以从以下几个要点进行把握。

(1) 社会保险是一种社会保障制度。

(2) 社会保险对象通常是社会劳动者(少数国家除外)，各国社会保险的实施都是从劳动者开始逐渐扩大到其他群体，但其保障的核心仍然是社会劳动者。

(3) 社会保险承保的风险是社会劳动者暂时或永久丧失劳动能力，或失业带来收入减少的风险，即劳动者由于年老、患病、工伤、失业、生育带来经济损失的风险。

(4) 社会保险的保障标准是保障社会劳动者暂时或永久丧失劳动能力，或失业带来收入减少时的基本生活。

(5) 社会保险是强制保险，它通过国家立法强制实施。获得社会保险是每个社会劳动者的权利，而缴纳社会保险费则是其义务。

二、社会保险的特征

(一) 强制性

强制保险是指由国家通过立法强制实施的保险，它要求凡是法律规定应参加某一社会保险项目的国民，必须一律参加，并按规定缴纳社会保险税(费)，享受规定的待遇。这种强制性，同样适用于用人单位和社会保险机构，用人单位必须依法为职工(雇员)缴纳社会保险税(费)，维护职工的基本权益。社会保险机构不得拒绝符合条件的人参加社会保险，或者随意更改社会保险项目或标准。而商业性保险，一般是具备投保条件的单位和个人参加，并且保险人与被保险人双方建立的是一种经济合同关系，在保险水平、费率标准、缴费方式以及是否投保等方面均可自由选择，有讨价还价的权利，除少数险种外，大多数险种在法律上没有强制规定。

(二) 社会性

社会保险的社会性主要表现在以下三个方面。

1. 保险范围的社会性

保险范围的社会性即享受保险的对象范围广泛，包括社会上不同层次、不同行业、不同所有制形式和不同身份的各种劳动者。社会保险对象的范围广泛是社会保险的核心特色之一，尤其是随着社会保险法的实施，我国各类社会保险的覆盖范围不断扩大。例如，进城务工人员、无雇工的个体工商户及其他灵活就业人员都已被纳入基本养老保险覆盖范围；再如，我国建立新型农村合作医疗制度和城镇居民基本医疗保险制度，使广大农民和城镇居民也能享受医疗保险待遇。

2. 保险目的的社会性

建立并实施社会保险制度，既反映了社会的政治进步，也能促进经济和社会发展。劳动者在年老、疾病、工伤、失业、生育和丧失劳动能力的情况下，获得基本的生活保障，对于保护我国的劳动生产力，协调劳动关系，促进经济持续稳定发展，促进社会进步都有十分重要的意义。

3. 保险组织和管理的社会性

社会保险主要是一种政府保险制度，它由国家通过立法确定和规定，并由政府统一组织实施保险资金的筹集、发放、调剂、管理等方面。

(三) 互济性

社会保险是按照概率论的基本原则即大多数法则建立的风险分担机制。互济性是指人与人之间在社会生活中互相帮助的社会行为。在社会保险中，所有参与社会保险的劳动者和企业都是投保者，因为在同一时间、同一地点每个劳动者或企业不可能发生相同的风险。因此，当某些劳动者或企业发生风险时，他们分担其他发生风险的劳动者或企业的经济损失。互济性贯彻整个基金筹集、储存和分配过程中，主要表现为被保险人缴纳的保险费，在保险范围内进行地区之间、企业之间，或强者与弱者、老年人与年轻人之间的调剂或收入再分配。例如，由中年人、青年人与老年人共同承担老年人的退休风险；由健康者与疾病患者共同承担疾病患者医治费用的风险；由在职人员与失业者共同承担失业者的生活费风险；由未发生工伤事故的企业与发生工伤事故的企业共同承担工伤事故带来的损失风险；由未生育者与生育者共同承担生育所带来的各项费用风险。

(四) 补偿性

社会保险的补偿性主要表现在以下几个方面。

1. 劳动力再生产方面

在生产领域为了保障物质资料再生产，就必须确保劳动力再生产。为了保障劳动力再生产的正常运行，就必须保障劳动者及其供养人口的基本生活需要，即保障劳动者本人的工资收入不能中断。劳动者的工资收入有中断的可能性，例如，生育要歇工，工资收入就有可能中断；失业，有可能拿不到任何工资；退休，也会失去收入来源。为了保障劳动者在工资中断时能立即获得一定比例的补偿，就必须实行强制性的社会保险。这样，劳动者就不会担心遇到风险时失去收入来源，从而使劳动力再生产得以继续。

2. 收入方面

社会保险的法定补偿是指补偿劳动者因遭受风险而导致的直接损失，即劳动者的主要工资性收入，劳动者因发生风险而造成的直接损失以外的其他经济损失则不在保险范围之内。这体现了社会保险的补偿性是有限的，只补偿法定的收入损失。劳动者从其他方面得到的收入，即便是劳动收入，也不在保障范围之内。

3. 生活需要方面

社会保障体系中的社会救济补偿的是劳动者丧失劳动能力时的最低收入，很难完全保障劳动力再生产的进行。社会福利保障劳动力的扩大再生产，劳动者一方面通过劳动获得工资收入，另一方面享受国家、企业提供的各种各样的生活福利。社会保险则负责保障劳动者的基本生活需要，即本人及其供养的直系亲属的全部基本生活需要，以达到维持劳动力再生产的目标。正因为社会保险具有补偿性，所以把社会保险待遇规定得过低或过高都是不合理、不正确的。待遇过高，近似于社会福利，可能会助长一些人的懒惰思想，导致其依赖社会保险而不愿积极从事劳动；待遇与原工资标准一样也不合理，因为这样不能体现在业和暂时不在业的区别，不利于生产发展。

(五) 资金来源的多渠道性

社会保险解决了商业保险机制无法解决或者不能完全解决的风险，这些风险一旦发生，不仅危害社会中的特定个人和经济单位，也会波及政府，造成社会动荡。因此，这类风险的成本必须由个人、企业和政府三方共同负担。与此相对应，社会保险金不能转让或赠予他人，必须由合法的受益人申领，以达到确保被保险人及其家庭生活稳定的目的。而商业性保险的保险费全部由投保人负担，保险公司的营业费和管理费也在所收保费项下开支。因此，商业性保险的收费标准在理论上相对高于社会保险。在保险金给付方面，商业性保险以保险合同事先约定的标准为原则，享领人可由被保险人任意指定或转让他人，保险人一般无权过问。

(六) 储备性

从收取保费到保险金给付的全过程来看，社会保险具有事先储蓄以预防意外需要的性质，但它与纯粹的储蓄是有区别的，具体体现在以下几个方面。

(1) 只有在法定范围内的人，才有义务按规定缴纳保费，参加保险。储蓄无特定对象，任何人都可以自由存款。

(2) 社会保险筹集的保费属于公共准备基金，任何个人不能自行处理，被保险人如遇保险事故，只能按照规定的保险项目、支领条件和给付标准领取应得的给付金额。储蓄则是个人单独形成的准备金，根据个人需要，随时都可以提取和自行处理，不受其他人限制。

(3) 社会保险范围内的保险事故发生后，被保险人领取的给付金额与所缴纳的保费数额没有绝对的联系。个人在提取储蓄时，要以自己的本金加利息为限。

三、社会保险的功能

(一) 社会保险的分配功能

(1) 社会保险会改变国家、企业和劳动者之间的收入分配格局。这是因为政府一方面强制要求企业和劳动者参加社会保险，依法缴纳社会保险费，另一方面财政要补贴社会保险基金入不敷出的资金缺口。

(2) 社会保险会改变企业与劳动者之间的收入分配格局。这是因为参加社会保险的企业必须按企业职工工资总额的一定比例支付社会保险费，而由职工享受社会保险待遇。

(3) 社会保险会改变劳动者之间的分配关系。这是因为参加社会保险的劳动者要按工资总额的一定比例缴纳社会保险费，但由于风险分布不均，劳动者享受到的保险金给付与缴纳的保险费并不一致。

(4) 社会保险会改变企业之间的收入分配格局。由于风险分布不均，企业职工得到的保险金与企业缴纳的保险费并不完全对应。

(5) 如果在全国范围内建立了统一的社会保险体系，社会保险将会改变地区之间的收入分配关系。由于各地区经济发展不平衡，经济发达地区缴纳的保险费往往相对高于经济欠发达地区，而劳动者享受的社会保险待遇并未同等程度地表现出地区差异，这相当于经济发达地区分摊了经济欠发达地区的部分保险费用。

(6) 国家通过筹集社会保险费或征收社会保险税的形式建立社会保险基金，最终要为劳动者提供保险服务，对劳动者而言，改变了国民收入在时间上的分配格局。

(二) 社会保险的稳定功能

1. 对社会的稳定功能

社会经济的发展进步离不开稳定的社会秩序和社会环境，而各种特殊事件的存在又往往给社会成员造成群体性的生存危机，如人口老龄化、自然灾害、工业事故与职业病、疾病及市场经济条件下的失业现象等，均不以人的主观意志为转移，并且会导致一部分社会成员丧失收入甚至失去生活保障。如果国家不能妥善解决社会成员可能遭遇的这些问题，部分陷入生活危机的社会成员便可能构成社会不稳定因素，社会秩序可能因此失去控制，进而破坏整个社会经济的正常发展。社会保险能缓解市场经济带给社会的危机，有效促进社会的和谐发展。

(1) 社会保险的稳定作用。社会保险制度主要面对社会成员的生、老、病、死、残等问题，使社会成员幼有所护，老有所养，病有所医；帮助贫困者解决生活窘境，使失业者生活得以安排；通过对暂时或永久丧失劳动能力者的物质帮助和服务，以清除或减少社会动乱和不安定因素。社会保险能调节社会成员因收入分配不公而引起的贫富差距，消除市场经济不完善对人们生活产生的不良影响，为社会经济发展创造一个稳定的社会环境。

(2) 社会保险能够化解多种社会矛盾，具有“调节器”的功能。社会分配不公平所引起的矛盾，影响了社会发展终极目标的实现。社会保险通过国民收入的分配和再分配，统一筹集社会保险基金，分配给不能维持基本生活的贫困者，使他们有稳定的基本生活来源。这在一定程度上有利于缩小社会收入差距，对于调节社会经济关系起到积极的作用。

可见，社会保险能够防范与消化社会成员因生存危机而可能出现的对社会、对政府的反叛心理与反叛行为，能够保障社会成员在特定事件的影响下仍可以安居乐业，从而有效地缓解甚至消除引起社会震荡与失控的潜在风险，进而维系社会秩序的稳定，促进社会健康发展。因此，社会保险是通过预先防范和及时化解风险来发挥其稳定功能的，它在许多国家被称为“社会稳定器”或“社会减震器”。

2. 对经济的稳定功能

由于在市场经济条件下，市场调节经济运行具有自发性、盲目性、滞后性的特征，经济波动是难以避免的。社会保险可以消除或减轻经济波动，促进经济的稳定增长。作为经济的自动稳定器，社会保险在经济过热、市场需求过旺时，有自动增加基金收入、减少基金支出的倾向，从而可以在一定程度上抑制总需求；当经济衰退时，社会保险有自动减少基金收入、增加基金支出的倾向，从而可以在一定程度上扩张总需求。

社会保险行政管理部门可以根据市场需求和供给的关系，控制社会保险的支付水平。如果总需求大于总供给，政府可以有意识地提高社会保险费的征收标准，从而加大收入再分配力度，抑制企业和个人需求；同时严格确定给付条件，适当控制支付标准，减少国民通过社会保险渠道所获取的收入，进而抑制总需求。虽然社会保险支出的刚性十分明显，但并不是没有调节余地。同理，当总需求小于总供给时，政府可通过减收增支的方式进一步扩张总需求。由于社会保险支出向低收入者倾斜，而低收入者的边际消费倾向较高，减收增支遇到的社会阻力较小，扩张需求的效果往往较明显。

3. 对政治的稳定功能

在政治上，社会保险既是各种利益集团相互较量的结果，也是调节不同利益集团、群体或社会阶层利益的必要手段，并在不同的社会制度下表现出不同的政治功能。在社会主义制度下，社会保险除了具有一般的政治调节功能外，还加强了社会成员在国家和社会生活中的主人翁地位；在资本主义制度下，社会保险强化了国民对现存制度的依赖意识和国家认同感，同时对调节不同社会阶层的政治冲突和促进政治秩序的长期稳定并维持其整体正常运行发挥着特别重要的政治作用。现代社会保险制度在许多国家成为党派斗争和政党政治、各类竞选中的重要议题，正是社会保险具有不容忽略的政治调节功能的体现。

(三) 保障劳动力的再生产并促进劳动力的合理流动

社会保险的另一项基本功能是保障劳动力扩大再生产正常运行，这是社会保险的经济功能。首先，如果仅有工资而无社会保险支出，那么工人失业后丧失工资收入时，如何保证劳动力扩大再生产？其次，如果仅有工资，那么工人患病后失去工资收入时，又将如何保证劳动力扩大再生产？再次，工人因工负伤而失去工资或成为残疾人再无工资收入后，又将如何保证劳动力扩大再生产？最后，如果没有养老保险及其基金的设置，劳动者步入老年期丧失工作能力和工资收入后，社会将如何期望劳动力状况与经济运行相符合？除非工资待遇优厚，使劳动者在失去任何劳动力的情况下都无所畏惧。但事实上，这是行不通的，一方面，工资归根结底是劳动力价值的货币表现，不可能大大超出劳动力价值；另一方面，则否定了社会保险这个重要社会政策存在的必要性。

社会保险还具有促进劳动力合理流动的功能。科学技术的进步必将带动产业结构的变化，产业结构的变化会要求劳动力就业结构做出相应调整。如果在分散的企业缴纳社会保险，职工离开原工作企业到新企业就业，需考虑中断保险时间、改变保险条件而带来的损失，职工难以流动；而实现统一的社会保障制度，有利于不同地区、不同企业之间劳动力的流动，从而促进产业结构调整，支持经济发展。

(四) 调整消费结构，积累建设资金，促进经济发展

从劳动者有工作能力时的收入中收取一部分用于积累保险基金，在其收入中断时发放，既有利于均衡消费，又能维持一定的社会购买力。预提积累式或部分基金制筹资模

式的运用，都能积累数额巨大的社会保险基金。社会保险基金与资本市场的良性互动和有效投资，均有利于促进经济发展。

社会保险基金的积累为经济发展储备了大量的后备资金，社会保险基金的运用为国家信贷工作提供了强有力的资金支持，对于平衡信贷总量起到积极的作用，尤其在社会保险投资机制形成以后，国家通过银行金融杠杆和社会投资的利润杠杆，调整和控制经济发展的规模和速度，进而调节经济结构。另外，社会保险基金的长期积累和投资运营有助于促进资本市场的发展，从而促进经济发展。

第二节　社会保险的种类

造成劳动者失去收入来源的风险有多种，如老年风险、生育风险、疾病风险、死亡风险、工伤与残疾风险、失业风险等，因而收入补偿也有很多项。社会保险项目设计的客观依据，就是劳动者一生中不可规避的、永久或短期夺走其经济收入的风险种类。社会保险实际上就是收入保险，社会保险的直接功能是对劳动者在其生命周期内遇到各种失去收入的风险后进行的一种补偿，以保证其基本生活需要。社会保险项目包括养老保险、医疗保险、失业保险、工伤保险、生育保险。

一、养老保险

1. 年迈风险

年老，是任何参保者都必须面对的一种客观存在。参保者进入老龄，退出工作岗位，自然失去了工资或收入。年老对于参保者来说，是一种必然要经历的风险。同时，部分参保者仍要继续生存下去，而家庭、邻里、用人单位是无力为其养老送终的，最多能提供些许帮助。社会保险对年迈风险提供补偿，不仅可以确保年老者安度晚年，而且有利于整个社会的安定。

知识拓展1-1

我国积极应对人口老龄化的国家战略

习近平总书记强调："有效应对人口老龄化，不仅能提高老年人生活和生命质量、维护老年人尊严和权利，而且能促进经济发展、增进社会和谐。""要完善养老和医疗保险制度，落实支持养老服务业发展、促进医疗卫生和养老服务融合发展的政策措施。"

积极应对人口老龄化，事关国家发展和民生福祉，是实现经济高质量发展、维护国家安全和社会稳定的重要举措。党的十八大以来，各地区各部门认真贯彻落实党中央关于积极应对人口老龄化的决策部署，加快健全社会保障体系和养老服务体系，各项工作取得明显成效。要贯彻落实积极应对人口老龄化国家战略，加快建立健全相关政策体系和制度框架。要稳妥实施渐进式延迟法定退休年龄，积极推进职工基本养老保险全国统筹，完善多层次养老保障体系，探索建立长期护理保险制度框架，加快建设居家社区机构相协调、医养康养相结合的养老服务体系和健康支撑体系，发展老龄产业，推动各领域各行业适老化转型升级，大力弘扬中华民族孝亲敬老传统美德，切实维护老年人合法权益。各级党委和政府要健全完善老龄工作体系，加大财政投入力度，完善老龄事业发展财政投入政策和多渠道筹资机制，为积极应对人口老龄化提供必要保障。

有效应对人口老龄化，事关国家发展全局，事关亿万百姓福祉。各地各部门应加快完善“社会保障、养老服务、健康支撑”三大体系，着力构建老年友好型社会，助力老年人安享幸福晚年；应优化城乡养老服务供给，支持社会力量提供日间照料、助餐助洁、康复护理等服务，鼓励发展农村互助式养老服务，进一步规范发展机构养老；应着力打造老年宜居环境，让老年人参与社会活动更加安全方便；应在人才队伍建设、资金保障等方面持续发力，推动老龄事业和产业高质量发展。

资料来源：中华人民共和国民政部[EB/OL]. https://www.mca.gov.cn/. 作者整理

2. 养老保险的含义

养老保险是国家依法建立和强制实施的，为满足劳动者因年老丧失劳动能力或达到法定解除劳动义务的劳动年限后的基本生活需要而建立的一项社会保险制度。

养老保险的基本待遇是养老保险金的支付，它既是各国社会保险制度中的主体项目，也是各国社会保障制度中最重要的保障项目。

有些国家将养老保险的保障范畴扩大到遗属补助和残障保险。首次将遗属补助和残障保险纳入养老保险的国家是德国。德国于1889年颁布了《老年和残障社会保险法》，并于1911年追加了遗属补助。

残障保险是指对那些由于各种原因导致无工作能力、无法自谋生活，而又无人抚养的人们，由政府、社区或社会保险机构按法定条件和标准给付残障年金的保险。遗属(死亡)保险是指当有条件、有资格领取社会保险给付金者去世之后，由政府或社会保险机构对其遗孀或鳏夫或父母及其未成年子女，定期或一次性给付遗属年金的保险。

养老保险、残障保险和遗属补助的保险范围，是由各国建立保险制度的年代和经济发展水平决定的。社会保险制度建立较早、经济发展水平较高的国家，保险范围相对广泛，保险对象较多；反之，保险范围相对较窄，保险对象较少。就各举办国来说，保险对象究竟包括哪些劳动者，都有严格的规定。例如，瑞典规定在本国居住40年的公民，才能享受全额基本养老金；加拿大规定公民满65岁且在18岁后在该国至少居住10年，才能享受普遍年金保险待遇；拉丁美洲和东南亚各国的养老保险对象开始时只限于工人，其他劳动者到后来才有资格参加保险。多数国家在举办养老保险、残障保险和遗属补助的初期，家庭佣人、家庭工人、临时工、农业工人、自由职业者、技工、农民等，是不被列入保险范围内的。

二、医疗保险

1. 疾病风险

疾病是指人身体的全部或一部分的正常状态或功能受到损害的情形。导致疾病的原因有很多，如传染性、遗传性因素和环境污染等。工业革命以后，人类对抗疾病的能力大大增强，一些长期严重影响人类生存的疾病得到有效控制，人类的寿命大大延长。但是，现代化的生活也导致许多“现代病”，如高血压、高血脂、癌症、糖尿病、冠心病等，这些疾病对人类危害极大。劳动者罹患疾病，不仅正常的收入受到损失，而且要花费巨额的医疗费用，若无健康保险或其他收入来源支付这些费用，则会给劳动者本人及其家人的生活带来很大的困难。

2. 医疗保险的含义

医疗保险是指国家和社会为补偿劳动者因疾病风险造成的经济损失，保障劳动者的身心健康，通过立法形式建立的一项为劳动者提供一定的医疗费用和医疗技术服务的社会保险制度。

医疗保险是1883年由德国俾斯麦政府最早设立的，当时称其为疾病保险。

从医疗保险的范围来看，可将其分为广义的医疗保险和狭义的医疗保险。国际上把“医疗保险”称为“健康保险”。显然，健康保险所涵盖的内容要比医疗保险广泛，发达国家的健康保险不仅补偿由于疾病给人们带来的直接经济损失(医疗费用)，也补偿由于疾病带来的间接经济损失(如误工工资)，对分娩、残疾、死亡也给予经济补偿，并支持疾病预防、健康维护等。因此，这是一种广义的医疗保险。狭义的医疗保险只是对医疗费用进行保险。

三、失业保险

1. 失业风险

在以竞争为核心的市场经济下，失业不仅必然发生，还时刻存在。只要有竞争，就必然经常有劳动者在竞争中成为失业大军中的一员。失业是常态，并非偶尔发生，国家自然要通过失业保险给失业者以工资补偿，使其不至于陷入困境，并提供必要的培训，使他们尽快再就业，充分地发挥他们的社会价值。

需要说明的是，社会保险对于因风险而被夺走的收入，绝不是全部补偿，否则，工作与不工作、劳动报酬与社会保险金便无任何区别，从而使补偿失去激励效用。

2. 失业保险的含义

失业有广义和狭义之分。

广义的失业是指劳动者和生产资料相分离的一种状态。在这种分离的状态下，劳动者的主观能动性和潜能无法发挥。这不仅是社会资源的浪费，还会对经济的发展造成负面影响。

狭义的失业是指具有劳动能力的、处在法定劳动年龄阶段并有就业愿望的劳动者失去或没有得到有报酬的工作岗位的社会现象。在社会高度组织化、劳动社会化的社会经济环境中，失业意味着失去参与社会经济生活、获得社会归属感的主要机会，从而使自己的物质需求和精神需求得不到满足。因此，失业威胁着一个社会的安全稳定和经济的健康发展。

根据对失业的界定，失业主体必须具备三个条件：①本人无工作，没有从事有报酬的职业或自营职业；②本人当前具有劳动能力，即达到一定的就业年龄并具备就业的生理、心理条件；③本人正在采取各种方式寻找工作。

失业保险是指国家通过立法强制实行，对法定范围内因失业中断收入的劳动者，在法定期间内给予基本生活保障的制度。

四、工伤保险

1. 工伤风险

工伤是工业化带来的环境污染以及机器普遍使用的必然产物，经常烦扰着劳动者及其家庭。工伤风险经常造成人身伤害、残障甚至死亡，轻则造成参保者一时失去劳动能力，重则使其终身不能再参加劳动。参保者伤残后，不但要与医疗机构打交道，还需要各种康复机构提供服务，不是所有的参保者都能渡过工伤风险。

2. 工伤保险的含义

所谓工伤保险，是指劳动者在生产经营活动中或在规定的某些特殊情况下所遭受的意外伤害、职业病以及因这两种情况造成死亡、暂时或永久丧失劳动能力时，劳动者及其家属能够从国家、社会得到必要的物质补偿，以保障劳动者或其家属的基本生活，以及为受伤劳动者提供必要的医疗救助和康复服务的一种社会制度。这种补偿既包括医疗、康复所需，也包括生活保障所需。随着社会的发展，工伤保险的职能在不断地增加，功能在不断地完善。现代意义上的工伤保险还具有以下功能：通过预防促进企业安全生产，减少事故发生；通过康复工作，使受害者尽快恢复劳动能力，促进受害者与社会的整合。工伤预防、工伤救治与补偿、工伤康复，已经成为现代工伤保险的三大支柱。

五、生育保险

1. 生育风险

生育子女的过程往往伴随着人身风险，而且这种风险具有客观必然性。生育期间，女性劳动者失去劳动能力，当然也就失去收入，有时失去的收入远非个人和亲友所能弥补。在这种情况下，社会保险自然成为人们的需要，以防范女性参保者因生育后代而带来的收入损失，并依法给予补偿。这里的风险保护乃至弥补风险损失是针对整个参保人群体而言的，妇女群体中的某一个个体可能一辈子不结婚，也可能终生不育，但不影响妇女群体享受生育保险。

2. 生育保险的含义

生育保险是国家通过立法，对因怀孕、分娩而无法从事正常的生产劳动并中断经济来源的女职工给予医疗保健服务、生活保障和物质帮助的一项社会保障制度。生育保险的宗旨在于通过向职业妇女提供生育津贴、医疗服务和产假，帮助她们恢复劳动能力，重返工作岗位。生育保险主要通过现金补助及实物供给来实现。

第三节　社会保险相关关系

一、社会保险与社会保障的关系

社会保障是国家和社会通过立法实施，通过国民收入再分配，对社会成员的基本生活权利提供安全保障的社会行为及其机制、制度和事业的总称。社会保障一般由社会保险、社会救助、社会福利、社会优抚等构成。由此可见，社会保险是社会保障的组成部分。

社会保险与社会保障的不同之处主要包括以下几个方面。

(1) 保障范围和对象不同。社会保障的覆盖范围更广，保障对象包括全体社会成员。社会保险的对象以劳动者为核心。

(2) 资金来源不同。社会保险的资金来源于雇主、雇员及国家财政。而社会保障中社会救助、社会福利、社会优抚的资金主要依靠国家财政。

(3) 社会保险更加强调权利与义务的对等性。社会保险的对象在享受权利之前要先尽缴费的义务。而社会保障中的社会救助、社会福利等项目则没有严格的权利与义务的对等关系。

(4) 保障的目标和手段不同。社会保险的目标是保证基本生活，其采用的是“投入—返还”式的、与收入关联的手段。社会保障中的社会救助项目，其保障目标是最低生活标准，往往采用选择性的、须经家庭经济调查的手段；而社会保障中的福利项目，其保障目标是提高生活质量，采用的是普遍性的、按人头发放的手段。

二、社会保险与商业人身保险的关系

商业保险一般包括三大类保险：财产保险、人身保险、再保险。其中人身保险包括人寿保险、人身意外事故保险、健康保险三个项目。人身保险的三个项目与社会保险都对年迈风险、生育风险、疾病风险、失业风险、职业伤害风险、死亡风险实行担保，因此，社会保险与商业人身保险在一定程度上具有同等的功能。

(一) 社会保险与商业人身保险的联系

1. 对特定风险进行共同分担和补偿

商业保险利用有关组合技术集中风险，并且按照有关标准对风险进行分类。由于同质风险的单位数目大，能有效地运用大数法则为未来的损失提供相对准确的预计，个人遭受特定风险的损失将是平均的，也就是说，对于一个被保险的群体而言，将其中某个或某些个体所遭受的损失平均分摊到每个个体的身上。同样，社会保险也应用了保险的有关组合技术集中风险并进行了有效分摊。对于给付期限较短的疾病、生育、失业保险，其完全采用商业保险的有关组合与分摊技术；对于给付期限较长的养老、伤残保险，其津贴费用一般仍然是由没有遭受任何损失的群体，即那些没有退休并缴纳保险的群体来承担的，无疑也是采用了组合与分摊技术。

无论是社会保险还是商业人身保险都是对被保险人遭遇的特定风险给予补偿。商业人身保险通常补偿被保险人的损失，社会保险同样如此：退休津贴是部分地补偿被保险人因退休所带来的收入损失；遗属津贴是向家庭成员赔偿因家人早亡所带来的收入损失；生育津贴是赔偿妇女因生育子女所带来的收入损失。

2. 两者都需要事先缴纳保险费

保险制度的正常运转需要足够的保险资金作为后盾。商业保险由各保险公司经营，没有足够的保险费来源就不能及时足额地赔付，被保险人不缴纳保险费也不可能建立保险关系；社会保险由政府指定的专门机构经营，虽然各个国家负担保险费的比重有很大不同，但被保险人同样需要缴纳足额的保险费，否则会被强制征缴甚至罚款，或减少保险给付。

3. 社会保险是商业人身保险进一步发展的产物

追根溯源，商业人身保险的历史要比社会保险早几十年甚至上百年。现代人寿保险的发源地是英国。1583年6月18日，英国签发了历史上第一张用文字书写的人寿保险单，到1720年，英国已有50家人寿保险公司。

德国俾斯麦政府于1883年至1889年，在继续发展人身保险的基础上，先后举办了疾病、工伤、生育、年老和残障保险，使社会保险作为一种制度首先在德国建立起来。

现代社会保险建制晚于人身保险，它是在人身保险有了较大发展的基础上产生的。商业人身保险的普遍发展及其所具有的特征，为现代社会保险制度的产生奠定了重要的制度和技术基础。

4. 社会保险与商业人身保险相互补充

由于社会保险只能为劳动者提供最基本的生活保障，其保险费用和支付标准都较低，保障作用和范围因此受到限制。社会保险能够针对生、老、病、死、伤、残、失业七大风险提供保障，对于超出该范围的风险就失去了保障作用。商业保险的保障作用和范围不受国家法律强制，能够弥补社会保险的不足。

但是，社会保险制度的健全和发展并不意味着否定或者排斥商业人身保险的作用。由于社会保险的保障范围广，保障内容多，加之为保持劳动者就业的兴趣和积极性，防止出现“动力真空”，社会保险的保障水平不可能也不允许越过满足人们基本生活需要的界线。某些劳动者随着个人收入的增加，要求获得更高水平的保障，那么，他们就只能参加商业人身保险。因此，商业人身保险不仅没有因社会保险的发展而消失，反而更加兴旺发达。

(二) 社会保险与商业人身保险的区别

1. 保险目的和性质不同

社会保险是强制实施的、以保证社会安全为目的的社会保障制度，不以营利为目的，政府对保险财务负有最后的责任，如发生亏损则由国家财政拨款弥补，属于社会福利性质。商业人身保险是金融企业的经营活动，以营利为目的，以减少经济损失为前提，保险公司与投保人双方以契约规定各自的权利和义务，一旦契约履行完毕，保险责任即自行终止。保险公司独立核算，自负盈亏，国家财政不予补贴，完全属于经济行为。

2. 保险对象不同

社会保险的对象主要是劳动者及其供养的直系亲属，目的在于保障劳动者在老、弱、病、残和失业时的基本生活。凡是在法律规定范围内的劳动者，以企业为单位，都必须参加社会保险。商业人身保险以全体国民为对象，被保险人可以根据自己的生命不同阶段或可能出现的风险进行投保，实行任意投保的方法，保险公司与投保人双方均有自由选择的权利，按缴纳保险费的多少和发生事故的种类，给予被保险人一定的经济补偿。

3. 权利与义务的对等性含义不同

社会保险强调劳动者必须履行为社会贡献的劳动义务，缴纳社会保险费，才能获得享受社会保险待遇的权利。商业人身保险的保险金额取决于投保人缴纳保费的数额，以投保额决定补偿额，其权利和义务体现为“多投多保，少投少保，不投不保”的等价交换关系。

4. 管理体制和适用法律不同

社会保险属于国家主办的行政管理体制，由社会保险专门机构负责组织管理，其立法属于劳动立法范畴。商业人身保险机构是金融企业，保险的经营主体是由国家有关部门审查批准的专门经营保险业的法人，保险公司作为相对独立的经济实体，自主灵活经营，属于财政金融体制，其立法属于经济立法范畴。

5. 保障水平不同

社会保险的出发点是保障劳动者的基本生活，保障水平要考虑劳动者原有的生活水平和社会平均消费水平。商业人身保险的保障水平完全以投保人缴纳保险费的多少为标准，投保人要享受较高的保险水平，须多缴纳相应的保险费和延长投保年限。

三、社会保险当事人之间的关系

(一) 政府与参保劳动者

在社会保险关系中，政府因受其职能决定，始终处于关系中的主体地位。国家政府通过其职能部门向广大公民提供社会保险，绝非个人意志或国家或上层社会对下层社会的恩赐，而是一国政府的基本职能和应尽义务。

1. 政府在社会保险关系中的作用

(1) 构建社会保险体系，确定社会保险发展规划和筹集资金的模式与手段，规定社会保险的保障范围、给付条件、给付标准与水平。

(2) 建立社会保险预算制度，多渠道筹集社会保险基金，保证社会保险基金安全。

(3) 为社会保险基金安全有效地运作提供政策和技术条件，保证社会保险基金增值，加强社会保险的偿付能力。

(4) 采取合理与公平的收入再分配措施，向广大劳动者提供基本的社会保险，并承担社会保险最基本保障部分的财政责任。

(5) 制定和颁布社会保险法律，确保社会保险管理规范化和高效化。

2. 劳动者在社会保险关系(相对于政府)中的权利和义务

(1) 按规定享受由政府提供的最基本的社会保险保障。

(2) 参加创造物质财富和精神财富的活动。

(3) 发挥积极性、主动性和创造性，为国家和社会提供更多、更有效的剩余劳动。

(4) 依法缴纳各种税费，尤其是社会保险税(费)，为社会保险制度稳健运行提供物质基础。

(二) 社会保险机构与参保劳动者

社会保险机构是受国家政府委托，代表国家专门负责社会保险税(费)征缴、分配和管理的机关或单位。

1. 社会保险机构在社会保险关系中的作用

社会保险机构作为社会保险关系的一方当事人，享有受政府委托从事社会保险事业的权利和履行社会保险职责的义务，具体包括以下几方面。

(1) 依法按政策设计和推出社会保险产品供广大劳动者选择。

(2) 按规定负责向参保者收缴社会保险税(费)，建立社会保险基金。

(3) 有效运营筹集的社会保险基金，确保社会保险基金增值。

(4) 社会保险事件发生后，根据权利与义务对等的原则，按照规定的时间、条件和标准给付社会保险金。

(5) 采取坚决措施，规避社会保险的道德风险，对有意制造道德风险者，应给予经济处罚或追究刑事责任。

(6) 有权从社会保险负债收入中按比例提取一定的管理费。

2. 劳动者在社会保险关系(相对于社会)中的权利和义务

参保劳动者作为社会保险关系的一方当事人，在同社会保险机构的关系中，享有社会保险基本保障的权利，有权通过一定的形式对社会保险机构的活动进行监督。与此同时，参保劳动者应根据参保项目按时足额缴纳社会保险税(费)，有义务遵守社会保险法规和政策，自觉抵制和防范道德风险，维护社会保险的整体利益。

(三) 用人单位与参保劳动者

为了保证劳动力再生产和改善劳动者的知识与技能结构，提高劳动者就业的适应能力，用人单位通过向社会保险机构缴纳社会保险税(费)，为劳动者提供企业补充保险保障以及会同政府部门向劳动者提供社会保险基本生活条件保障，保证企业劳动者获得安全、享受和发展的需要。

第四节　社会保险的产生与发展

一、社会保险的历史演进

(一) 社会保险的萌芽

社会保险制度是资本主义社会经济发展的必然产物。

在工业化进展的过程中，工人自发组织的私人保险和互助制度曾对社会保险制度的形成产生重大影响。早在17世纪和18世纪，英国就出现了工人举办的“友谊社”和“工会俱乐部”等私人自助机构。到19世纪，又相继出现了“信托储蓄银行”“建筑社”“合作社”等互助组织。其中，“友谊社”是由工人自愿组建起来，为自己的成员提供保险津贴的组织。只要成员缴纳一定数额的互助金，在生病时就可以得到补助，年老时可以得到年金，死亡时可以得到一笔安葬费等。“友谊社”在19世纪发展得非常快。1825年，每个“友谊社”的平均成员有200人，总数达到92万人。到19世纪80年代末，“友谊社”成员总数进一步增至约450万人。

这些团体由于组织松散、范围狭窄，不具有强制性，只能视其为现代社会保险的雏形。但是，这种工人之间的互助组织对现代社会保险制度的形成产生了重大影响。

(二) 社会保险的产生

现代社会保险最早产生于德国。1883年，德国首先颁布了《疾病社会保险法》，这是世界上第一部社会保险法规，它标志着现代社会保险制度的诞生。随后，德国于1884年和1889年分别颁布了《工伤事故保险法》《老年残障社会保险法》。1911年，德国政府又颁布了《社会保险法》(共185条)，将以前的社会保险条例合并，并增加了遗属保险。至此，德国的社会保险体系已初步形成。

德国建立社会保险制度后，同样处境的其他资本主义国家纷纷效仿。奥地利于1887年建立了工伤保险制度，1888年建立了疾病保险制度，1906年建立了老年保险制度，1920年建立了失业保险制度；法国于1898年实施了工伤保险制度，1905年实施了失业保险制度，1910年实施了养老保险制度；英国于1908年实施了养老保险制度，1911年实施了失业和疾病保险制度；瑞典于1891年实施了疾病保险制度，1901年实施了工业伤害保险制度，1913年实施了养老保险制度；荷兰于1913建立了老年保险制度，1916年建立了工伤保险制度。到20世纪20年代，大多数资本主义国家都相继建立了各种社会保险制度。至此，社会保险制度在欧洲国家得以确立，并逐渐形成社会保险体系。

(三) 社会保险的迅速发展

社会保险制度经过初期发展阶段，已遍及世界各工业发达国家和部分殖民地半殖民地国家，特别是自1935年美国罗斯福政府建立社会安全制度至1975年的40年间，社会保险制度得到了迅速发展。这一时期，未实行社会保险的国家开始制定社会保险法，并付诸实施。已举办社会保险的国家均加以强制推行，并采取提高给付标准及放宽给付条件的一系列改革措施，以扩大保险范围，增加保险项目。截至20世纪70年代中期，世界上绝大多数国家(包括不发达国家)都已立法建立了社会保险制度。

1935年至1975年，世界各国举办或增办社会保险项目的情况：举办或增办疾病生育保险的有61个国家，举办或增办失业保险的有17个国家，举办或增办老年、残障和遗属补助的有63个国家，举办或增办因工伤害保险的有41个国家，办理或增办家庭津贴的有52个国家。

(四) 社会保险的改革调整

20世纪70年代以后，世界范围内的社会保险制度转入调整改革时期，经过20世纪50、60年代的迅速发展，一方面使社会保险制度更加完善，另一方面也出现了不少弊端。特别是这一时期的世界经济危机、通货膨胀以及人口老龄化等带来的社会保险资金入不敷出，使得高保障、高消费的“福利国家”政策已难以为继，迫使大多数资本主义国家不得不采取紧缩措施，放慢社会保险的发展速度，进行一系列调整改革。

例如，1940年，美国的公共社会保障支出只有87.95亿美元，占国内生产总值(GDP)的8%；1950年，虽然开支明显增加，但也只有235.08亿美元，占GDP的8.8%。进入20世纪60年代后，随着保险项目增加，给付标准提高，美国社会保障支出逐年膨胀，1970年，公共社会保障支出达1455.55亿美元，占GDP的14.7%；1992年，全部社会保障(公共和私营两部分)支出达20 899.41亿美元，相当于1940年公共社会保障支出的237.6倍，占GDP的33%。

美国巨额的社会保障支出，已使国家财政不堪重负，老年、残障、遗属和公共医疗保险支出占联邦预算的比例，从1950年的11%上升到1993年的45%，如果加上社会福利、失业保险、灾害救济和教育援助等支出，20世纪90年代末，全部社会保障支出占联邦预算的2/3。社会保障开支持续膨胀，使某些保障项目的信托基金频频告急。

社会保险财务状况的急剧恶化，不仅直接威胁着社会保险受益人的保险福利，而且使国家财政预算难以平衡。为避免社会保险基金破产，保证被保险人的切身利益，减轻政府的财政负担，不得不对现行的社会保险制度进行调整与改革，其措施包括以下几方面。

(1) 设法增加社会保险基金，同时控制社会保险给付。具体做法：将社会保险基金投资于风险分散、见效快、利润丰厚的企业或部门，增加社会保险收入，自我扩大社会保险给付能力；提高缴纳社会保险税(费)的上限，扩大税基；提高社会保险税(费)率，直接增加社会保险收入；削减社会保险给付项目，修订社会保险给付金的调整办法，延长退休年龄和推迟社会保险给付时间，相对减少社会保险支出，延缓社会保险支出增长的速度；规定对社会保险收入征收所得税，所收税款用于充实社会保险基金。

(2) 建立国家基本保险、企业补充保险和个人商业性储蓄保险三支柱社会保险体系，减轻国家财政负担，加强社会保险的保障功能。

(3) 建立高效、统一、专门化的社会保险管理机构，同时分散社会保险管理权限，调动地方社会保险部门的积极性，提高社会保险的整体经济效益和社会效益。

(4) 改革社会保险模式单一的保险格局，鼓励有条件并符合有关规定的地方、社区、法人单位和个人举办社会保险事业，以缩小政府负担的保障范围、减少相关项目，分散保险风险，增加社会保险的安全性与稳定性。

(五) 社会保险的改革趋势

社会保险制度建立初期，社会保险税(费)由个人和企业承担绝大部分，后来发展到由国家、企业和个人平均分担，经过一段时间后，进一步发展为国家和企业负担绝大部分，个人负担小部分，这一做法成为长时期社会保险税(费)分担与缴纳的一般原则。不过，自20世纪80年代以来，国家负担的社会保险税(费)比例呈下降趋势，企业缴纳的社会保险税(费)构成社会保险基金的主要部分，被保险人个人缴纳的社会保险税(费)也在逐步增加。

关于社会保险发展的趋势，可概括为以下几个方面。

1. 社会保险的多样化

由于各国经济发展程度、民族文化传统、政治体制等制约社会保险制度的因素各不相同，社会保险制度必然是在多样化的基础上呈现一定程度的一体化趋势。社会保险制度多样化主要表现为社会保险目标的多样化、筹资渠道的多样化、项目体系的多样化、管理体制及实施方式的多样化。

2. 社会保险覆盖范围扩大化

社会保险覆盖范围扩大化包括两方面内容。

(1) 各国将逐步建立和完善包括社会养老保险、医疗保险、失业保险、工伤保险、生育保险多重保障机制的社会保险制度。工业化国家虽然在第二次世界大战后建立了比较完整的社会保险体系，但随着社会经济条件的变化，社会保险项目还在不断增加，如20世纪90年代后，发达国家的护理保险和就业培训项目等。发展中国家由于社会保险项目本身不齐全，完善其社会保险项目将是长期而艰巨的任务。

(2) 保障范围和内容将不断扩展。许多国家已经不仅仅将人的生老病死作为防范对象，而且将影响人类生活质量的因素，如环保、心理状态、精神状况、教育和培训等也纳入社会保险的保障内容。随着社会经济的不断发展，这些内容在社会保险中的地位将越来越重要。

3. 社会保险的全球一体化

在经济、金融全球化的冲击下，一国的社会保险制度已不仅仅是一国内部的事务，它还影响着全球的资本和人员流动。经济、金融全球化通过三个方面影响社会保险制度的发展。

(1) 福利水平的高低影响一个国家产品的成本，影响其对外贸易，如“福利国家”的产品由于工资成本高，难以与发展中国家的廉价劳动力生产的产品抗衡。

(2) 由于跨国企业的蓬勃发展，人员跨国流动日益频繁，社会保险制度的衔接日益重要。

(3) 由于各国社会保险基金积累不断增加，基金投资国际化不断发展，需要各国加强在社会保险基金投资监管方面的协调。

从经济、金融全球化趋势以及北欧的实践看，社会保险呈现出从主权国家内部走向政府间合作或区域集团化的趋势。

知识拓展1-2

福利改革是英国必须迈过的坎儿

继希腊、西班牙、葡萄牙深陷欧债危机之后，身处欧元区之外的英国也在2011年11月30日迎来了英国几十年来规模最大的罢工。据悉，此次席卷全英的大罢工吸引超过200万人参加，而主要参与者是公务人员，涉及教育、公共交通、环卫、医务人员等。这次罢工的主要目的是反对英国政府的养老金改革计划，根据此前公布的计划来看，英国政府要求将公务人员的工作时间延长6年，增加需要缴纳的养老保险金额，同时降低最终养老金的支付水平。对此，英国工会表示反对，政府的这项计划会让公务人员付出更多而收获更少。尽管政府和工会围绕改革的争议部分一直在进行协商，但英国工会还是不顾政府的多次反对，组织了这次大罢工。

那么，为什么养老金改革会引起如此大规模的罢工？这主要是因为卡梅隆政府的这次养老金改革触及了英国社会改革的一个深层次的矛盾——福利制度如何改革的问题。这个问题不仅是英国，也是欧洲其他国家在发展过程中必须要迈过的坎儿。长期以来，欧洲发达国家都是以其退休后优惠的福利政策而闻名于世，但随着人的平均寿命延长和医疗条件的改善，这些欧洲国家政府负担的养老金额度越来越大，而经济发展的速度又跟不上养老金发展的规模，导致养老金存在巨大的缺口。经济发展不足以支撑福利政策，因此必须进行改革，而这样的改革将触及民众的基本利益。

二、我国社会保险的建立与发展

(一) 我国社会保险制度的初创时期

1949—1956年是我国社会保险制度的初创时期。1949年9月通过的《中国人民政治协商会议共同纲领》第三十二条规定："人民政府应按照各地行业情况规定最低工资，逐步实行劳动保险制度。"这是中华人民共和国在成立之时为建立社会保险制度颁布的第一个全国性福利保障项目。在当时的国际背景下，苏联"国家保险"模式为中国提供了可以借鉴的样板。

1. 城镇职工社会保险制度的建立

1950年，我国部分省、市、地区和少数产业部门根据实际情况，自行制定了本地区、本系统的社会保险暂行办法，但各地区社会保险的险种不一，保险待遇高低不一，组织架构也不健全，管理起来相当烦琐。因此，政务院(现为国务院)于1951年2月25日颁布了《中华人民共和国劳动保险条例》(以下简称《劳动保险条例》)，这是中国第一部社会保险法律。该条例全面确立了适用于我国城镇职工的劳动保险制度，它的实施范围包括城镇机关、事业单位之外的所有企业和职工。

《劳动保险条例》对保险项目以及保险费的征集、保管、支配标准、保险事业的管理和监督都做了详细的规定。1953年1月2日，政务院(现为国务院)颁布了《关于〈中华人民共和国劳动保险条例〉若干修正的决定》，并于1956年进行了修订，把保险对象范围进一步扩大到13个产业部门。

2. 国家机关、事业单位职工的社会保险制度的建立

国家机关、事业单位职工的社会保险制度与城镇职工的不同，其社会保险制度是以颁布单项法规的形式逐步建立起来的。也就是说，从社会保险制度创立之初到现在，我国国家机关、事业单位职工的社会保险制度与企业职工的社会保险制度仍一直处于并行格局。1950年12月颁布的《革命工作人员伤亡褒恤暂行条例》对国家工作人员的伤残和死亡待遇做出规定，并于1952年、1953年和1955年进行了三次修订。1952年6月27日，政务院(现为国务院)颁布了《关于全国人民政府、党派、团体及所属事业单位的国家机关工作人员实行公费医疗预防措施的指示》，扩大了公费医疗的实施范围。1955年12月26日，国务院颁发了《关于女工作人员生产假期的通知》，建立了面向机关、事业单位人员的生育保险制度。国家机关和事业单位工作人员的退休制度的建立以1955年12月29日国务院颁发的《国家机关工作人员退休处理暂行办法》《关于处理国家机关工作人员退职、退休时计算工作年限的暂行办法》等法规为标志，这些法规使国家机关工作人员在生、老、病、死、伤、残等方面的待遇有了法规依据。但由于它们是相互独立的制度安排，在一些地方不免存在差异。

3. 农村社会保险制度的建立

农村出现正式的合作医疗制度是在1955年农村合作化时期。随着农业合作化的发展，山西、河南等地先后实行了农村合作医疗。1959年，卫生部(现为卫生和计划生育委员会)在《关于人民公社卫生工作几个问题的意见》中建议，在农村地区实行集体医疗保健制度，由社员缴纳的保健费和公社、生产大队的公益金补助共同形成合作医疗基金，社员看病免交一部分医疗费。合作医疗由此得到政府重视并在全国推广开来，成为我国农村一项重要的医疗保险制度。

(二) 我国社会保险制度的调整时期

1957—1966年是我国社会保险制度的调整时期。这一时期重点在以下方面做出调整。

1. 统一退休规定

城镇职工实行的《劳动保险条例》关于退休待遇的规定和国家机关、事业单位人员实行的退休办法制度不统一。为此，国务院于1958年2月9日颁布了《关于工人、职工退休处理的暂行规定》，统一了企业、事业、国家机关职工的退休制度。

2. 医疗保险制度的调整

为了遏制公费医疗费用迅猛上升的势头，从1960年开始，国家颁布了一系列法规、规定，对公费医疗报销范围做了详细规定，明确了自费与公费的界限，并对药品的使用做出限制，要求看病收取挂号费，除批准使用的公费医疗药品之外的营养滋补品等一律实行自理。

与此同时，政府也开始对国营企业职工的劳保医疗制度进行调整。劳动部(现为人力资源和社会保障部)和全国总工会于1966年4月颁发了《关于改进企业职工劳保医疗制度几个问题的通知》，增加了个人的出资比例。这些法律规定都旨在遏制医疗费用剧增和药品浪费的现象。

3. 规定职业病范围和职业病患者处理办法

为了做好职业病防治工作，确保劳动者的健康，妥善处理和安置职业病患者，卫生部(现为卫生和计划生育委员会)于1957年2月28日颁布了《职业病范围和职业病患者处理办法的规定》。该规定明确指出职业病的诊断应按《职业病诊断管理办法》及其有关规定执行。凡被确诊患有职业病的职工，职业病诊断机构应开具《职业病诊断证明书》，享受国家规定的工伤保险待遇或职业病待遇。至此，我国工伤保险制度覆盖面在纯粹“工伤”基础上增加了职业病。1957年，卫生部(现为卫生和计划生育委员会)和全国总工会联合颁布了《批准工人、职员病、伤、生育假期的试行办法》，该办法明确规定工人、职员在患病受伤或者生育的时候有获得合理的休养和正确地支付工人、职员物质补偿，享受劳动保险待遇的权利，并对批准病、伤、生育假期手续，以及医师批准病、伤、生育假期的责任做出指导性规定。

(三) 我国社会保险制度的停滞时期

1966—1976年，我国社会保险制度陷入停滞。1968年底，我国撤销主管救灾救济、社会福利等事务的内务部，负责劳动保险事务的工会也陷入瘫痪状态，社会保险基金的征集、管理和调剂使用制度随之停止。1969年2月，财政部发布《关于国营经济财务工作的几项制度的改革意见(草案)》，规定国营企业一律停止提取劳动保险金，原来由劳动保险金开支的劳动保险费用改在企业营业外列支，采用待遇标准按照国家政策规定执行，所需费用由企业实报实销。从此，“劳动保险”失去其统筹调剂的职能，由原来的国家—企业保险演变为“企业保险”或“单位化保障”。

(四) 我国社会保险制度的改革完善时期

这一时期可以进一步分为重建(1978—1984年)和改革(1984年至今)两个阶段。

1978年以后，社会保险工作获得重生，其在社会经济发展中的地位和作用得以重新确立。在最初的几年，社会保险的主要工作是对过去的某些规定进行调整，其目的是解决国民生活水平较低的问题，并改善国民的福利待遇。例如，国务院于1978年6月2日颁布《关于安置老弱病残干部的暂行办法》和《关于工人退休、退职的暂行办法》，经过试点，于1979年全面实施。1978年，干部和工人退休、退职分别执行两个办法，这主要是基于干部和工人的不同情况而考虑的。此外，办法中关于干部和工人退休、退职待遇也做了较大的修改：一是放宽了老干部的离职休养条件；二是适当提高了退休待遇标准，退休金上限由过去占本人标准工资的70%提高到90%；三是对因工致残、完全丧失劳动能力的干部和工人的退休金水平做了较大的提高。

1984年以后，我国的经济体制改革进入以城市为重点、以搞活企业为中心的阶段。企业被要求“成为自主经营、自负盈亏的经济实体，成为相对独立的商品生产者和经营者”。随着企业日益进入市场，企业之间养老负担不均衡的矛盾显露出来：新建企业由于年龄结构轻、退休人员少、人工成本费用低而在竞争中处于优势地位，而老企业由于退休人员多而承受沉重的负担。在这一背景下，我国开始实行以退休费用社会统筹为主要内容的养老保险制度改革试点，后来又建立了失业保险制度，并进行了工伤、医疗保险制度改革。

1. 养老保险的改革

养老保险于1991年实行资金三方负担制原则，1995年确立了“社会统筹与个人账户相结合”的原则，1997年养老保险的范围进一步扩大，在计发办法上实现了全国统一。

2005年12月3日，国务院颁布《关于完善企业职工基本养老保险制度的决定》(国发〔2005〕38号)，明确规定城镇个体工商户和灵活就业人员都要参加养老保险，改革基本养老金计发办法，将个人账户规模统一由本人缴费工资的11%调整为8%，全部由个人缴费形成。

2007年1月18日，劳动和社会保障部(现为人力资源和社会保障部)与财政部颁布了《关于推进企业职工基本养老保险省级统筹有关问题的通知》(劳社部发〔2007〕3号)，明确了企业职工基本养老保险省级统筹标准。

2011年9月23日，为了应对老年人口增长高峰，国务院颁布了《中国老龄事业发展“十二五”规划》，强调要完善实施城镇职工基本养老保险制度，全面落实城镇职工基本养老保险省级统筹，实现基础养老金全国统筹，做好城镇职工基本养老保险关系转移接续工作。2015年1月，国务院出台《关于机关事业单位工作人员养老保险制度改革的决定》(国发〔2015〕2号)，要求从2014年10月1日起机关事业单位实行与企业完全一致的基本养老保险制度。2018年，国务院出台《关于建立企业职工基本养老保险基金中央调剂金制度的通知》(国发〔2018〕18号)，决定从2018年7月1日起实行企业职工基本养老保险基金中央调剂制度，上解比例从3%起步，逐步提高。

在养老金发放金额方面，为了缩小收入差距，自2005年起，我国连续提高企业退休人员基本养老金，至2021年已连续17次较大幅度地提高企业退休人员基本养老金水平。2005年调整前月人均养老金为700元，2021年调整后企业退休人员月人均养老金超过3000元。

2. 医疗保险的改革

在医疗保险改革方面，国务院于1998年颁布了《关于建立城镇职工基本医疗保险制度的决定》(国发〔1998〕44号)。该决定标志着我国医疗保险制度的改革进入一个崭新的阶段，城镇职工基本医疗保险制度取代了已实行近半个世纪的公费医疗和劳保医疗制度，明确了缴费比例，制定了医疗保险统筹基金和个人账户相结合的原则，并规定了有关人员的待遇标准。

自国务院颁发《关于建立城镇职工基本医疗保险制度的决定》以来，全国大多数地区已启动实施职工基本医疗保险制度，医疗保险覆盖面逐步扩大，新制度运行平稳，保障了参保职工的基本医疗需求。

随着我国经济体制改革的进一步深化和产业结构的调整，以非全日制、临时性和弹性工作等灵活形式就业的人员(以下简称灵活就业人员)逐步增加，这部分人的医疗保障问题日益突出。为解决灵活就业人员的医疗保障问题，2003年5月26日，劳动和社会保障部(现为人力资源和社会保障部)办公厅发布实施《关于城镇灵活就业人员参加基本医疗保险的指导意见》(劳社厅发〔2003〕10号)，明确政策，并规范灵活就业人员的参保方式、激励措施和待遇水平，坚持“权利和义务相对应、缴费水平与待遇水平相挂钩”两项原则，在参保政策和管理办法上既要与城镇职工基本医疗保险制度相衔接，又要适应灵活就业人员的特点。2006年2月，国务院《关于进一步加强就业再就业工作的通知》的综合配套文件由劳动保障部(现为人力资源和社会保障部)牵头起草完成，文件明确了灵活就业人员社会保险补贴程序，还明确了对就业困难对象开展就业援助的有关工作要求。2007年7月10日，国务院颁布实施《关于开展城镇居民基本医疗保险试点的指导意见》(国发〔2007〕20号)，不属于城镇职工基本医疗保险制度覆盖范围的中小学阶段的学生(包括职业高中、中专、技校学生)、少年儿童和其他非从业城镇居民都可自愿参加城镇居民基本医疗保险。

2010年6月1日，人力资源和社会保障部发布了《关于做好2010年城镇居民基本医疗保险工作的通知》，通知指出要完善参保政策，进一步巩固扩大覆盖面，并且提高财政补助标准，健全筹资机制，提高待遇水平，逐步减轻参保人员的个人负担，同时加强医疗保险管理，提升经办能力和水平。2011年7月1日开始实施的《中华人民共和国社会保险法》(以下简称《社会保险法》)明确规定我国应建立和完善城镇居民基本医疗保险制度，享受最低生活保障的人、丧失劳动能力的残疾人、低收入家庭中60周岁以上的老年人和未成年人等，参加基本医疗保险所需个人缴费部分，由政府给予补贴。为了实现城乡居民公平享有基本医疗保险权益，2016年，国务院发布《关于整合城乡居民基本医疗保险制度的意见》(国发〔2016〕3号)，要求逐步在全国范围内建立起统一的城乡居民基本医疗保险制度。

3. 失业保险的改革

随着经济体制改革的深化，大批国有企业破产、倒闭、兼并、重组，大量企业的职工下岗或失业，客观上要求政府给失业者提供生活保障，即建立失业保险制度。我国的失业保险制度建立于1986年，以国务院颁布的《国营企业职工待业保险暂行规定》为标志，其目的是适应劳动制度改革的需要，保障国有企业职工待业期间的基本生活。1999年1月，国务院颁布《中华人民共和国失业保险条例》(以下简称《失业保险条例》)，标志着我国失业保险制度的改革进入一个新的历史阶段。《失业保险条例》对失业保险的覆盖范围、缴费比例、个人缴费、待遇标准、享受条件、基金支出、管理监督等方面进行了重大调整。

2006年1月11日，劳动和社会保障部(现为人力资源和社会保障部)、财政部发布实施《关于适当扩大失业保险基金支出范围试点有关问题的通知》(劳社部发〔2006〕5号)，按照保障失业人员基本生活与促进再就业统筹兼顾、失业保险基金收支平衡、权利与义务相统一、合理安排失业保险基金与促进就业财政资金的原则，在保障失业人员基本生活的前提下，根据本地区促进再就业工作的需要，积极稳妥地开展试点工作。2011年7月1日开始实施的《社会保险法》对跨区域就业职工的失业保险做出规定，跨统筹地区就业的职工，其失业保险关系随本人转移，缴费年限累计计算。2015年2月，国务院确定将失业保险费率由3%统一降至2%。

根据2016—2019年我国人力资源和社会保障部、财政部关于阶段性降低社会保险费率的相关通知结果，从2016 年5月1日起，失业保险总费率在2015年已降低1个百分点基础上可以阶段性降至1%～1.5%，其中个人费率不超过0.5%，降低费率的期限暂按两年执行。从2017年1月1日起，失业保险总费率为1.5%的省(区、市)，可以将总费率降至1%，降低费率的期限执行至2018年4月30日。在省(区、市)行政区域内，单位及个人的费率应当统一，个人费率不得超过单位费率。自2018年5月1日起，实施失业保险总费率1%的省(区、市)，延长阶段性降低费率的期限至2019年4月30日。自2019年5月1日起，实施失业保险总费率1%的省份，延长阶段性降低失业保险费率的期限至2020年4月30日。自2023年5月1日起，继续实施阶段性降低失业保险费率至1%的政策，实施期限延长至2024年底。因此，我国失业保险费率经过2016年到2023年的阶段性调整后，2023年失业保险费率仍实行1%，单位和个人缴费具体比例由各地确定，个人费率不得超过单位费率。

4. 工伤保险的改革

工伤保险在很长一段时间都没有全国统一的政策条文和法律法规，地方政府机关各自出台相关政策文件。直到2003年4月27日，国务院颁布了《工伤保险条例》(中华人民共和国国务院令第375号)，并于2004年1月1日开始实施。自颁布《工伤保险条例》以来，全国工伤保险扩面工作明显加快，至2005年，净增参保人数达3815万人。

2010年12月8日，国务院第136次常务会议通过《关于修改〈工伤保险条例〉的决定》，并于2011年1月1日起施行，扩大了参保范围，简化了参保程序，明确了各部门的责任和工伤保险基金的省级统筹层次目标，同时提高了工伤保险待遇。

5. 生育保险的改革

1994年，劳动部(现为人力资源和社会保障部)发布《企业职工生育保险试行办法》(劳部发〔1994〕504号)，各级劳动保障部门认真贯彻落实该办法，颁布了面向职工、城镇从业人员、城镇人员的生育保险办法，生育保险工作取得了积极进展。

2004年9月8日，劳动和社会保障部(现为人力资源和社会保障部)办公厅发布了《关于进一步加强生育保险工作的指导意见》(劳社厅发〔2004〕14号)，高度重视生育保险工作，协同推进生育保险与医疗保险工作，切实保障生育职工的医疗需求和基本生活待遇，加强生育保险的医疗服务管理，提高经办机构的管理和服务水平。

2011年7月开始实施的《社会保险法》对生育保险中出现的新情况、新问题做出改革，明确了参保职工未就业配偶也能按照国家规定享受生育医疗费用的待遇；扩大了生育医疗费用的范围；在生育津贴中增加了“享受计划生育手术产假”的条款。

2012年，国务院出台《女职工劳动保护特别规定》(国务院令第619号)，将女职工产假由原来的90天延长到98天，将女职工流产的产假确定为15天(未满4个月流产)或42天(满4个月流产)。同时明确了生育津贴、生育和流产的医疗费用标准和支付主体。

2017年，国务院办公厅印发《生育保险和职工医疗保险合并试点方案》(国办发〔2017〕6号)，批准12个城市开展生育保险和职工基本医疗保险合并实施试点。

6. 农村社会保险的改革

1) 农村养老保险

早在1986年，当时主管农村社会保障工作的民政部就开始进行农村社会养老保险制度的探索。经过几年的试点，在总结试点经验的基础上，民政部于1992年正式出台《县级农村社会养老保险基本方案(试行)》。自1993年起，农村社会养老保险的覆盖范围不断扩大。

随着中国农村人口老龄化加剧、农村青壮年人口大规模向城镇流动以及城市化扩容的推进，失地农民增加，传统农村家庭养老功能和土地养老功能逐渐减弱。如果依然坚持“就业靠土地，保障靠家庭”，将阻碍农村剩余劳动力的转移和农村生产力的发展，因此迫切需要建立健全适合农村特点的养老保险制度，解决农民的后顾之忧。

2009年9月1日，国务院发布了《关于开展新型农村社会养老保险试点的指导意见》(国发〔2009〕32号)，新型农村社会养老保险(以下简称新农保)试点在全国范围内展开。

2011年底，全国有27个省、自治区的1914个县(市、区、旗)和4个直辖市的部分区(县)开展国家新农保试点。

根据2014年2月21日国务院颁布的《关于建立统一的城乡居民基本养老保险制度的意见》(国发〔2014〕8号)，以及人力资源和社会保障部、财政部印发的《城乡养老保险制度衔接暂行办法》(人社部发〔2014〕17号)，在总结新农保和城镇居民社会养老保险试点经验的基础上，国务院决定将新农保和城镇居民社会养老保险两项制度合并实施，在全国范围内建立统一的城乡居民基本养老保险制度。

2) 农村医疗保险

改革开放以后，以集体经济为基础的农村医疗制度被削弱，大部分农村合作医疗纷纷解散。

卫生部(现为卫生和计划生育委员会)、财政部、农业部(现为农业农村部)三部委于2003年1月在《关于建立新型农村合作医疗制度的意见》中规定：“新型合作医疗制度(以下简称新农合)是由政府组织、引导、支持，农民自愿参加，个人、集体和政府多方筹集，以大病统筹为主的农民医疗互助共济制度。”新农合自2003年在全国试点以来，农村卫生事业呈现良好的发展局面，农民健康有了基本保障，农村缺医少药的问题有所缓解。

2007年，为了加快新农合制度改革试点，试点范围扩大到全国80%的县(市、区)，地方财政补助标准全部提高到每人每年20元，这样筹资标准就达到每人每年50元，其中中央和地方政府补助每人每年40元。

2012年5月17日，卫生部(现为卫生和计划生育委员会)、财政部和民政部三部门联合印发《关于做好2012年新型农村合作医疗工作的通知》。该通知指出，从2012年起，各级财政对新农合的补助标准从每人每年200元提高到每人每年240元。其中，原有200元部分，中央财政继续按照原有补助标准给予补助；新增40元部分，中央财政对西部地区补助80%，对中部地区补助60%，对东部地区按一定比例补助。农民个人缴费原则上提高到每人每年60元，有困难的地区，个人缴费部分可分两年到位。

“十二五”期间，新农合国家基本标准为住院费用支付比例达到75%左右，最高支付限额达到全国农村居民人均纯收入的8倍以上；支出责任为个人和政府共同负担，各级财政的补助标准提高到年人均不低于360元，基金出现支付不足时由县级以上政府给予补贴，同时扩大覆盖范围，使参合率稳定在90%以上。为了实现城乡居民公平享有基本医疗保险权益，2016年，国务院发布《关于整合城乡居民基本医疗保险制度的意见》(国发〔2016〕3号)，要求逐步在全国范围内建立起统一的城乡居民基本医疗保险制度。2021年末，城乡居民基本医疗保险参保人数100 866万人，居民医保人均财政补助标准新增30元，达到每人每年不低于580元，参加居民医保人员享受待遇20.81亿人次。

本章小结

社会保险是国家通过立法，采取强制手段对国民收入进行再分配，在劳动者由于年老、疾病、伤残、失业、生育及死亡等原因，失去部分或全部生活来源时，由国家或社会给予其基本生活保障的制度。社会保险具有强制性、社会性、互济性、补偿性、资金来源的多渠道性、储备性等特征。

社会保险的功能主要有分配功能和稳定功能；保障劳动力的再生产并促进劳动力的合理流动；有利于调整消费结构，积累建设资金，促进经济发展。

社会保险按照其应对的风险可划分为生育社会保险、医疗社会保险、工伤社会保险、养老社会保险、失业社会保险。

社会保险与社会保障、商业人身保险相比，其不同之处主要表现在保障范围和对象、资金来源、权利与义务的对等含义、保障目标和手段等方面。

社会保险历经萌芽、形成、发展、改革四个阶段。萌芽阶段主要是工人自发组织的私人保险和互助制度；现代社会保险制度的形成主要以1883年德国颁布的《疾病社会保险法》为标志；自1935年美国罗斯福政府建立社会安全制度至1975年的40年间，社会保险制度得到了迅速发展；20世纪70年代以后，世界范围内的社会保险制度转入调整改革时期，其改革趋势主要有社会保险的多样化、覆盖范围的扩大化、全球一体化。

我国社会保险制度的发展可分为四个时期：初创时期(1949—1956年)、调整时期(1957—1966年)、停滞时期(1966—1976年)、改革完善时期(1978年至今)。

习题

一、填空题

1. 我国失业保险制度建立于(　　)年，《失业保险条例》于(　　)年颁布。

2. 国务院于(　　)年颁布《工伤保险条例》，并于(　　)年对其进行了修订。

3. (　　)年新农保试点在全国范围内开展，并于(　　)年与城镇居民基本养老保险合并为城乡居民基本养老保险制度。

4. 社会保险是国家依法建立，强制采取(　　)手段，对劳动者由于(　　)原因失去生活来源时，给予基本保障的制度。

5. 社会保险的种类包括(　　)、(　　)、(　　)、工伤保险和生育保险。

二、单项选择题

1. 社会保险产生的标志是德国于(　　)。

A. 1883年颁布《疾病社会保险法》

B. 1884年颁布《工伤事故社会保险法》

C. 1889年颁布《老年和残障社会保险法》

D. 1911年颁布《社会保险法》

2. 中华人民共和国成立后的第一部关于社会保险的法律是(　　)。

A. 1951年的《劳动保险条例》

B. 1953年的《关于劳动保险条例若干修订的决定》

C. 1955年的《国家机关工作人员退休处理暂行办法》

D. 1950年的《革命工作人员伤亡褒恤暂行条例》

3. 我国养老保险于(　　)开始在全国范围内实行费用三方负担制。

A. 1951年　　B. 1955年　　C. 1991年　　D. 1997年

4. 国务院于(　　)颁布《关于建立城镇职工基本医疗保险制度的决定》，标志我国医疗保险改革进入崭新的阶段。

A. 1951年　　B. 1955年　　C. 1997年　　D. 1998年

5. 我国生育保险实施的法律依据《企业职工生育保险试行办法》于(　　)发布。

A. 1986年　　B. 1993年　　C. 1994年　　D. 1998年

三、多项选择题

1. 社会保险的特征包括(　　)。

A. 强制性　　B. 互济性　　C. 社会性　　D. 储备性

2. 社会保险与社会保障的不同之处在于(　　)。

A. 范围和对象不同　　B. 资金来源不同

C. 保障目标不同　　D. 权利与义务对等含义不同

3. 社会保险的发展历程可以划分为(　　)阶段。

A. 萌芽　　B. 形成　　C. 发展　　D. 改革

4. 社会保险改革的趋势包括(　　)

A. 建立多层次保障体系　　B. 开源节流

C. 覆盖范围逐渐扩大化　　D. 社会保险全球一体化

5. 社会保险的分配功能主要体现在(　　)。

A. 雇主和雇员之间　　B. 雇员之间

C. 参保的企业之间　　D. 国家之间

四、简答题

1. 简述社会保险的功能。

2. 简述社会保险与商业人身保险的区别与联系。

第二章 社会保险的管理

学习目标

1. 了解社会保险管理的含义及必要性；

2. 掌握社会保险管理的内容，熟练掌握社会保险行政管理、业务管理、监督管理的理论知识，并具备社会保险管理的相关实务操作技能；

3. 掌握社会保险的管理机构及其职责，熟悉我国社会保险管理机构的现状；

4. 在了解社会保险社会化管理的基础上，掌握我国社会保险社会化管理的内容，并具备相关实务操作技能。

第一节 社会保险管理概述

一、社会保险管理的含义

一般意义上的管理，是指为了实现组织目标的一系列计划、组织、指挥、协调和控制的活动。社会保障是政府公共服务职能的重要范畴，作为社会保障基本项目的社会保险，无疑应属于基本公共服务，应由政府负责提供。所以，社会保险的管理既有一般组织管理的含义，也具有行政管理的性质。

社会保险管理是关于社会保险事务以及与社会保险有关的社会政策的管理，涉及社会保险的管理机构设置、管理制度制定、管理模式运用等方面，通过特定的机构和制度安排，采取一定的方法和手段对社会保险计划的实施进行计划、组织、协调、控制和监督，以实现社会保险制度目标的过程。一般而言，社会保险管理包括社会保险行政管理、社会保险业务管理、社会保险基金管理以及社会保险监督管理。

各国社会保险在制度设计、目标确定方面各有特点，但社会保险管理的规则基本是一致的。社会保险具有公共产品的性质，即非竞争性和非排他性，同时在一定程度上也具有私人产品的性质。良好的社会保险制度设计与高效的公共服务、高度的保障目标之间并没有必然的因果关系。在社会保险的运行环节，通过合理的机构设置、有效的管理策略，可达到激励机制和监督机制之间的良性互动，从而实现社会保险增进国民福利、提高生活质量的预期目标。

二、社会保险管理的必要性

社会保险是一种具有保障性、负债性和广泛性的特殊活动，因此必须对社会保险业务运行过程有计划地进行组织、指挥、协调和控制，力求以最低的管理成本实现最高的社会效益。

社会保险的保障性是指社会保险通过保险金给付行为，无论在什么经济条件下都能使社会保持一定的购买力，保障人们生活安定和社会再生产顺利进行。所谓负债性，是对一国政府而言的。社会保险是政府对劳动者保障权益的一种承诺，社会保险基金是要随时支付出去的。如果因管理不善造成资金浪费，或为获得高收益而冒险投资造成投资失败，或由于外界原因使该回收的资金未能按时回收等，必然会严重地损害社会保险对象的经济利益。所谓广泛性，是指社会保险的对象多，活动影响的范围大，几乎包括所有劳动者，同每一个家庭生活息息相关，一旦社会保险基金入不敷出，国家财力又不能解决，势必引起社会动乱，甚至会波及其他国家。显然，社会保险较之一般工商企业和服务行业经营，更需要严密而又科学的管理。

三、社会保险管理的内容

社会保险管理的内容包括社会保险行政管理、社会保险业务管理、社会保险监督管理三个方面。

(一) 社会保险行政管理

作为国家活动的一个重要组成部分，社会保险行政管理是贯彻和体现国家职能的一种直接手段和方法，它代表着国家并为国家的利益开展活动，因而具有明显的政治性、服务性及法制性。社会保险的行政管理主要是指政府对社会保险的制度设计、发展规划及政策、法规的制定。

1. 社会保险的制度设计

建立社会保险制度，是各国管理社会保险首先需要决策的问题。与社会主义初级阶段和建立社会主义市场经济体制相适应，我国的社会保险制度总的设计思路：根据国家财政和企业以及个人的实际承受能力，坚持社会保险只提供基本生活保障；坚持广覆盖，凡是法律规定应纳入社会保险范围的劳动者，都必须成为社会保险对象；坚持多层次，即在社会保险内部，建立职工个人账户与社会统筹相结合的制度，积极鼓励和发展企业年金、商业保险、个人储蓄保险等多种形式；坚持社会保险税(费)多方负担，改变保险费完全由国家和企业负担的状况，个人也要合理负担一部分社会保险税(费)。

2. 社会保险的发展规划

社会保险的发展规划主要体现在以下几个方面。

(1) 社会保险的预测、预警工作。规划的指导性在于它的前瞻性，而科学的预测、预警是前瞻性的保证。

(2) 社会保险发展的宏观环境分析。社会保险事业发展是国民经济和社会发展的组成部分，规划社会保险事业发展，要从社会经济发展的全局出发，全面分析宏观经济发展的重大政策和环境变化对社会保险事业的影响，如我国加入世贸组织之后在西部大开发中如何推动社会保险事业的发展。

(3) 根据社会保险事业发展的需要，规划社会保险法制建设的目标和具体步骤。

(4) 紧跟科技进步的步伐，确定社会保险信息网络建设的基本框架和技术水平。

3. 社会保险政策、法规的制定

制定社会保险法律、法规和政策，具体规定社会保险的实施范围和对象、享受保障的基本条件、社会保险资金的来源、基金管理和投资办法、待遇支付标准和对象以及社会保险各主体的权利、义务等。

另外，社会保险行政管理还包括组织和实施各项社会保险法律法规，建立和完善社会保险信息化管理体系，服务机构管理及公共关系管理等。

(二) 社会保险业务管理

社会保险业务管理是指对社会保险业务正常运转所必须经过的各个环节进行全面的规范管理。社会保险经办机构是社会保险业务管理的主体，其主要职责包括以下几个方面。

1. 社会保险登记管理

社会保险登记是各项管理的基础，也是首要环节，它包括：参保人社会保险关系登记建立，发放“社会保险登记证”；缴费确认；记录权益信息；年度审核校验；关系转移接续、中断接续；关系变更、终止、注销办理；社保卡发放使用管理。

2. 社会保险费征缴管理

社会保险费征缴管理包括：核定缴费人数、缴费费基和费率；受理审核缴费申报、结算；实施缴费稽核；清理追缴欠费；办理补缴、缓缴手续；征收保费入账入库等。

3. 社会保险权益管理

社会保险权益管理包括：建立参保单位和个人缴费记录；管理个人账户，定期发放个人账户对账单，待遇水平调整核定；受理社会保险待遇享受申请，核定待遇标准，支付待遇，并按规定及时调整待遇标准，与提供就医、购药、工伤康复服务的社会保险服务机构结算、支付相应费用；依法对待遇领取情况进行核查，处理违法违规行为；提供政策与办理程序咨询服务，受理个人账户和参保缴费情况的权益查询。

4. 社会保险基金管理

社会保险基金管理包括：编制社会保险基金预决算草案，并负责实施、检查；编制财务报告、会计报表；按规定在银行开设基金账户和存储基金，执行收支两条线管理，实施基金收支会计核算，定期确认实际到账金额；基金调剂使用管理，结余基金管理；建立实施社会保险经办机构内部控制制度，实时监控基金流动；基金运营管理，实现保值增值。

5. 社会保险档案管理

社会保险档案是一种专门档案，是社会保险经办机构在具体经办社会保险事务的活动中形成的、作为历史资料保存以备考查的文件，是全面、系统地记录单位和个人参保和缴纳社会保险费，计发社会保险待遇的重要依据。社会保险档案管理是从对参保单位和参保职工信息材料进行收集、分类、整理、归档、装订成册，到对档案内容进行补充、更正、保管、检索的过程，是社会保险业务管理的基础工作之一。

社会保险档案的信息主要由三部分组成：①各级社会保险经办机构的综合信息，包括社会保险统计报表与财务报表；②参保企业、参保职工、参保离退休人员的基本信息；③社会保险业务台账。

6. 社会保险数据库管理

随着社会保险档案管理工作量的不断增加和管理技术的提高，计算机数据库管理已经成为社会保险档案管理的重要手段。社会保险数据库包含每个参保企业和参保人员的相关数据，储存每个参保人员的全部工作经历以及目前的就业状态和参保情况。

我国社会保险数据库系统主要包括参保单位基本情况数据库、参保职工相关数据库、个人账户管理数据库、离退休人员数据库和查询、统计数据库。

(三) 社会保险监督管理

社会保险监督包括日常监督和预警监督。日常监督是指对社会保险事务的日常运行进行监督。预警监督属于中长期趋势监督，是指通过预测来防止社会保障危机的出现。社会保险的监督必须坚持日常监督和预警监督相结合的原则，以保证社会保险制度能够长期顺利运行。

四、社会保险管理的模式

社会保险管理模式是指社会保险行政管理机构、经办管理机构、基金管理机构和监督管理机构在社会保险管理过程中形成的体制和框架，它主要涉及不同层级的社会保险机构之间的权责划分、各管理部门之间的协调等。社会保险管理模式与特定的国家经济发展条件、历史文化传统以及特殊政治背景密切相关，即使是同一国家，也有可能在不同的社会保险项目上选择不同的管理模式。

(一) 政府直接管理模式

政府直接管理模式的特点是政府统管各项社会保险事务，社会保险费的征收、管理、发放等环节均由政府部门直接负责，在具体分工上则有所不同。考虑到社会保险的普遍性和强制性，很多国家都采取政府直接管理模式。

政府直接管理模式往往采取纵向领导的方法，由中央到地方设置不同层次的管理机构，中央对地方的管理机构实行垂直领导。中央制定社会保险的政策法规，对社会保险运行过程进行监督；地方社会保险管理部门把中央的政策法规细致化，负责具体业务的实施。政府直接管理模式可以再划分为统一管理模式、分散管理模式和统分结合管理模式。

1. 统一管理模式

统一管理模式把不同的社会保险项目置于一个管理体系之中，建立统一的社会保险管理机构，对全国的社会保险事业进行自上而下的纵向统一管理，在地方层设置社会保险管理机构，实行统一的制度、统一的政策和管理标准。

统一管理模式的优点：一是社会保险统一规划和实施，能有效防止政出多门和部门之间相互牵扯的现象，确保社会保险管理机构的高效运作，使社会保险功能得以有效发挥，也有利于管理成本的降低；二是有利于社会保险项目之间的相互协调，保险基金得到合理使用，有利于提高资金的使用效益；三是有利于保障管理部门和企业机构精兵简政，降低管理成本，控制管理费用。

统一管理模式的缺点：一是在人口众多、辖区比较大的地方，各个险种统一实施有一定的难度；二是失业保险和工伤保险各具特殊性，因而实行起来容易造成顾此失彼的局面；三是这种模式往往以国家行政管理为主，受行政干预较多。

2. 分散管理模式

由于社会保险项目较多，各个社会保险项目的保障对象、管理方法各异，采取过于集中的管理方式未必适合不同社会保险项目的特点。因此，在政府对社会保险进行统一协调的前提下，有必要对不同的社会保险项目进行分散管理。采用分散管理模式的优点：分散管理模式，由不同的政府部门对不同的社会保险项目进行横向多头管理，不同的社会保险项目都有各自对应的保险经办机构、基金运营机构和监督机构，各社会保险项目之间具有相对独立性，各项目所筹集到的社会保险基金专款专用。比如，劳动部门管理职工保险，卫生部门管理医疗保险。在分散管理的情形下，不同的社会保险项目往往实行不同的管理模式。

分散管理模式的缺点：各管理机构互相独立而显得庞杂，导致管理工作重复，效率相对低，管理成本增加。

3. 统分结合管理模式

统分结合管理模式是统一管理模式和分散管理模式的结合，即对共性较强的、适宜归为一类的社会保险项目进行集中管理，而对具有特殊性的社会保险项目实行分散管理。比如，有的国家把养老保险、医疗保险等社会保险项目集中起来进行统一管理，而失业保险和工伤保险则分别由劳动部门和其他部门进行管理。

统分结合管理模式的优点：既可以适应社会保险社会化、规模化和一体化的要求，又可以兼顾特点突出、要求鲜明的项目，而且能提高管理效率，节省管理费用，促进社会保险项目转化等。

(二) 自治机构管理模式

自治机构管理模式是指社会保险的业务管理由非政府组织承担，政府负责社会保险立法并对社会保险政策的实施提供监督和指导。负责业务管理的非政府组织是由政府代表、雇主代表和雇员代表三方组成的独立机构，也可能是其中两方组成的管理组织，其名称比较多元化，可以是基金会、董事会、委员会、理事会等。这些独立机构依照相关法律法规的实体性规定和程序性规定对社会保险的具体业务进行管理，实行民主管理，接受来自政府和社会的监督。在自治机构下面设有办事机构，在法律规定范围内开展各种业务活动。

自治机构管理模式的管理较为灵活，各方主体的利益分别有各自的代言人，能充分体现民主管理的精神，在得到各方认可的前提下，实行各方均能受益的管理办法。因此，该模式的工作效率较高，各利益主体的满意度也较高。

德国是采用自治机构管理模式的典型国家，社会保险机构不是政府部门的派出机构，而是独立法人，实行自治管理。德国社会保险自治机构的影响力很大，一般实行地区管理与行业组织管理相结合的方式，自治机构成员由雇主代表和雇员代表共同组成。联邦政府劳动与社会事务部是社会保险的最高行政管理机关，在劳动和社会事务部下设置独立的社会保险管理监督办公室作为独立的监管部门。社会保险的业务管理按照不同的保险项目进行设置。

(三) 商业化市场运作管理模式

商业化市场运作管理的主体是私营机构，是在实行社会保险基金完全积累制的前提下，由私营机构对社会保险基金的投资和运营进行管理，以实现基金的保值、增值。政府不直接参与社会保险基金的管理，而是对社会保险的具体实施过程进行监督。比如，新加坡实行中央公积金制度，具有半官方性质的中央公积金负责社会保险的管理和具体实施，而劳动部对社会保险管理工作进行监督。在同样实行强制储蓄制度模式的智利，社会保险的具体实施由社会保险公司和私营养老基金管理公司负责，基金投资风险管理委员会、社会保障总署对社会保险管理进行监督。印度、印度尼西亚等国家也采取这种管理模式。

在以私营机构为行为主体的管理模式下，政府付出的管理成本较低、责任较轻。但近年来，私营机构管理社会保险出现了管理效率降低的趋势，被保险人的利益与社会保险基金在资本市场的收益直接相关，这种模式给被保险人带来的风险较大。

从全球来看，社会保险管理服务不存在一个固定的、统一的模式，社会保险基金征收也不存在“最佳做法”。成功的管理模式都有其历史背景，都是根据各国国情和社会制度、经济发展水平、文化传统而选定的。各国社会保险管理模式虽不尽相同，但就管理服务工作而言，具有三个共同特点：一是各国社会保险工作都是由政府主导，实行决策、执行、监督相分离的管理体制，设立专门机构、配备职业化队伍负责承办社会保险事务；二是社会保险经办机构的职责基本相同，都是依托信息化手段承办社会保险事务，筹集、管理和运营社会保险基金，支付社会保险待遇；三是在社会保险由政府直接管理的国家中，社会保险经办机构多实行垂直管理，形成从中央到地方的统一专门的工作网络。

第二节　社会保险管理机构

一、社会保险管理机构的设置

根据国内外的成功经验，社会保险管理体制中应设置以下四个层次的管理机构。

(一) 决策协调机构

决策协调机构的主要职能是向立法机构提供决策依据，协助制定社会保险的有关法律法规，并根据法规导向制定有关政策和发展规划，以及参与审议预决算和对重大问题进行决策，同时协调社会保险各项目管理部门。

(二) 业务执行机构

业务执行机构是执行国家社会保险方针和政策的综合职能部门，并且负责执行政策法规、落实实施方案以及具体经办社会保险各项目费用的征集、核算和发放等工作。

(三) 资金运作机构

资金运作机构的主要职能是通过对社会保险基金的有效运作，保证基金安全和增值，提升社会保险的偿付能力。

(四) 监察监督机构

监察监督机构主要行使对社会保险各项法律、法规的执行情况，以及社会保险各项基金的收支、营运和管理的监督权。

二、社会保险管理机构及其职责

从横向看，社会保险管理涉及不同的政府部门之间的管理权限问题和政府部门与社会保险管理机构之间的职责分工问题。从纵向看，社会保险管理涉及中央与地方之间的关系问题。

横向的权责是按照职能划分社会保险相关机构的职责。社会保险行政管理部门、业务管理部门、基金管理部门和监督管理部门分别履行相应的行政管理、业务管理、基金管理和监督管理职能。纵向的权责划分是按照管理级别把职能部门划分为中央管理部门、中层管理部门和基层管理部门，纵向权责划分一般用于社会保险行政管理部门。

(一) 社会保险行政管理机构及其职责

社会保险行政管理机构是社会保险的主管部门，其主要职能是制定社会保险事业发展规划，制定并监督社会保险各项政策、规章、制度的贯彻落实情况，监督社会保险基金的收支，管理以及指导社会保险经办机构的业务工作。

我国的社会保险行政管理机构是各级人力资源和社会保障行政部门，这些部门按照属地原则对社会保险进行管理，并对其派出经办机构的业务活动进行指导和监督，对于违反法律、法规的行为及时发现并予以纠正，解决社会保险经办机构与用人单位或个人之间产生的行政争议，保证社会保险制度的正常运行。

(二) 社会保险业务管理机构及其职责

社会保险经办机构也称执行机构，是社会保险业务的具体经办机构，属非营利性质的事业单位，具体办理社会保险基金的收支和管理工作，开展对社会保险对象的管理服务工作。

我国社会保险经办机构是于1988年建立的，名称统一为社会保险事业管理局或社会保险基金管理中心。我国社会保险业务经办机构是行政管理部门的派出机构，为被保险人提供各种社会保险的服务，接受行政管理部门的监管。采取这种方式能在一定程度上减少资金筹集和待遇支付环节的管理成本，保证社会保险基金按时、足额征缴，减少待遇支付中的损失。

社会保险业务管理具体涉及的内容包括对被保险人的信息进行管理、审核社会保险待遇资格、发放社会保险待遇等。通过信息化管理，能够提高社会保险经办机构的管理效率，更好地为被保险人服务。社会保险待遇支付是指为被保险人提供各种社会保险待遇，当被保险人遭遇风险时，依法向经办机构提出申请，由经办机构审核其享受社会保险的资格，确定相应的待遇标准并予以提供。社会保险管理社会化，主要体现为社会保险待遇发放的社会化、社会保险服务的社会化，也体现了社会保险管理的精简化趋势。

社会保险业务管理部门和行政管理部门是分开的。业务管理部门是社会保险政策法规的执行机构和保险业务的具体经办机构，属于非营利性质的事业单位，具体办理社会保险基金的收支和管理工作，向社会保险对象提供各种服务；对被保险人的基本信息进行登记、调查和统计；负责社会保险基金的预算、决算的编制和执行；负责社会保险基金的财务管理和会计核算工作；核定社会保险待遇、为被保险人开具社会保险待遇的单据；依法审核被保险人是否有资格享受社会保险待遇，并确定其享受社会保险待遇的标准和期限。此外，社会保险业务经办机构是为社会提供服务的窗口，通过多种方式为被保险人提供服务，如现场咨询、电话咨询、网站查询等。

(三) 社会保险基金管理机构及其职责

社会保险基金管理主要是指基金的运营管理，包括社会保险基金的财务管理和投资管理等方面。

社会保险基金管理部门负责社会保险基金的运营和基金保值、增值。基金管理的重要目标是安全性，使其发挥保障被保险人基本生活的功能。社会保险基金的运营管理不应由行政部门负责，而应成立专门的机构，以非行政性独立法人的身份负责基金运营管理。基金投资运营机构负责选择社会保险基金的投资方向，管理资金的投资运营，实现社会保险基金的保值、增值。社会保险基金管理部门的活动受行政管理部门、业务管理部门及监督管理部门的监督。

我国为了统一管理中央集中的社会保障(主要是社会保险)基金，于2000年8月成立了全国社会保障基金理事会。全国社会保障基金理事会为国务院直属正部级事业单位，是负责管理运营全国社会保障基金的独立法人机构，它的主要职责：管理中央财政的资金、减持国有股所获资金及其他方式筹集的资金；制定全国社会保障基金的投资经营策略并组织实施；选择并委托全国社会保障基金投资管理人、托管人，对全国社会保障基金资产进行投资运作和托管，对投资运作和托管情况进行检查，在规定的范围内对全国社会保障基金资产进行直接投资运作；负责全国社会保障基金的财务管理与会计核算，定期编制财务会计报表，起草财务会计报告；定期向社会公布全国社会保障基金的资产、收益、现金流量等财务情况；根据财务部、人力资源和社会保障部共同下达的指令和确定的方式拨出资金；承办国务院交办的其他事项。

(四) 社会保险监管机构及其职责

为防止管理失范现象的发生，监督管理是社会保险管理体系中必不可少的重要部分，通过内部监督和外部监督，能够形成对行政管理、业务管理和基金管理过程的制约机制，保证社会保险管理活动依法顺利进行。内部监督主要是进行内部审计，由内部审计机构对财务收支、财务核算、会计科目设置等情况进行审计；外部监督则来自其他行政部门和社会组织等各个方面。外部监督分为三个层次：行政监督、专职监督、社会监督。

(1) 行政监督。它涉及的机构有人力资源和社会保障部门、税务部门、财政部门、银行。

(2) 专职监督。它涉及的机构有国家审计机关、社会保险经办机构的内部审计组织。

(3) 社会监督。社会监督机构是由政府代表、用人单位代表、工会代表和退休人员代表以及人大、政协、社会知名人士组成的社会保险基金监督委员会。它负责审核社会保险各项基金的年度收支计划，监督社会保险政策、法规的执行和社会保险基金管理工作。

社会保险监督管理的主要内容包括：对社会保险法律、法规、政策的执行情况进行监督，对社会保险基金的运营情况进行监督，对社会保险预算的执行情况进行监督，对社会保险经办机构的财务管理情况进行监督等。社会保险监督管理能发现社会保险运行过程中出现的问题和偏差，对社会保险经办活动中出现的违规行为及时予以纠正，保证社会保险管理活动的规范性。

三、我国社会保险管理机构的现状

我国社会保险的主要管理部门是人力资源和社会保障部、国家医疗保障局和退役军人事务部三个部门。其中人力资源和社会保障部是养老、工伤、失业保险的管理部门；国家医疗保障局是医疗保险的管理部门；退役军人事务部是退役军人社会保险的管理部门。

2018年3月，根据第十三届全国人民代表大会第一次会议批准的国务院机构改革方案，将人力资源和社会保障部的军官转业安置职责整合，组建中华人民共和国退役军人事务部；将人力资源和社会保障部的城镇职工和城镇居民基本医疗保险、生育保险职责整合，组建中华人民共和国国家医疗保障局。

根据第十三届全国人民代表大会第一次会议批准的《国务院机构改革方案》等文件要求，整合后的人力资源和社会保障部设下政策研究司、法规司、农民工工作司等二十二个内设机构。其中养老保险司、失业保险司、工伤保险司、农村社会保险司、社会保险基金监管局等机构是养老保险、失业保险、工伤保险的主要管理部门。养老保险司负责拟订机关企事业单位基本养老保险、企业(职业)年金、个人储蓄性养老保险政策和标准，拟订养老保险全国统筹和基金管理办法，完善基金预测预警制度，审核省级基本养老保险费率；失业保险司负责拟订失业保险政策、标准和基金管理办法，建立失业监测和预警制度，拟订预防、调节、控制较大规模和经济结构调整中涉及职工安置权益保障的政策；工伤保险司负责拟订工伤保险政策、规划和标准并组织实施，完善工伤预防、认定和康复政策，组织拟订工伤与职业病致残等级鉴定标准；农村社会保险司负责拟订城乡居民基本养老保险和被征地农民社会保障的政策、规划、标准，拟订征地方案中有关被征地农民社会保障措施的审核办法并组织实施；社会保险基金监管局负责拟订基本养老、失业、工伤等社会保险及企业(职业)年金、个人储蓄性养老保险基金监管制度和养老保险基金运营政策，依法监督基金的收支、管理和投资运营，组织查处重大案件，参与拟订相关社会保障基金投资政策。

国家医疗保障局下设规划财务和法规司、待遇保障司、医药服务管理司等七个内部机构，主要负责基本医疗保险、生育保险、长期护理保险、医疗救助等制度的制定、实施、规划及监管工作。

退役军人事务部下设政策法规司、就业创业司、军休服务管理司、拥军优军司等十个内部机构，主要负责退役军人的社会保险、住房保障、医疗保障、优抚等待遇保障工作。

人力资源和社会保障部整合后，从管理机构来看，我国已经建立了较为完善的社会保险行政管理体系，设立了各级社会保险行政管理机构。从管理方式来看，我国社会保险管理采用政府直接管理的方式。政府直接介入社会保险管理各个环节，并对社会保险事务负有最后责任。从权利结构分布来看，它是以中央政府集权为主、地方政府适当分权的体制。从管理内容来看，我国初步实现了社会保险行政主管机构的相对集中与统一，社会保险行政管理有所加强，管理体制进一步得到理顺，社会保险基金管理体制有了一定的改善。

第三节　社会保险的社会化管理服务

一、社会保险社会化管理服务的内涵及意义

(一) 社会保险社会化管理服务的内涵

社会保险的社会化管理服务是指社会保险经办机构和社会化管理服务机构对参加社会保险的单位和个人，提供从社会保险登记、申报、缴费，到个人账户的管理、查询、结算和社会保险待遇的发放以及对人员的管理等一系列管理和服务工作。

社会保险管理服务的社会化具有两个基本含义：一是养老、失业、工伤、生育保险待遇由社会保险经办机构或其委托银行、邮局等机构发放，医疗保险待遇由社会保险经办机构与定点医疗机构等单位结算，以减轻企业的管理负担，这是社会化管理服务的核心；二是参保人员(主要是退休人员和失业人员)由街道、社区组织统一管理。

(二) 社会保险社会化管理服务的意义

社会化管理服务是建立独立于企业事业单位之外的社会保障体系的重要内容。加快社会保险管理服务社会化工作的进程，具有十分重要的意义。

(1) 社会化管理服务是完善社会保障体系的重要内容。社会化管理服务是建立独立于企事业单位之外的统一、规范和完善的社会保障体系的一个重要方面。

(2) 社会化管理服务是顺利推进国有企业改革、建立现代企业制度的重要条件。建立现代企业制度，必须建立独立于企业事业单位之外的社会保障体系，使包括养老保险在内的社会保障职能逐步从企业中分离出来，减轻企业的社会负担，使企业平等地参与市场竞争以及使经营管理者集中精力抓经济、搞建设。

(3) 实行社会化管理服务，能够全面带动社会保障基础管理水平的提高。在推动养老金社会化发放的过程中，基础管理中原有的矛盾和问题充分暴露，有利于主管部门有针对性地采取措施加以解决。在企业发放养老金的情况下，可以实行差额缴拨，甚至实行“协议缴费”，导致收缴率带有水分；实行社会化发放后，必须全额征缴，就可以挤出收缴率中的水分。此外，社会保险金的社会化发放，要求建立完整、准确的数据库，健全社会保险信息管理系统，做到应收尽收、应发尽发、管理到人。毫无疑问，社会化管理服务的推行，强化了社会保障基础管理工作，提高了管理水平。

二、社会保险社会化管理服务的内容

(一) 社会保险金的社会化发放

社会保险金的社会化发放主要涉及基本养老保险金和失业保险金，由社会保险经办机构委托银行、邮局等社会服务机构发放。其中，养老金社会化发放的基本形式是社会保险经办机构在国有商业银行或邮局为企业离退休人员建立基本养老金账户，按月将规定项目内的应付养老金划入账户，保证离退休人员能够按时领取养老金。对于有特殊困难而不能到银行、邮局领取养老金的离退休人员，社会保险经办机构可直接或委托社区服务组织送发养老金。失业保险金由社会保险经办机构按时发放，其具体做法是由社会保险经办机构为失业人员开具领取失业保险金的单证，失业人员凭单证到指定银行领取。

实行社会保险金社会化发放，对社会保险工作提出了新的要求。

(1) 采取有效措施实现全额征缴。社会保险费全额征缴是保证社会化发放的前提。

(2) 建立基金预警制度。在养老保险方面，一般以能否支付两个月基本养老金作为预警线，基金积累达不到这一标准时须及时向当地政府和有关部门反映，提出建议，做好应急准备。

(3) 建立和完善离退休人员和失业人员数据库，及时准确地为代发社会保险金的社会服务机构提供相应数据，提高社会化管理工作的效率和服务水平，同时，尽早建立在职人员数据库。

(4) 加强协调和配合。社会保险经办机构要分别同银行、邮局及其他社会服务机构签订协议，明确各自职责，建立必要的工作制度和规范操作程序。

(5) 加强对社会化发放工作的监管，提高服务质量。例如，通过定期进行养老金、失业保险金领取资格验证等办法，防止冒领社会保险待遇现象的发生；帮助代发机构简化领取手续，为企业离退休人员、失业人员提供方便、快捷的服务。

(6) 重视宣传和培训工作。大力开展以推进社会化发放工作为重点的各种形式的宣传咨询活动，应向企业重点宣传实行社会保险费全额征缴和社会保险金社会化发放的重要意义，督促企业按时足额缴费，履行社会保险义务。对于离退休人员和失业人员，应重点宣传实行社会化发放对维护其合法权益的积极作用和有关的工作程序及服务措施，消除职工群众的思想顾虑。同时，按照统一、规范的业务流程，做好社会化发放经办人员的培训工作。

(二) 社会保险经办机构的社会化管理服务

社会保险经办机构的社会化管理服务的工作内容主要包括以下几个方面。

(1) 全面实现参保退休人员基本养老金等社会保险待遇的社会化发放，并确保按时足额发放。

(2) 建立退休人员和失业人员属地化的信息库并移交社区。

(3) 提供社会保险各项咨询和查询服务。

(4) 跟踪了解参保人员的生存、就业、健康等状况，进行领取资格认证。

(5) 及时将符合条件的社区卫生服务机构纳入城镇职工基本医疗保险定点机构的范围，为参加医疗保险人员提供社区卫生服务。

(6) 积极改进医疗保险待遇结算方式，对移交社区管理的退休人员给予适当的照顾并提供方便。

(7) 为参加医疗保险的人员建立健康档案，开展健康体检、健康宣传和指导。

(8) 协助定点医疗机构为参加医疗保险人员开设家庭病床。

(9) 对参加医疗保险的大病重症患者进行跟踪随访服务。

知识拓展

退休人员社区化管理的探讨

企业员工退休后，养老金实行社会化发放，人员进入社区管理，这是社会化管理的大势所趋，也是社会化管理的必由之路。

企业员工退休后，管理模式会是什么样?

企业员工在办理了退休手续后，其管理服务与原单位相分离，养老金实行社会化发放，人员纳入社区管理，这是社会化发放的基本形式。目前仍会有两种特殊形式：一是在远离城市的独立工矿区等退休人员相对集中的企业生活区，可以依托企业管理；二是在社区建设相对滞后的地区，可由社保机构直接进行管理。对于依托企业管理这种特殊形式，可以通过统一挂牌、统一规章制度、统一工作职责、统一对工作人员进行培训考核、统一给予适当的经费补偿等办法，逐步增加其社会属性，积极创造条件使其逐步实现与企业的分离。

社区在接收离退休人员前要做好以下工作。

1. 建立社区管理网络

首先要建立健全机构组织，配备必要的人员，投入一定的经费，在当地社会保障机构的指导下组织社区人员开展自我管理、自我服务，其主要任务是开展劳动就业和社会保障的社会化服务工作。

2. 发挥社会保险部门的作用

(1) 确保养老金按时足额发放。

(2) 建立和完善社区退休人员养老金查询及社会化管理服务数据库。

(3) 协调解决企业退休人员养老金待遇与原单位存在的某种关系，以及企业退休人员转向社区的协调工作。

(4) 充分利用现有的经济条件，开展各种社会保障宣传，让社区居民了解各项社保政策。

(5) 参与退休人员社会化管理的推进工作。

3. 统一认识、转变观念

必须加强宣传，要让退休人员清楚地了解到，实行社会化管理服务，只是管理服务职能的转变，是把本应由社会负担的工作归还给社会，不是原单位把他们推出去，街道、社区都会有专门的机构和人员为他们提供服务。随着社区建设的发展，他们在社区将会得到比原单位更加全面的服务。要使广大退休人员全面了解社会化管理的意义，减少抵触情绪，使其尽快适应环境，安度晚年。

4. 提高社区服务人员水平

人口老龄化的发展和预期寿命的增加，反映了物质生活水平的提高和医疗卫生条件的完善，也对社区服务质量和服务功能等方面提出了要求。社区应配置多功能老年服务设施，提供各种家庭生活服务，满足退休人员的各项基本要求。这样不仅有利于老年人的物质与精神生活，还可以安置一部分下岗人员。通过各种措施，不断强化社区管理服务功能和提高服务水平。

(三) 社会保险对象的社会化管理

对社会保险对象的社会化管理主要是将社会保险对象纳入社区管理。1995年，国务院颁布的《关于深化企业职工养老保险制度改革的通知》明确指出，要充分发挥各方面的积极性，逐步将由企业管理退休人员转为依托社区进行管理，提高社会化管理水平，切实减轻企业负担。社会保障实行社区管理应遵循的基本原则主要包括以下几方面。

(1) 社会保障对象与原单位相分离。退休人员、失业人员在办理退休手续和失业登记手续后，即进入社区，由户口所在地或常年居住地的社区管理机构和社会服务组织为其提供管理和服务。对于那些以厂(矿)建市，由企业代行社区职能的地区，可通过逐步减轻企业社会事务的负担，实现社会保障与企业脱钩。

(2) 因地制宜，分类指导。各地区实行社会化管理的形式应根据本地城市规划、社区建设、经济承受能力和管理水平等方面来确定。

(3) 保障退休人员养老、医疗、政治文化生活等方面的权利，保障失业人员的基本生活。

(4) 救助特殊困难人群。对高龄、伤残、重病等存在特殊困难的退休人员，应开办相应的服务项目；对有特殊困难的失业人员，应努力帮助其实现再就业，并根据国家有关规定，对其家庭成员给予最低生活保障。

三、社会保险社会化管理服务的形式

由于各地城市社区建设发展不平衡，全国各地结合本地区的实际情况，采取不同的社会化管理服务形式。

(1) 按属地化原则，将企业退休人员和失业人员直接纳入街道和社区的劳动保障工作机构，由该机构负责管理服务。这是社会化管理服务的基本形式，大中城市和经济比较发达、社区建设比较规范的地区，主要采取这种形式。

(2) 委托企业主管单位或企业，确定或设立企业退休人员管理服务机构，对退休人员实行管理服务。社会保障部门通过统一机构名称、统一规章制度和工作职责、对工作人员进行培训考核等方式，加强对这类管理服务机构的指导和规范。远离城市的独立工矿区和企业退休人员居住比较集中的企业生活区，可以采用这种方式。

(3) 由社会保险经办机构建立退管站直接对企业退休人员进行管理服务。社区组织不够健全、企业退休人员居住比较分散的县，可以采用这种方式。

随着企业社会职能的逐步移交和当地社区建设的发展，其他管理服务形式应逐步过渡到由街道和社区进行管理服务的形式。

本章小结

社会保险管理涉及社会保险的管理机构设置、管理制度制定、管理模式运用等方面，其内容主要包括社会保险行政管理、业务管理、监督管理。行政管理主要包括政府对社会保险的制度设计、发展规划及政策、法规的制定；业务管理主要包括参保登记、缴费核定、依法征缴社会保险费、费用记录处理、待遇审核及待遇支付、基金财务管理和审计稽核等；监督管理包括日常监督和预警监督。

社会保险管理模式包括政府直接管理、自治机构管理、商业化市场运作管理。在政府直接管理模式下，可分为统一管理模式、分散管理模式和统分结合管理模式。

我国的社会保险行政管理机构是各级人力资源和社会保障行政部门。社会保险的经办机构也称执行机构，是社会保险业务的具体经办机构，属非营利性质的事业单位。社会保险基金管理部门负责社会保险基金的运营和基金保值、增值。内部监督由内部审计机构对财务收支、财务核算、会计科目设置等情况进行审计；外部监督则来自其他行政部门、社会组织等，可分为行政监督、专职监督、社会监督。

社会保险管理服务社会化的基本含义：一是养老、失业、工伤、生育保险待遇由社会保险经办机构或其委托银行、邮局等机构发放，医疗保险待遇由社会保险经办机构与定点医疗机构等单位结算；二是退休人员和失业人员由街道、社区组织统一管理。

习题

一、填空题

1. 社会保险管理是关于(　　)及(　　)有关社会政策的管理。

2. 社会保险监督管理包括(　　)监督和(　　)监督。

3. 社会保险内部监督主要由内部审计机构对(　　)、(　　)、会计科目设置等情况进行审计。

4. 我国社会保险管理的主要部门是(　　)。

5. 社会保险金的社会化发放主要涉及(　　)和(　　)，由社会保险经办机构委托(　　)等社会服务机构发放。

二、单项选择题

1. 商业化市场运作管理一般是在实行(　　)的前提下，由(　　)对社会保险基金的投资和运营进行管理。

A. 完全积累，社会保险经办机构　　B. 完全积累，私营机构

C. 现收现付，社会保险经办机构　　D. 现收现付，私营机构

2. 社会保险规划的主要内容不包括(　　)。

A. 社会保险的预警工作　　B. 社会保险的信息网络建设规划

C. 社会保险发展的宏观环境分析　　D. 社会保险的制度设计

3. 社会保险经办机构社会化管理服务的主要内容包括全面实现社会保险待遇的(　　)。

A. 省级统筹　　B. 社会化发放

C. 用人单位发放　　D. 属地管理

4. 美国、日本等国家采用的社会保险管理模式为(　　)。

A. 政府直接管理　　B. 自治机构管理

C. 市场化运作管理　　D. 雇主管理

5. 从管理方式来看，我国社会保险管理属于(　　)方式。

A. 市场化运作管理　　B. 自治机构管理

C. 政府直接管理　　D. 雇主管理

三、多项选择题

1. 社会保险管理包括(　　)。

A. 行政管理　　B. 业务管理

C. 基金管理　　D. 监督管理

2. 社会保险业务管理包括(　　)。

A. 登记管理　　B. 费用征缴管理

C. 基金管理　　D. 档案及数据库管理

3. 社会保险管理模式包括(　　)。

A. 政府直接管理　　B. 自治机构管理

C. 雇主责任管理　　D. 商业化市场运作管理

4. 政府直接管理社会保险模式可以细分为(　　)管理模式。

A. 统一　　B. 专项

C. 分散　　D. 统分结合

5. 社会保险外部监督分为(　　)。

A. 参保人监督　　B. 行政监督

C. 专职监督　　D. 社会监督

四、简答题

1. 简述社会保险经办机构社会化管理服务的主要内容。

2. 简述社会保险管理的内容。

第三章　社会保险基金

学习目标

1. 了解社会保险基金的内涵及分类；

2. 掌握社会保险基金的来源及筹集模式，能够熟练区分现收现付制、完全积累制及部分积累制的优缺点；

3. 掌握社会保险基金收入预算、支出预算管理的内容；

4. 具备社会保险基金征缴管理、财政补贴管理、支付与结余管理的实务操作技能。

第一节　社会保险基金概述

一、社会保险基金的内涵

社会保险基金是指为了保障保险对象的社会保险待遇，按照国家法律、法规，由缴费单位和缴费个人分别按缴费基数的一定比例缴纳以及通过其他合法方式筹集的专项资金。

对社会保险基金这一概念的理解应把握以下几点。

(1) 社会保险基金是依照法律和国家政策规定设立的。社会保险制度的建立和实施具有明显的强制性，因此，作为社会保险制度物质基础建立的社会保险基金，必须以国家法律和政策为依据，并受法律和政策的保护与监督。

(2) 社会保险基金管理机构必须是某一政府部门，或是政府特别授权的专门机构。任何个人或私营机构，都不能也无权筹集社会保险基金。只有如此，社会保险基金才能被统一而有效地筹集并合理地加以运用。

(3) 社会保险基金是专项资金，必须专款专用，任何机构或个人都不能将其挪作他用。

(4) 社会保险基金是社会保险制度的物质基础。社会保险制度建立的目的是保障劳动者遭受风险、丧失生活来源后的基本生活需要。没有或缺乏足够的资金，保障遭受风险的劳动者享有基本生活权利便会成为一句空话。社会保险制度要正常运行，发挥其应有的作用，必须有雄厚的资金作为保障。若缺乏稳固的物质基础，社会保险制度便形同虚设。

二、社会保险基金的分类

(一) 按照险种划分

按照险种的不同，社会保险基金可以分为基本养老保险基金、基本医疗保险基金、失业保险基金、工伤保险基金和生育保险基金等。

1. 基本养老保险基金

基本养老保险具有参保者覆盖面广、受益时间长的特点，而且基本养老保险基金具有延期支付的积累功能和增值要求，因而成为规模最大、影响最广的一项社会保险基金。此外，由于人口老龄化等缘故，基本养老保险基金所承受的资金压力最为集中，对基金管理提出了更高的要求。

2. 基本医疗保险基金

基本医疗保险基金包括城镇职工基本医疗保险基金和城镇居民基本医疗保险基金。其中，城镇职工基本医疗保险基金的主要来源是用人单位和个人缴费；城镇居民基本医疗保险基金除个人缴费外，政府补贴也是一个重要的收入来源。我国基本医疗保险的功能是提供基本医疗保障，因此只负担参保者有限的医疗责任，其支出受到严格控制。

3. 失业保险基金

失业保险基金以满足现收现付为主，规模应保持适度，无须过多积累，可按失业率的变化进行相应调整。

4. 工伤保险基金

工伤保险基金一般源于用人单位，个人无须缴费，其收缴往往采用“差别费率”和“浮动费率”相结合的办法，这与其他社会保险基金所实行的统一费率有很大的差别。

5. 生育保险基金

我国采取用人单位负担保险费的方式筹集生育保险基金。

在上述五项社会保险基金中，基本养老保险基金已经实行省级统筹，并将在条件成熟时逐步实行全国统筹，其他社会保险基金的统筹层次也将逐步提高，实行省级统筹的具体时间、步骤由国务院确定。

(二) 按照记账模式划分

按照记账模式，社会保险基金可以分为统筹基金和个人账户基金。

统筹基金是指社会保险经办机构为社会保险所需资金进行社会性筹集而形成的基金。统筹基金以“横向平衡”的原则建立，在企业之间、职工之间进行调剂，具有收入再分配和社会互济的功能。个人账户基金是由社会保险经办机构为参保人员建立的个人保险储备基金。个人账户基金存储的本息都归个人所有，但必须按照规定缴纳和领取，主要发挥个人自我保障作用。

我国基本养老保险和基本医疗保险设立了个人账户，基本养老保险个人账户基金按国务院发布的《关于完善企业职工基本养老保险制度的决定》施行，从2006年1月1日起全部由个人缴费形成，基本医疗保险个人账户基金由职工个人全部缴费和用人单位缴费的一部分划入形成。对于养老保险，统筹基金实行现收现付制，沉淀基金相对较少，而个人账户基金则实行完全积累制，累计结余随着时间的推移将会越来越多。对于医疗保险，统筹基金实行现收现付制，以收定支，目标是收支平衡、略有结余，而个人账户主要承担日常的门(急)诊费用，个人账户资金随个人医疗消费状况的不同而不同。

三、社会保险基金的来源

各国社会保险基金的来源渠道主要有社会保险缴费、政府资助或补贴、基金的投资运营收入等。一般养老、医疗等保险基金往往要求国家、用人单位和个人三方出资或至少两方出资，而工伤保险基金、生育保险基金一般不要求劳动者个人出资。

(一) 社会保险费(税)

社会保险费(税)是社会保险基金的主要来源，是构成社会保险基金的基石。在社会保险基金总额中，社会保险费(税)所占比例最高，而且一般比较稳定，基本维持在社会保险基金总额的一半左右。社会保险费(税)是由企业或事业单位和被保险人个人按照规定向社会保险机构或国家授权单位缴纳的税费。有些国家的企业按本企业工资总额、个人按本人工资的一定比例缴纳社会保险费(税)。除工伤保险外，其他险种均由企业与被保险人共同缴纳。

(二) 政府拨款或补贴

社会保险是以政府为主体举办的强制性保险，其最终财政责任是由政府承担的，具体体现为：①政策上间接资助(主要通过税收和利率政策)；②财政上向保险基金直接供款。

政府的社会保险拨款一般分为三类：①将社会保险支出纳入国家预算的预算拨款；②根据社会保险项目的实际需要，分项补助；③临时拨款，即根据意外事件，拨付应急性拨款。

政府拨款方式有两种：①事先拨付，即按社会保险发展规划预先向社会保险部门划拨；②事后拨付，即通常所说的“国家扮演最后出场的角色”。

国家不论采取哪一种拨款形式，所给出的资金都构成社会保险基金的一部分。

对于社会保险由政府拨款或补贴，各国采取的形式各不相同，有的国家按财政收入的一定比例直接投入，如德国、日本等；有的国家采取在需要时由政府资助，以实现社会保险基金的收支平衡，如美国；有的国家则表现为税收政策上的资助，如按税前收入提取保险费，这样，劳动者和企业的社会保险缴费部分便不再征所得税，而这部分既是国家失去的财政收入，又是国家对社会保险事业的资助；有的国家除按照规定从财政预算中直接拨付社会保险基金外，还为扩大社会保险基金的来源而设立特别捐税予以资助，该项新税的收入直接进入社会保险基金特别账户，由相关社会保险机构独立使用。各国现行征收的社会保险(保障)税一般包括财政税、超额所得税、出口税等，有的国家从指定的专用税款或消费税(如燃油税、烟草税)中拨款。实行特别捐税补助的国家主要有加拿大、瑞士、挪威、法国、比利时、希腊、智利、芬兰等。

(三) 基金的投资运营收益

基金的投资运营收益即投资社会保险基金所获得的收益。实行完全积累制或部分积累制筹集社会保险基金的国家，当年的保险基金总额扣除当年保险给付后的余额可用来进行投资营运，其投资营运的收入是社会保险基金的来源之一。

(四) 社会捐赠

社会捐赠是由社会团体、经济组织和个人自愿向社会保障部门捐款。在西方国家，个人进行慈善捐款是每个公民和家庭的基本义务，由此所募集的资金，也成为社会保险基金的重要来源之一。

知识拓展

我国社会保险费征收体制改革

关于社会保险费征收主体的确定，《社会保险法》第五十九条规定："县级以上人民政府加强社会保险费的征收工作。社会保险费实行统一征收，实施步骤和具体办法由国务院规定。"国务院按照本规定，根据实际情况制定实施步骤和具体办法。1999年，《社会保险费征缴暂行条例》明确社会保险费的征收机构由省级人民政府规定，可以由税务机关征收，也可以由社会保险经办机构征收。长期以来，社会保险费分别由社会保险经办机构和税务机关征收。

2018年，《深化党和国家机构改革方案》明确规定："自2019年1月1日起，将基本养老保险费、基本医疗保险费、失业保险费等各项社会保险费交由税务部门统一征收。"

中央作出的关于社会保险费征收体制改革的决定是完善社会保险管理体制和治理方式的重大改革，有利于进一步明确部门职责分工，规范征缴管理，提高征缴效率，降低征收成本，优化缴费服务，增强参保缴费人的获得感，实现社会保险资金安全、可持续增长，为降低社保费率创造条件；有利于进一步深化社会保险制度改革，更好地确保社会保险发放，维护广大参保人的利益;有利于为深化“放管服”改革和进一步激发市场主体活力奠定良好基础。

资料来源：中华人民共和国人力资源和社会保障部[EB/OL]. http://www.mohrss.gov.cn/. 作者整理

四、社会保险基金的筹集模式

(一) 现收现付制

1. 现收现付制的含义

现收现付制是指养老金从收缴到支付都在现期(通常为1～2年)完成，收支现期平衡。

现收现付制的基本原理：根据横向平衡的原则，在长期稳定的人口结构下，该体制的生产性劳动人口负担老年人口的退休费用，而现有生产性劳动人口的退休费用则由下一代生产性劳动人口负担。因而，现收现付制正常运行的一个基本条件是长期稳定的人口结构，主要是较稳定的退休者和生产者的比例。劳动者代际收入转移与收入再分配是其经济内涵，短期收支平衡是现收现付制的基本特征。

2. 现收现付制的优缺点

现收现付制的优点：第一，保险费的筹集采用弹性费率，通常在一年内完成收缴和支付，没有巨额资金的积累，可以避免因通货膨胀而导致基金贬值的风险，保障退休金的实际货币价值；第二，财务收支短期内平衡，不必考虑利率因素及复杂的精算技术，简便易行，管理成本较低；第三，现收现付制的互助共济功能较强，此模式采用代际收入转移的原理，具有代际收入正向再分配的功能，对工资收入低、寿命较长的参保人比较有利；第四，容易保证国民的生活水平，因为现收现付制事前决定的支付水平通常考虑到国民当时的生活水平。

现收现付制的缺点：第一，受人口年龄结构变动的影响较大，所以难以应付人口老龄化的挑战，因为现收现付制是下一代人扶养上一代人的制度，其供养水平直接受两代人的人口比例的影响，如果供养一代人的规模相对较小，被供养一代人的规模相对较大，会加重供养一代人的平均负担；第二，容易加重国家财政负担，因为当社会保障基金入不敷出时，往往最终由国家财政来承担责任；第三，由于缺乏资金的积累，抵御突发风险的能力较弱，会影响国民对社会保险的信心。

(二) 完全积累制

1. 完全积累制的含义

完全积累制又称基金制或预筹积累制，是一种以远期纵向收支平衡为指导原则的筹资模式。它首先对有关人口的平均预期寿命和社会经济发展状况进行较长期的宏观预测，然后在此基础上预测社会成员在享受保险待遇期间所需支付的保险费用总量，将其按一定比例分摊到劳动者整个就业期间或投保期间。完全积累制强调劳动者个人不同生命周期的收入再分配，即将劳动者工作期间的部分收入转移到退休期间使用。以养老保险为例，社会成员在从业期间所缴纳的保险费，与退休后所享受的养老待遇是有密切联系的。国家通过立法，采用强制性措施，要求每一个社会劳动者参加国家或社会其他机构举办的养老保险。在劳动就业期间，按规定的时间和缴费办法，缴纳养老保险费；年老退休后，根据工作年限的长短以及缴纳数额，所有缴费人有权定期或一次性领取养老金。储备基金主要来自个人和企业的缴费，国家提供一定的补助。

2. 完全积累制的优缺点

完全积累制的优点：第一，通过预提积累保险基金，有利于实现人口老龄化背景下对劳动者的经济保障；第二，具有很强的激励机制，透明度高；第三，通过强调劳动者个人不同生命周期收入的再分配，有利于缓和现收现付制所产生的代际矛盾；第四，有利于增加储蓄和资金积累，促进资本市场的发展，进而对经济发展具有重要的推动作用。

完全积累制的缺点：第一，由于积累制实行个人账户，要求具有较多的个人信息和复杂的信息处理系统，管理成本相对较高；第二，完全积累制缺乏收入再分配功能，只具有代内收入再分配功能；第三，由于缴费与受益之间往往有较长的时间间隔(往往几十年)，其间难免会出现不可控制的风险，如通货膨胀等，在动态经济中，如何实现基金的保值和增值，具有相当大的难度。

(三) 部分积累制

1. 部分积累制的含义

部分积累制是一种介于现收现付制和完全积累制之间的混合模式，是一种资金筹集的创新模式。在社会保险基金的筹集中，一部分采取现收现付制，保证当前的支出需要；另一部分采取完全积累制，满足未来支付需求的不断增长。

2. 部分积累制的优缺点

部分积累制的优点：第一，这种模式是在维持社会统筹现收现付制框架的基础上，引进了个人账户制的形式，具有激励机制和监督机制，同时又保持社会统筹互济的机制，集中现收现付制和完全积累制的长处，防止和克服了它们的缺点和可能出现的问题；第二，这种模式具有较大的灵活性，资金储备全面，不必完全筹足资金，可以根据具体情况而定；第三，缴纳的费(税)率可以根据储备金的多少和实际需要进行调整，既避免了完全积累制可能带来的风险，又可以解决现收现付制存在的缺乏储备金和负担不均等问题。

部分积累制的缺点：第一，具体操作部分积累制的难度较大，尤其是在各种费(税)率的掌握上，很难做到恰到好处。如果各种标准和费率设置不当，不但达不到预期效果，反而会导致管理成本的大幅度提高。第二，在具体实施过程中，如何实现新旧模式的平稳过渡，也是相当困难的事情。

第二节　社会保险基金的预算及收入管理

一、社会保险基金预算管理的概念

社会保险基金预算是根据国家社会保险和预算管理的法律、法规建立，反映社会保险基金收支的年度计划，在形式上体现为预算表格和预算编制说明。预算是具有前瞻性的，涉及未来期望的收入、支出和结余。

社会保险基金预算管理是指社会保险基金管理主体通过基金预算的编制、审核、批准、执行、考核以及激励和约束等所有相关环节，对社会保险基金运行全过程所进行的管理和监督。基金预算管理体现了三方面内容：第一，基金收入和支出的种类与数量以及从中表现出来的基金收支的性质和作用；第二，预算管理过程所包含的编制、审核、批准、执行、考核以及激励和约束等环节；第三，各相关部门在预算管理过程中所承担的责任和相互关系。

我国《社会保险法》规定，社会保险基金通过预算实现收支平衡。可见，预算管理是社会保险基金管理的重要依据和综合反映，也是基金管理的核心内容，抓住预算就可以带动和推进社会保险基金管理。预算在基金管理中的核心地位主要表现在三个方面：第一，预算总揽基金收支计划，制约和支配各单项收支，使之服从于预算的总体要求；第二，预算在明确财政投入责任、处理中央和地方财政投入比例关系中处于主导地位；第三，根据各项社会保险基金来源和结余编制预算，可以全面掌握可支配的资源，为科学合理地安排各项社会保险支出、调节待遇水平提供依据，也为优化基金配置、提高基金使用效率创造条件。预算的核心地位决定了预算的编制要对整个基金收支进行统筹安排和综合考虑，确保基金运行符合参保人员的利益和国家的社会保险政策。

二、社会保险基金预算涉及的部门和内容

(一) 社会保险基金预算涉及的部门

社会保险基金预算包括编制、审批、执行、考核以及激励和约束等多个环节，涉及多个政府层级，需要多个相关部门共同协作，明确预算工作机制是合理划分各层级、各机构职责和保证预算科学有效的前提。社会保险经办机构负责社会保险基金的日常收支管理和核算以及社会保险参保登记、待遇核定等业务。我国2010年1月颁布的《关于试行社会保险基金预算的意见》规定，统筹地区社会保险基金预算草案由社会保险经办机构编制后，经本级人力资源和社会保障部门审核汇总，财政部门审核后，双方联合报本级人民政府审批，审批后，报上一级财政部门与人力资源和社会保障部门。全国社会保险基金预算草案由人力资源和社会保障部汇总编制，财政部审核后，由财政部与人力资源和社会保障部联合向国务院报告，待条件成熟时，由国务院适时向全国人大报告。社会保险费由税务机关征收，社会保险基金收入预算草案由社会保险经办机构会同税务机关编制。预算草案经统筹地区人民政府批准后，由财政部门与人力资源和社会保障部门批复社会保险经办机构具体执行；社会保险费由税务机关征收的，社会保险基金收入预算批复税务机关和社会保险经办机构具体执行。社会保险基金预算一般不得调整，如因特殊情况确需调整，应由统筹地区社会保险经办机构提出调整方案，经人力资源和社会保障部门审核汇总，财政部门审核后，由财政部门与人力资源和社会保障部门联合报本级人民政府批准。

(二) 社会保险基金预算的内容

1. 预算编制的原则

社保基金预算按险种分别编制，现阶段先行编制包括企业职工基本养老保险基金、失业保险基金、城镇职工基本医疗保险基金、工伤保险基金、生育保险基金五个险种在内的预算。预算的编制应坚持总量平衡，并适当留有结余，根据各项社保统筹模式特点进行编制：企业基本养老保险按照“略有结余、留有部分积累”的原则，职工基本医疗保险、失业保险、工伤保险、生育保险按照“以支定收，收支平衡”的原则确定当期基金收支。

2. 收入预算的内容

收入预算草案应综合考虑统筹地区上年度基金预算的执行情况、本年度国民经济和社会发展计划、人力资源和社会保障事业发展规划和财政补助水平等因素。其中，社会保险费收入应根据社会保险参保人数、社会保险缴费率、上年度社会平均工资水平、工资增长等因素合理确定。财政补贴收入应统筹考虑上年度财政补助水平，并剔除不可比因素后加上本级财政当年新增补助综合分析确定。利息收入按照存入银行和购买国债的利息收入，以及养老保险个人账户基金委托全国社保基金理事会运营取得的投资收益等合理测算。转移收入、上级补助收入、下级上解收入、其他收入等要按照上年度实际执行数，合理测算预算的年度收入。

3. 支出预算的内容

社会保险基金支出预算草案应按照规定的支出范围、项目和标准进行测算，考虑近年来基金支出的变化趋势，综合分析人员、政策等影响支出的变动因素。编制中要严格执行各项社会保险待遇规定，确保各项社会保险待遇政策落实，不得随意提高支付标准、扩大支出范围。

三、社会保险基金征缴收入

社会保险基金收入通常按照企业、个人和政府三方负担的原则，按照经济和社会发展状况测定缴费基数和缴费比例，依法筹集和管理。我国基金收入来源可分为三大类：一是社会保险费征缴收入，包括用人单位按本单位职工工资总额的一定比例缴纳的保险费，以及缴费个人按工资收入(无法确定工资收入的，一般按社会平均工资计算)的一定比例缴纳的保险费；二是政府对社会保险基金的财政补助；三是社会保险基金的利息收入、运营收益、转移收入和滞纳金等。

1. 社会保险基金征缴收入的含义

社会保险基金征缴收入是指用人单位和缴费个人按照缴费基数的一定比例缴纳的社会保险费，包括当期征缴收入、清欠收入、预缴收入，以及一次性补缴以前年度社会保险费所形成的补缴收入。

在我国，征缴收入是社会保险基金收入的主要来源，2009年征缴收入在基本养老保险和城镇职工基本医疗保险基金收入中的比重分别超过80%和90%。

2. 社会保险基金征缴收入的管理

为保障参保人员的社会保险权益，应对未来的人口老龄化，需要采取各种手段强化征缴工作，筹集所需的社会保险基金。当前应重点抓好三方面的工作：一是扩大覆盖面，其重点是扩大非公有制企业、灵活就业人员和农业人口的参保，把“扩面”和强化征缴结合起来，提高社会保险的保障力度；二是合理确定缴费基数，要严格按照《社会保险费征缴暂行条例》的规定，由社会保险经办机构核定应缴费基数，保证应收尽收；三是对非不可抗力原因形成的欠费，应依据《社会保险法》强制征收。

征收机构征收的社会保险费应当存入社会保险基金收入户，并定期存入依法开设的社会保险基金财政专户。社会保险基金的财政专户是财政部门按照国务院有关规定设立的社会保险基金专用计息账户。财政专户的主要用途：接收税务机关或经办机构转入的社会保险费收入；接收税务机关或收入户暂存的利息收入及其他收入；接收基金购买国家债券兑付的本息收入、该账户资金形成的利息收入以及支出户转入的利息收入等；接收财政补贴收入；接收上级财政专户划拨或下级财政专户上解的基金；根据经办机构的用款计划，向支出户拨付基金；购买国家债券；向上级或下级财政专户划拨基金。

四、社会保险财政补贴资金管理

(一) 财政补贴的意义

纵观世界各国的经验，无论各国社会保险模式存在多大的差异，几乎所有国家的社会保险基金都离不开财政定期或不定期的补助，以弥补基金收入不足或提高社会保险待遇。在我国，财政补贴是仅次于征缴收入的第二大社会保险基金来源。《社会保险法》规定，县级以上人民政府在社会保险基金出现支付不足时应给予补贴。近年来，随着社会经济的快速发展以及党和国家对民生问题的日益重视，中央和地方各级财政对社会保险基金的补贴资金逐年快速增长。

(二) 财政补贴的类型及内容

财政补贴既可以事前拨付，即预先确定好政府公共财政支出中用于社会保险的金额，如数拨出；也可以事后拨付，即当社会保险基金筹集的资金不足以应付待遇支出时，由国库拨款补足。随着社会保险基金预算管理制度的建立，我国各级财政补贴的责任更加明确，补贴方式也以事前拨付为主。

我国各级财政对社会保险的补贴可以分为三类，即待遇发放补贴、基金收入补贴和专项财政补贴。

1. 待遇发放补贴

待遇发放补贴是指为确保社会保险待遇按时足额发放而对社会保险基金拨付的财政补贴，即“补出口”，是社会保险财政补贴中最基本、金额最大的种类，主要包括中央和地方各级财政对基本养老保险基金和城镇职工基本医疗保险基金的补贴。

2. 基金收入补贴

近年来，关于城镇居民基本医疗保险、新型农村社会养老保险等带有普惠特点的社会保险政策相继出台，财政补贴也由单纯的“补出口”衍生出“补入口”，即按照参保人数对基金收入口径进行补贴。例如，国务院发布的《关于开展城镇居民基本医疗保险试点的指导意见》(国发〔2007〕20号)规定，对试点城市的参保居民，政府每年按不低于人均40元给予补助。其中，中央财政从2007年起每年通过专项转移支付，对中西部地区按人均20元给予补助。

3. 专项财政补贴

除常规性补贴外，各级财政还会对一些特殊事项给予特殊补贴。如2009年5月，国务院常务会议决定，要求将关闭、破产国有企业退休人员全部纳入当地城镇职工基本医疗保险；同时，统筹解决包括关闭破产集体企业退休人员和困难企业职工等在内的其他城镇未参保人员的医疗保障问题。为此，中央财政安排一次性补助资金429亿元。

五、其他社会保险基金收入

社会保险基金收入除社会保险费征缴收入和财政补贴外，还包括以下来源。

(1) 利息收入，即社会保险基金存入银行和购买国家债券、协议存款等所取得的利息收入。

(2) 运营收入，即为保障基金的保值增值而委托全国社保基金理事会进行投资运营所取得的收益。

(3) 转移收入，即社会保险对象跨统筹范围转移时划入的社会保险基金。

此外，还有社会保险基金滞纳金以及经财政部门核准的其他收入。

第三节　社会保险基金的支付与结余管理

一、社会保险基金支付的概念及原则

(一) 社会保险基金支付的概念

社会保险基金支付是指社会保险经办机构按国家政策规定的条件、项目、标准、方式等，给统筹范围内的社会保险对象支付社会保险金待遇，以保障其基本生活和基本医疗的需要。

(二) 社会保险基金支付的原则

1. 统筹范围内支付原则

理解“统筹范围”应把握两点：一是基金必须支付给统筹范围内所有参加社会保险的保险对象；二是基金支付必须在统筹地区范围内，不得跨统筹范围支付。

2. 专款专用原则

社会保险基金是用于保障社会保险对象的社会保险待遇，按照国家法律、法规的有关规定而筹集的专项资金。除了这种特定用途外，任何地区、部门、单位和个人均不得挤占挪用，将社会保险基金用于其他任何方面的开支都是对保险对象合法利益的侵占，都是违法行为。

3. 统一性原则

基金的支付要严格按照国家政策规定的项目和标准，要维护国家的整体利益，保证各项政策执行的统一性，任何地区、部门、单位和个人不得以任何借口擅自增加支出项目，提高开支标准。

4. 适度性原则

基金的支付既要维持合理的支付水平，满足保险对象基本的生活和医疗需要，又不能超越生产力发展水平及各方面的承受能力，盲目扩大支付规模，提高待遇水平。

二、社会保险基金支付的形式

从周期来看，社会保险基金支付分为定期支付和一次性支付。一般长期性保障都采取定期支付方式，如养老保险、由工伤导致的伤残补贴等；短期性保障则采用一次性支付方式，如短期病假补贴、死亡丧葬费等。

从社会保险基金的给付标准划分，给付方法可分为工资比例制和均一制。

工资比例制又称工资相关制，其保险金给付标准是以被保险人停止工作前某一时期的平均工资收入或某一时点上的绝对工资收入为基数，根据被保险人的资格条件，乘相应的比例确定。我国公务员的养老保险待遇实行的就是工资比例制的给付方法。国家机关公务员退休后，其基础工资和工龄工资按本人原标准金额计发，职务工资和级别工资两项之和按规定工资比例计发。

均一制的社会保险金给付标准不以被保险人停止工作前的工资收入为计算基数，而是规定某些统一的资格条件，如缴纳保险费的期限和数量(所有成员统一绝对额标准，不与工资挂钩)、就业年限(或工龄)以及其他收入水平等。凡符合规定条件者，可按统一的绝对额标准给付社会保险待遇。均一制的典型例子就是英国国民保险制度的基本养老保险金的给付，法律规定凡是参加国民保险的公民，达到退休年龄之后，都可以领取相同数额的养老金。

三、社会保险基金支出的项目及标准

社会保险基金支出按其项目可以划分为社会保险待遇支出、转移支出、补助下级支出、上解上级支出和其他支出。社会保险待遇支出是指按规定支付给社会保险对象的基本养老保险待遇支出、失业保险待遇支出和基本医疗保险待遇支出等。转移支出是指社会保险对象跨统筹地区流动而转出的基金支出。补助下级支出是指上级经办机构拨付给下级经办机构的补助支出。上解上级支出是指下级经办机构上解上级经办机构的支出。其他支出是指经财政部门核准开支的其他非社会保险待遇性质的支出。上述基金支出项目按规定分别构成基本养老保险基金支出、基本医疗保险基金支出和失业保险基金支出等。

(一) 基本养老保险基金支出项目

基本养老保险基金支出项目包括基本养老保险待遇支出、转移支出、补助下级支出、上解上级支出和其他支出。

1. 基本养老保险待遇支出

基本养老保险待遇支出是指用于参加养老保险社会统筹的离退休、退职人员个人待遇方面的支出，包括基本养老金支出、医疗补助支出、丧葬抚恤补助费支出。

2. 转移支出

转移支出是指因养老保险对象跨统筹地区流动而转出的个人账户基本养老保险基金支出。

3. 补助下级支出

补助下级支出是指上级养老保险经办机构拨付给下级养老保险经办机构的补贴和调剂支出。

4. 上解上级支出

上解上级支出是指下级养老保险经办机构上解上级养老保险经办机构的调剂支出。

5. 其他支出

其他支出是指除上述项目以外，经国务院批准、财政部门核准开支的其他非养老保险待遇性质的支出。例如，养老保险基金入不敷出时发生的临时借款的利息、银行手续费、社会保险证(照)工本费、离退休人员活动费等支出。

(二) 基本医疗保险基金支出项目

基本医疗保险基金支出项目包括基本医疗保险待遇支出、转移支出、补助下级支出、上解上级支出和其他支出。

1. 基本医疗保险待遇支出

该支出项目按国务院发布的《关于建立城镇职工基本医疗保险制度的决定》(国发〔1998〕44号)(以下简称《决定》)的规定，分别形成社会统筹医疗保险待遇支出和个人账户医疗保险待遇支出。

(1) 社会统筹医疗保险待遇支出是指按《决定》的规定，在统筹医疗基金支付范围以内，起付标准以上、最高支付限额以下，由统筹医疗基金支付的医疗费支出。一般情况下，大病、住院的费用由统筹基金支付，起付线以下、最高支付限额以上的医疗费用不允许在统筹基金中开支。

(2) 个人账户医疗保险待遇支出是按《决定》的规定，由个人账户医疗基金开支的医疗费支出。一般情况下，小额医疗费用或日常门诊费用由个人账户基金支付。

2. 转移支出

转移支出是指医疗保险对象跨统筹地区流动时，个人账户的医疗保险基金随同转移的支出。

3. 补助下级支出

补助下级支出是指上级医疗保险经办机构拨付下级医疗保险经办机构的医疗保险统筹基金的补贴和调剂支出。

4. 上解上级支出

上解上级支出是指下级医疗保险事业机构上解上级医疗保险事业机构的医疗保险统筹基金的调剂支出。

5. 其他支出

其他支出是指经国务院批准，财政部门核准的非医疗保险待遇性的支出。

(三) 失业保险基金支出项目

失业保险基金支出项目主要包括失业保险待遇支出、转移支出、补助下级支出、上解上级支出和其他支出。

1. 失业保险待遇支出

失业保险待遇支出是指用于参加失业保险职工个人待遇方面的支出。支出项目包括失业保险金支出、医疗补助金支出、丧葬抚恤补助费支出、职业培训和职业介绍补助支出、国有企业下岗职工基本生活保障补助支出和其他费用支出。

2. 转移支出

转移支出是指失业保险对象跨统筹地区流动划出的失业保险基金支出。《条例》规定，城镇企事业单位成建制跨统筹地区转移，失业人员跨地区流动的，其失业保险关系随之转移。

3. 补助下级支出

补助下级支出是指失业保险经办机构拨付给下级失业保险经办机构的失业保险基金补贴和调剂支出。

4. 上解上级支出

上解上级支出是指失业保险经办机构上解上级失业保险经办机构的失业保险基金调剂支出。

5. 其他支出

其他支出是指除上述项目以外，经国务院批准，财政部门核准的与失业保险有关的其他费用支出。

(四) 工伤保险基金支出项目

工伤保险基金支出项目主要包括工伤保险待遇支出、劳动能力鉴定费支出、工伤保险预防费支出。

1. 工伤保险待遇支出

工伤保险待遇支出包括工伤医疗费待遇支出、伤残待遇支出、工亡待遇支出等内容。

2. 劳动能力鉴定费支出

劳动能力鉴定费支出是指应由工伤保险基金开支的劳动能力鉴定费用。

3. 工伤保险预防费支出

工伤保险预防费支出主要用于工伤预防的宣传、培训等。

(五) 生育保险基金支出项目

生育保险待遇支出主要包括生育保险津贴支出、生育医疗费支出和计划生育手术医疗费支出等内容。

四、社会保险基金结余的管理

(一) 社会保险基金结余的概念

社会保险基金结余是指基金收支相抵后的期末余额，包括基本养老保险基金结余、基本医疗保险基金结余、失业保险基金结余、工伤保险基金结余、生育保险基金结余。按照不同的会计期间，基金结余可分为期初结余、当期结余和期末结余。

(二) 社会保险基金结余的管理内容

基金结余管理可以分为两个方面，即结余运营和负结余的补足。

基金结余除留足财政部门与人力资源和社会保障部门商定的最高不超过国家规定

预留的支付费用外(基本养老保险基金结余留足两个月，其他基金根据国家有关规定并结合当地实际情况确定)，全部用于购买国家发行的特种定向债券或其他国债，任何地区、部门、单位和个人不得动用结余资金进行其他任何形式的直接或间接投资。养老保险个人账户做实的试点工作开展后，中央财政对试点省市做实部分的补贴按照规定可以委托全国社会保障基金理事会运营，后者承诺一定的收益率，这在一定程度上拓宽了基金运营渠道。

(三) 社会保险基金负结余的补足

当年基金支出大于收入，出现入不敷出时，应按下列顺序予以弥补。

(1) 动用历年滚存结余中的存款。

(2) 当动用历年存款不足以弥补时，可以转让或提前变现用基金购买的国家债券，具体办法由财政部门另行制定。

(3) 转让或兑付国家债券仍不能弥补时，建立了基金调剂金的地区，由上级社会保险经办机构调剂解决。

(4) 上级下拨的调剂金仍不足以解决时，由财政部门给予支持。

(四) 社会保险基金结余的财政专户管理

社会保险基金财政专户是财政部门按照国务院有关规定设立的社会保险基金专用计息账户，在同级财政部门与人力资源和社会保障部门共同认定的国有商业银行开设。财政专户已经成为我国社会保险基金结余的最主要存在形式。

1. 财政专户设立的原则

(1) 财政专户属于计息专户，应按照国家规定的存款利息计息。

(2) 财政专户应在同级财政部门与人力资源和社会保障部门协商确定的国有商业银行设立，即中国银行、中国工商银行、中国农业银行、中国建设银行。

(3) 财政专户、收入户和支出户三个账户应在同一银行系统开设。在同一银行系统开设财政专户、收入户和支出户，有利于资金的及时缴拨，缩短资金在途时间。

(4) 财政专户、收入户和支出户在同一国有商业银行只能各有一个银行账户，这样有利于财政部门和社会保险经办机构相互制约，加强基金的监督和管理。

(5) 财政专户、收入户和支出户的设立要服从分账核算的要求。

(6) 财政专户、收入户和支出户的设立要方便社会保险费的收缴。

2. 财政专户的主要用途

财政专户主要用于接收征收机构的社会保险费收入及收入户转入的社会保险费收入；接收征收机构或收入户暂存的利息收入和其他收入；接收基金购买国家债券的兑付本息收入；接收该账户资金形成的利息收入以及支出户转入的利息收入等；接收财政补贴收入；接收上级财政专户划拨或下级财政专户上解的资金；根据社会保险经办机构用

款计划，向支出户拨付基金；拨付购买特种定向债券和其他国家债券的资金；向上级或下级财政专户划拨资金。

本章小结

社会保险基金是按照国家法律、法规，由缴费单位和缴费个人分别按缴费基数的一定比例缴纳以及通过其他合法方式筹集的专项资金。

按照险种的不同，社会保险基金可以分为基本养老保险基金、基本医疗保险基金、失业保险基金、工伤保险基金和生育保险基金等；按照记账模式，社会保险基金可以分为统筹基金和个人账户基金。

社会保险基金的来源渠道主要有社会保险缴费、政府资助或补贴、基金的投资运营收入等。社会保险基金的筹集模式有现收现付制、完全积累制、部分积累制。现收现付制是指养老金从收缴到支付都在现期(通常为1～2年)完成，收支现期平衡；完全积累制是一种以远期纵向收支平衡为指导原则的筹集模式；部分积累制是一种介于现收现付制和完全积累制之间的混合模式，是一种资金筹集的创新模式。

社会基金预算管理是社会保险基金管理主体通过基金预算的编制、审核、批准、执行、考核以及激励和约束等所有相关环节，对社会保险基金运行全过程所进行的管理和监督。企业基本养老保险按照“略有结余、留有部分积累”的原则，职工基本医疗保险、失业保险、工伤保险、生育保险按照“以支定收，收支平衡”的原则确定当期基金收支。

社会保险基金征缴收入是用人单位和缴费个人按照缴费基数的一定比例缴纳的社会保险费，财政补贴是仅次于征缴收入的第二大来源，可以分为三类，即待遇发放补贴、基金收入补贴和专项财政补贴。社会保险基金收入包括利息收入、运营收入、转移收入。

社会保险基金支付是指社会保险经办机构按国家政策规定的条件、项目、标准、方式等，向统筹范围内的社会保险对象支付社会保险金待遇，按其项目划分为社会保险待遇支出、转移支出、补助下级支出、上解上级支出、其他支出。

社会保险基金结余是指基金收支相抵后的期末余额，对它的管理主要包括结余运营和负结余的补足。

习题

一、填空题

1. 社会保险基金的来源包括(　　)、(　　)、(　　)及社会捐赠。

2. 社会保险基金的筹集模式有(　　)、(　　)及部分积累制。

3. 社会保险基金的其他收入包括(　　)、(　　)、(　　)。

4. 社会保险基金的支付，从周期来看，可分为(　　)支付和(　　)支付。

5. 从社会保险基金的支付形式来看，可分为(　　)和(　　)两种形式。

二、单项选择题

1. 下列不属于完全积累制优点的是(　　)。

A. 易于应对人口老龄化　　B. 没有代际矛盾

C. 促进资本市场的发展　　D. 具有较强的互济功能

2. 下列不属于社会保险基金支付原则的是(　　)。

A. 专款专用原则　　B. 全国统一支付水平原则

C. 统筹范围内支付原则　　D. 适度性原则

3. 下列不属于工伤保险基金支付项目的是(　　)。

A. 工伤保险待遇支出　　B. 劳动能力鉴定费支出

C. 工伤保险预防费支出　　D. 停工留薪待遇支出

4. 完全积累制以(　　)收支平衡为原则进行筹资。

A. 近期横向　　B. 近期纵向

C. 远期横向　　D. 远期纵向

5. 部分积累制是在维持现收现付制的基础上引入(　　)的形式。

A. 社会统筹　　B. 现收现付

C. 个人账户　　D. 储备金

三、多项选择题

1. 按照险种划分，社会保险基金包括(　　)。

A. 养老保险基金　　B. 医疗保险基金

C. 失业、工伤、生育保险基金　　D. 全国统筹基金

2. 按照记账模式划分，社会保险基金包括(　　)。

A. 储备金　　B. 调剂金

C. 统筹基金　　D. 个人账户基金

3. 现收现付制的优点包括(　　)。

A. 基金不易贬值　　B. 代际收入再分配功能较强

C. 易于应对人口老龄化　　D. 有巨额资金积累，易于应对突发风险

4. 各级财政对社会保险的补贴可分为(　　)。

A. 公共财政补贴　　B. 待遇发放补贴

C. 基金收入补贴　　D. 专项财政补贴

5. 按照社会保险基金的给付标准划分，社会保险待遇的给付分为(　　)。

A. 工资比例制　　B. 社会平均工资比例制

C. 均一制　　D. 当地平均工资比例制

四、简答题

1. 简述养老保险基金支出的项目和标准。

2. 简述当社会保险基金入不敷出时的解决办法。

第四章　社会保险登记及费用征缴

学习目标

1. 了解社会保险登记的概念及主管部门；
2. 掌握社会保险登记的内容；
3. 掌握社会保险费征缴基数和费率；
4. 具备社会保险参保登记、变更登记、注销登记的实务操作技能；
5. 具备社会保险费缴费申报、缴费核定、费用征缴的实务操作技能。

第一节　社会保险登记概述

一、社会保险登记的概念

社会保险登记是社会保险经办机构依法对参加社会保险的用人单位和参保人员有关事项登录记载，核发社会保险登记证和社会保险手册(卡)并进行管理的过程。

办理社会保险登记是用人单位和参保人员建立社会保险关系的标志，也是用人单位和参保人员履行社会保险缴费义务和享受社会保险权益的前提条件。社会保险登记是维护社会保险严肃性、强制性的有力手段，是社会保险经办机构掌握缴费单位和缴费个人有关基础信息的主要途径，是整个社会保险业务正常开展的重要基础工作。社会保险登记包括用人单位登记和参保人员登记。

二、社会保险登记的主管部门及对象

(一) 社会保险登记的主管部门

县级以上社会保险经办机构主管本行政区域内的社会保险登记事宜。

(二) 社会保险登记的对象

国家法律法规规定的参保对象即为社会保险登记的对象。根据《社会保险法》和《社会保险费征缴暂行条例》的规定，凡参加社会保险的单位和个人，必须按规定办理社会保险登记，领取社会保险登记证或参保证明。《社会保险法》进一步明确，自愿参加社会保险的无雇工的个体工商户、未在用人单位参加社会保险的非全日制从业人员以及其他灵活就业人员，应当向社会保险经办机构申请办理社会保险登记。

1. 城镇职工基本养老保险登记对象

国有企业、城镇集体企业、外商投资企业、城镇私营企业、其他城镇企业以及实行企业化管理的事业单位及其职工，都应办理社会保险登记，缴纳基本养老保险费。此外，《社会保险法》和《关于完善企业职工基本养老保险制度的决定》规定，无雇工的个体工商户、未在用人单位参加基本养老保险的非全日制从业人员和其他灵活就业人员可按规定参加职工基本养老保险，因此以上人员也是养老保险的参保登记对象。

另外，2015年1月3日，根据国务院发布的《关于机关事业单位工作人员养老保险制度改革的决定》(国发〔2015〕2号)的规定，按照公务员法管理的单位、参照公务员法管理的机关(单位)、事业单位及其编制内的工作人员，正式实行养老保险制度，建立与城镇职工统一的养老保险制度。这就意味着机关事业单位及公务员、事业单位职工也是养老保险的参保登记对象。

2. 城镇职工基本医疗保险登记对象

城镇所有用人单位(包括国有企业、集体企业、外商投资企业、私营企业、机关、事业单位、社会团体、民办非企业单位等)及其职工都应参加基本医疗保险，办理社会保险登记。与用人单位建立明确劳动关系的灵活就业人员也应按照用人单位参加基本医疗保险的办法参加职工基本医疗保险，无雇工的个体工商户、未在用人单位参加职工基本医疗保险的非全日制从业人员及其他灵活就业人员可以个人身份参保，办理参保登记。

3. 城镇居民基本医疗保险登记对象

不属于职工基本医疗保险制度覆盖范围的学生(包括职业高中、中专、技校学生和大学生等)、少年儿童及其他非从业城镇居民都可自愿参加城镇居民基本医疗保险。凡自愿参保的居民，都应按规定办理医疗保险登记。

4. 失业保险登记对象

城镇企事业单位及其职工均应参加失业保险，办理社会保险登记。省、自治区、直辖市人民政府根据当地情况，将社会团体及其专职人员、民办非企业单位及其职工以及有雇工的城镇个体工商户及其雇工纳入失业保险范围的应参保单位也应办理失业保险登记。

5. 工伤保险登记对象

国务院于2003年颁布的《工伤保险条例》规定，各类企业、有雇工的个体工商户都应参加工伤保险，办理社会保险登记。2010年修订的《工伤保险条例》在原有的基础上，扩大了工伤保险的覆盖范围，规定事业单位、社会团体、民办非企业单位、基金会、律师事务所、会计师事务所等组织应为本单位职工缴纳工伤保险费，以上单位和组织也是工伤保险的登记对象。

6. 生育保险登记对象

《企业职工生育保险试行办法》(劳部发〔1994〕504号)规定，城镇各类企业都应参加生育保险，也应办理生育保险登记。

7. 新型农村合作医疗制度登记对象

《国务院办公厅转发卫生部等部门关于建立新型农村合作医疗制度意见的通知》(国办发〔2003〕3号)规定，新农合由政府组织、引导、支持，农民自愿参加。凡自愿参加新农合的农民，以家庭为单位，办理参合登记。

《社会保险法》规定，进城务工的农村居民和在中国境内就业的外国人，应按规定参加社会保险，是社会保险的参保登记对象。

8. 城乡居民基本养老保险制度登记对象

2014年2月，国务院颁布的《关于建立统一的城乡居民基本养老保险制度的意见》规定，年满16周岁(不含在校学生)、非国家机关和事业单位工作人员及不属于职工基本养老保险制度覆盖范围的城乡居民，可以在户籍地参加城乡居民养老保险。凡自愿参加城乡居民基本养老保险制度的城乡居民，都是居民养老保险的参保登记对象。

三、社会保险登记的属地管理原则

社会保险参保登记原则上实行属地管理，即参保单位一般到其生产经营(场所)所在地社会保险经办机构办理社会保险登记手续。

缴费单位具有异地分支机构的，分支机构一般应当作为独立的缴费单位，向其所在地的社会保险经办机构单独申请办理社会保险登记。之所以这样要求，是因为考虑到各险种的统筹层次不一致，不同统筹地区之间社会保险缴费比例和待遇标准也不相同。可见，异地分支机构一般只能作为独立的缴费单位参加当地的社会保险。

对于跨地区的缴费单位，其社会保险登记地由相关地区协商，意见不一致时，由上一级社会保险经办机构确定登记地。

四、社会保险登记的内容

(一) 用人单位登记的内容

用人单位登记的内容主要包括以下几方面。

(1) 单位名称和单位地址。

(2) 登记类型。

(3) 单位类型。

(4) 组织机构代码。

(5) 工商登记时间或批准成立时间。

(6) 法定代表人或负责人。

(7) 缴费单位专管员。

(8) 主管部门或总机构，隶属关系。

(9) 开户银行及账号。

(10) 参加险种及日期。

(11) 各省、自治区、直辖市社会保险经办机构规定的其他登记事项。

(二) 参保人员登记的内容

参保人员登记的内容主要包括以下几方面。

(1) 单位名称。

(2) 姓名、性别、身份证号码、出生年月、民族。

(3) 个人身份。

(4) 用工形式。

(5) 参加工作日期。

(6) 参保日期。

(7) 个人首次缴费日期。

(8) 建立个人账户日期(养老保险)。

(9) 视同缴费年限(养老保险)。

(10) 实际缴费年限(养老保险)。

(11) 从事特殊工种(养老保险)。

(12) 从事特殊工种累计月数(养老保险)。

(13) 户口性质。

(14) 所在地社会保障机构名称。

(15) 个人编号。

第二节　社会保险登记流程

社会保险登记主要包括参保登记、变更登记、注销登记及社会保险登记证及手册管理等内容。

一、参保登记

(一) 用人单位的参保登记

用人单位应当自成立之日起30日内凭营业执照、登记证书或者单位印章，向当地社会保险经办机构申请办理社会保险登记；自用工之日起30日内为其职工申请办理社会保险登记。跨统筹范围转入的用人单位应按照有关规定，到转入地社会保险经办机构及时办理社会保险登记。

用人单位申请办理参保登记时，应填写社会保险登记表和参保人员情况表，提供营业执照、组织机构统一代码证书及省、自治区、直辖市社会保险经办机构规定的相关证件和资料等。

社会保险经办机构受理用人单位参保登记申请后，10个工作日内完成审核、确定登记事项。符合规定的，予以登记，并核发社会保险登记证。

(二) 参保人员的参保登记

参保人员的参保登记分为缴费职工参保登记、缴费个人参保登记及离退休人员参保登记。

1. 缴费职工参保登记

缴费单位为其职工办理参保登记时，应填报社会保险参保人员增加表和社会保险个人信息登记表。社会保险个人信息登记表的内容与参保人员参保登记表的内容基本相同。职工参保登记时需要提供身份证、劳动合同等相关资料。社会保险经办机构对相关信息进行审核和登录后，核发社会保险手册(卡)。

2. 缴费个人参保登记

受理个体工商户、城镇自由职业者、城镇灵活就业人员参保登记时，接收缴费个人填报的参加社会保险(个人缴费)申报表和基本信息登记表，以及参保人员所提供的以下资料。

(1) 居民身份证。

(2) 视同缴费年限认定证明。

(3) 社会保险经办机构规定的其他材料。

社会保险经办机构审核无误后，将相关信息进行登录，制作并核发社会保险手册(卡)。

3. 离退休人员参保登记

受理离退休人员参保登记时，接收缴费单位或缴费个人填报的参保登记名册，居民身份证、离退休审批材料以及跨统筹范围内转入的社会保险关系转移材料等。社会保险经办机构审核登记信息后，按照有关规定确定享受社会保险待遇的险种、享受起始时间等信息，并将相关信息进行登录记载。

二、变更登记

已参加社会保险、办理社会保险登记的单位和个人，参保登记信息发生变化时，需办理变更登记。办理变更登记是为了使经办机构能够及时掌握和更新参保单位及参保人员的有关信息，以便更好地提供服务，维护参保者的社会保险权益。

(一) 用人单位变更登记

1. 办理时限

参保单位社会保险登记事项发生变化，应当自工商行政管理机关办理变更登记或有关机关批准或宣布变更之日起30日内，持相关证件和资料到原社会保险登记机构办理变更社会保险登记手续。

2. 变更事由及所需材料

参保单位办理变更登记申报时，需填报社会保险变更登记表，并根据变更原因提供以下相关证件和资料。

(1) 对单位名称、住所地址、法定代表人或负责人姓名、单位类型、主管部门、隶属关系等其中一项或几项变更的，应提供工商变更登记表、有关部门或单位批准的变更证明。

(2) 对组织机构代码变更的，应提供新的组织机构代码证书。

(3) 对开户银行、银行账号变更的，应提供新的银行开户许可证或法定代表人(负责人)签字、缴费单位盖章的银行账号变更证明。

(4) 当工伤保险费率发生浮动时，应提供浮动费率核定部门出具的工伤保险费率核定资料。

3. 参保单位合并、分立时的变更登记

单位合并是指两个或两个以上的单位合并为一个单位，分为新设合并和吸收合并。新设合并是指两个或两个以上的单位解散，同时组成一个新的单位。吸收合并是指一个单位存续，另一个或几个单位解散，存续的单位吸收解散的单位。因新设合并而组建的单位，应作为新单位办理社会保险登记；因吸收合并而保留的单位，如涉及原登记事项变更的，应当办理变更登记；因合并而终止的单位，应当办理注销登记。

单位分立是指某个单位分开设立两个或两个以上的单位，分为两种情况：一种是将原单位解散，在此基础上设立几个单位；另一种是原单位的一部分分立出来，设立另一个单位。因分立而保留的单位，如涉及原登记事项变更的，应当办理变更登记；因分立而终止的单位，应当办理注销登记。

(二) 参保人员变更登记

参保人员由于劳动关系发生变动等原因涉及社会保险关系变动时，缴费单位或缴费个人应及时办理增减变动登记。

受理缴费单位为其职工办理增减变动登记时，应接收其填报的参保人员增减名册。参保人员在统筹范围内转入、转出，跨统筹范围转出，缴费人员中断、终止缴费，缴费人员因回原籍、出国定居等情况终止缴费时，需要提供相关资料，办理缴费人员增减变动登记。当离退休人员在统筹范围内转入，跨统筹范围转出，离退休人员暂停支付或恢复待遇时，需要提供相关资料，办理离退休人员增减变动登记。

在参保人员社会保险关系没有发生变动的情况下，因参保人员登记信息发生变更或经办机构补充采集参保人员基本信息时，须办理参保人员的登记信息变更手续。办理参保人员变更登记时，接收参保人员信息变更登记表，并依据变更原因接收相应资料。

三、注销登记

注销登记是指单位依法终止社会保险缴费义务时到社会保险经办机构办理社会保险注销登记的过程。参保单位发生解散、破产、撤销、合并以及其他情形，应当及时向原社会保险登记机构申请办理注销社会保险登记。

参保单位办理注销登记申报时，应填报社会保险注销登记表，并按注销原因提供以下相关证件和资料。

(1) 对破产的，应提供法院裁定企业破产的法律文书。

(2) 对解散、撤销、合并、终止的，应提供主管部门的有关批准文件。

(3) 对被注销或吊销营业执照的，应提供工商行政管理机关注销或吊销营业执照的通知。

(4) 对因住所变动或生产、经营地址变动而跨统筹范围转出的，应提供有关部门批准转出及转入地社会保险经办机构同意转入的证明。

参保人在发生出国定居或死亡等情形时，应办理注销登记，终止原参保关系。

四、社会保险登记证及手册管理

1. 社会保险登记证的管理

社会保险登记证由人力资源和社会保障部制定统一样式，省、自治区、直辖市劳动保障行政部门印制，县级以上社会保险经办机构审核发证。对办理社会保险参保登记的用人单位，符合登记规定的，核发社会保险登记证。社会保险登记证是用人单位参加社会保险的凭证和法律要件，当办理招聘手续或向税务等部门证明已参加社会保险时，可出示社会保险登记证。

社会保险经办机构对已核发的社会保险登记证件，实行定期验证和换证制度。通常，社会保险经办机构应在每1～2年对已核发的社会保险登记证进行一次审验。

2. 社会保险手册的管理

社会保险手册(卡)是记录参保人员缴纳社会保险费和享受社会保险待遇的重要凭证。参保人员首次办理社会保险参保登记后，社会保险经办机构应为其核发社会保险手册(卡)。

社会保险手册(卡)是确认参保人员身份的依据。一般来讲，参保人员在统筹范围内流动时，社会保险手册(卡)仍可延续使用；当参保人员社会保险手册(卡)记载的内容发生变更时，只需做有关参保登记信息的变更处理；当参保人员因跨统筹范围转出、回原籍(农民工)、出国(境)定居、死亡等终止参保时，应在结清参保人员的有关社会保险待遇后，收回保险手册(卡)。

有条件的地区，可直接使用社会保险卡，并将社会保险卡的记载信息和功能进行扩充，使社会保险经办机构和协议服务机构通过划卡就能确认参保人员的身份、参保险种。

第三节　社会保险费征缴

一、社会保险费征缴的概念

社会保险费征缴是指社会保险费征收机构依法对社会保险缴费单位及其职工和缴费个人按照规定的费基和费率征收社会保险费的过程。

根据中共中央办公厅、国务院办公厅印发的《国税地税征管体制改革方案》，从2019年1月1日起，基本养老保险费、基本医疗保险费、失业保险费、工伤保险费、生育保险费等各项社会保险费将交由税务部门统一征收。

缴费单位在完成社会保险登记后，必须按月向社会保险经办机构申报应缴纳的社会保险数额，经社会保险经办机构(如果社会保险费由税务机关征收，则由税务机关核定)核定后，在规定的期限内缴纳社会保险费。

缴费单位和缴费个人应当以货币形式全额缴纳社会保险费。缴费个人应当缴纳的社会保险费，由所在单位从其本人工资代扣代缴。

二、社会保险费的征收范围、缴费基数及比例

社会保险费的征收范围和对象是与社会保险制度的覆盖范围相一致的，是指依照有关法律、法规规定的，应当缴纳社会保险费的单位和个人。

社会保险费的缴费基数和比例依照有关法律、行政法规和国务院的规定执行。缴费单位、缴费个人应当按时足额缴纳社会保险费。缴费单位和缴费个人应当以货币形式全额缴纳社会保险费。个人应当缴纳的社会保险费，由所在单位从其本人工资中代扣代缴。单位缴纳的社会保险费在税前列支，个人工资收入中缴纳社会保险费的部分免征个人所得税。

1. 个人缴费基数

职工个人一般以本人上一年度月平均工资性收入作为缴费基数。个人缴费基数的上限和下限，根据上年度全市职工月平均工资的300%和60%进行确定。首次参加工作和变动工作单位的缴费个人，应按新进单位首月全月工资性收入确定月缴费基数。

2. 用人单位缴费基数

单位按职工月缴费基数之和作为缴费基数。

工资(总额)收入由六部分组成，即计时工资、计件工资、奖金、津贴和补贴、加班加点工资和特殊情况下支付的工资。

单位和个人的缴费比例如表4-1所示。

表4-1　单位和个人的缴费比例(2023年)

缴费对象	养老保险	医疗保险	失业保险	工伤保险	生育保险
用人单位	16%	6%	0.5%	0.2%～1.9%	0.5%
个人	8%	2%	0.5%	—	—

注：本表中的费率是实施《关于扩大阶段性缓缴社会保险费政策实施范围等问题的通知》(人力资源和社会保障部发〔2022〕31号)以后的标准，但在表中8类费率的基础上，工伤保险基金累计结余可支付月数在18(含)～23个月的统筹地区，可以现行费率为基础下调20%；累计结余可支付月数在24个月(含)以上的统筹地区，可以现行费率为基础下调50%。降低费率的期限暂执行至2024年底。

知识拓展4-1

阶段性降低社会保险费率

4-1-1　人力资源和社会保障部、财政部关于阶段性降低社会保险费率的通知(人社部发〔2016〕36号)

为降低企业成本，增强企业活力，根据《中华人民共和国社会保险法》等有关规定，经国务院同意，现就阶段性降低社会保险费率有关事项通知如下：

一、从2016年5月1日起，企业职工基本养老保险单位缴费比例超过20%的省(区、市)，将单位缴费比例降至20%；单位缴费比例为20%且2015年底企业职工基本养老保险基金累计结余可支付月数高于9个月的省(区、市)，可以阶段性将单位缴费比例降低至19%，降低费率的期限暂按2年执行。具体方案由各省(区、市)确定。

二、从2016年5月1日起，失业保险总费率在2015年已降低1个百分点基础上可以阶段性降至1%～1.5%，其中个人费率不超过0.5%，降低费率的期限暂按2年执行。具体方案由各省(区、市)确定。

三、各地要继续贯彻落实国务院2015年关于降低工伤保险平均费率0.25个百分点和生育保险费率0.5个百分点的决定和有关政策规定，确保政策实施到位。生育保险和基本医疗保险合并实施工作，待国务院制定出台相关规定后统一组织实施。

4-1-2　人力资源和社会保障部、财政部关于阶段性降低失业保险费率有关问题的通知(人社部发〔2017〕14号)

为进一步减轻企业负担，增强企业活力，促进就业稳定，经国务院同意，现就阶段性降低失业保险费率有关问题通知如下：

一、从2017年1月1日起，失业保险总费率为1.5%的省(区、市)，可以将总费率降至1%，降低费率的期限执行至2018年4月30日。在省(区、市)行政区域内，单位及个人的费率应当统一，个人费率不得超过单位费率。具体方案由各省(区、市)研究确定。

二、失业保险总费率已降至1%的省份仍按照人力资源和社会保障部、财政部《关于阶段性降低社会保险费率的通知》(人社部发〔2016〕36号)执行。

4-1-3　人力资源和社会保障部、财政部关于继续阶段性降低社会保险费率的通知(人社部发〔2018〕25号)

为进一步降低企业用工成本，增强企业发展活力，根据《中华人民共和国社会保险法》等有关规定，经国务院同意，现就继续阶段性降低社会保险费率有关事项通知如下：

一、自2018年5月1日起，企业职工基本养老保险单位缴费比例超过19%的省(区、市)，以及按照人力资源和社会保障部、财政部《关于阶段性降低社会保险费率的通知》(人社部发〔2016〕36号)单位缴费比例降至19%的省(区、市)，基金累计结余可支付月数(截至2017年底，下同)高于9个月的，可阶段性执行19%的单位缴费比例至2019年4月30日。具体方案由各省(区、市)研究确定。

二、自2018年5月1日起，按照人力资源和社会保障部、财政部《关于阶段性降低失业保险费率的通知》(人社部发〔2017〕14号)实施失业保险总费率1%的省(区、市)，延长阶段性降低费率的期限至2019年4月30日。具体方案由各省(区、市)研究确定。

三、自2018年5月1日起，在保持八类费率总体稳定的基础上，工伤保险基金累计结余可支付月数在18(含)～23个月的统筹地区，可以现行费率为基础下调20%；累计结余可支付月数在24个月(含)以上的统筹地区，可以现行费率为基础下调50%。降低费率的期限暂执行至2019年4月30日。下调费率期间，统筹地区工伤保险基金累计结余达到合理支付月数范围的，停止下调。具体方案由各省(区、市)研究确定。

4-1-4　人力资源和社会保障部、财政部、税务总局、国家医保局关于贯彻落实《降低社会保险费率综合方案》的通知(人社部发〔2019〕35号)

为做好《降低社会保险费率综合方案》(以下简称《方案》)的贯彻落实工作，现将有关事项通知如下：

一、关于降低养老保险单位缴费比例。各地企业职工基本养老保险单位缴费比例高于16%的，可降至16%；低于16%的，要研究提出过渡办法。省内单位缴费比例不统一的，高于16%的地市可降至16%；低于16%的，要研究提出过渡办法。暂不调整单位缴费比例的地区，要按照公平统一的原则，研究提出过渡方案。各地机关事业单位基本养老保险单位缴费比例可降至16%。

二、关于继续阶段性降低失业保险费率。自2019年5月1日起，实施失业保险总费率1%的省份，延长阶段性降低失业保险费率的期限至2020年4月30日。

三、关于继续阶段性降低工伤保险费率。按照人力资源和社会保障部、财政部《关于阶段性降低社会保险费率的通知》(人社部发〔2018〕25号)已纳入降费范围的统筹地区，原则上继续实施，保持力度不减。此前未纳入降费范围但截至2018年底累计结余可支付月数达到阶段性降费条件的统筹地区，要按规定下调费率，确保将符合条件的统筹地区全部纳入降费范围。阶段性降费率期间，费率确定后，一般不做调整。

4-1-5　人力资源和社会保障部、财政部、税务总局关于阶段性减免企业社会保险费的通知(人社部发〔2020〕11号)

为贯彻落实习近平总书记关于新冠肺炎疫情防控工作的重要指示精神，纾解企业困难，推动企业有序复工复产，支持稳定和扩大就业，根据社会保险法有关规定，经国务院同意，现就阶段性减免企业基本养老保险、失业保险、工伤保险(以下简称三项社会保险)单位缴费部分有关问题通知如下：

一、自2020年2月起，各省、自治区、直辖市(除湖北省外)及新疆生产建设兵团(以下统称省)可根据受疫情影响情况和基金承受能力，免征中小微企业三项社会保险单位缴费部分，免征期限不超过5个月；对大型企业等其他参保单位(不含机关事业单位)三项社会保险单位缴费部分可减半征收，减征期限不超过3个月。

二、自2020年2月起，湖北省可免征各类参保单位(不含机关事业单位)三项社会保险单位缴费部分，免征期限不超过5个月。

三、受疫情影响生产经营出现严重困难的企业，可申请缓缴社会保险费，缓缴期限原则上不超过6个月，缓缴期间免收滞纳金。

四、各省根据工业和信息化部、统计局、发展改革委、财政部《关于印发中小企业划型标准规定的通知》(工信部联企业〔2011〕300号)等有关规定，结合本省实际确定减免企业对象，并加强部门间信息共享，不增加企业事务性负担。

4-1-6　人力资源和社会保障部、财政部、税务总局关于延长阶段性减免企业社会保险费政策实施期限等问题的通知(人社部发〔2020〕49号)

按照党中央、国务院决策部署，人力资源和社会保障部、财政部、税务总局印发《关于阶段性减免企业社会保险费的通知》(人社部发〔2020〕11号)，自2020年2月起，阶段性减免企业基本养老保险、失业保险、工伤保险(以下称三项社会保险)单位缴费部分，减轻了企业负担，有力支持了企业复工复产。为进一步帮助企业特别是中小微企业应对风险、渡过难关，减轻企业和低收入参保人员的缴费负担，经国务院同意，现就延长阶段性减免企业三项社会保险费政策实施期限等问题通知如下：

一、各省、自治区、直辖市及新疆生产建设兵团(以下统称省)对中小微企业三项社会保险单位缴费部分免征的政策，延长执行到2020年12月底。各省(除湖北省外)对大型企业等其他参保单位(不含机关事业单位，下同)三项社会保险单位缴费部分减半征收的政策，延长执行到2020年6月底。湖北省对大型企业等其他参保单位三项社会保险单位缴费部分免征的政策，继续执行到2020年6月底。

二、受疫情影响生产经营出现严重困难的企业，可继续缓缴社会保险费至2020年12月底，缓缴期间免收滞纳金。

三、各省2020年社会保险个人缴费基数下限可继续执行2019年个人缴费基数下限标准，个人缴费基数上限按规定正常调整。

四、有雇工的个体工商户以单位方式参加三项社会保险的，继续参照企业办法享受单位缴费减免和缓缴政策。

五、以个人身份参加企业职工基本养老保险的个体工商户和各类灵活就业人员，2020年缴纳基本养老保险费确有困难的，可自愿暂缓缴费。2021年可继续缴费，缴费年限累计计算；对2020年未缴费月度，可于2021年底前进行补缴，缴费基数在2021年当地个人缴费基数上下限范围内自主选择。

4-1-7　人力资源和社会保障部办公厅 国家发展改革委办公厅 财政部办公厅 国家税务总局办公厅关于进一步做好阶段性缓缴社会保险费政策实施工作有关问题的通知(人社厅发〔2022〕50号)

为进一步落实《关于扩大阶段性缓缴社会保险费政策实施范围等问题的通知》(人力资源和社会保障部发〔2022〕31号)要求，切实发挥阶段性缓缴社会保险费政策效果，促进保市场主体保就业保民生，现就有关问题通知如下：

一、自2022年9月起，各省、自治区、直辖市及新疆生产建设兵团(以下统称地区)可根据本地区受疫情影响情况和社会保险基金状况，进一步扩大缓缴政策实施范围，覆盖本地区所有受疫情影响较大、生产经营困难的中小微企业、以单位方式参保的个体工商户、参加企业职工基本养老保险的事业单位及各类社会组织，使阶段性缓缴社会保险费政策惠及更多市场主体。

二、阶段性缓缴社会保险费政策到期后，可允许企业在2023年底前采取分期或逐月等方式补缴缓缴的社会保险费。补缴期间免收滞纳金。

三、各地社会保险经办机构在提供社保缴费查询、出具缴费证明时，对企业按照政策规定缓缴、补缴期间认定为正常缴费状态，不得作欠费处理。企业缓缴期间，要依法履行代扣代缴职工个人缴费义务。已依法代扣代缴的，职工个人缴费状态认定为正常缴费。同时，要主动配合当地相关部门，妥善处理与职工落户、购房、购车以及子女入学资格等政策的衔接问题。

资料来源：中华人民共和国人力资源和社会保障部[EB/OL]. http://www.mohrss.gov.cn/. 作者整理

三、缴费申报

用人单位应当自行申报、按时足额缴纳社会保险费，非因不可抗力等法定事由不得缓缴、减免。缴费申报制度是社会保险费征缴的一个重要环节。

用人单位应当按月在规定期限内到当地社会保险费征收部门办理缴费申报。申报事项包括以下五项。

(1) 用人单位名称、组织机构代码、地址及联系方式。

(2) 用人单位开户银行、户名及账号。

(3) 用人单位的缴费险种、缴费基数、费率、缴费数额。

(4) 职工名册及职工缴费情况。

(5) 社会保险经办机构或者税务部门规定的其他事项。

职工应缴纳的社会保险费由用人单位代为申报。代职工申报的事项包括职工姓名、社会保障号码、用工类型、联系地址、代扣代缴明细等。用人单位代职工申报的缴费明细以及变动情况应当经职工本人签字认可，由用人单位留存备查。

在一个缴费年度内，用人单位初次申报后，其余月份可以只申报上述规定事项的变动情况；无变动的，可以不申报。

用人单位应当自用工之日起30日内为其职工申请办理社会保险登记并申报缴纳社会保险费。未办理社会保险登记的，由社会保险费征收部门核定其应当缴纳的社会保险费。

申报方式包括现场申报、邮寄申报和网上申报。若用人单位因不可抗力因素，不能按期办理缴费申报的，可以延期申报；不可抗力情形消除后，用人单位应当立即向社会保险费征收部门报告。社会保险费征收部门应当查明事实，予以核准。

灵活就业人员由于没有单位为其代扣代缴，须自行根据国家规定的缴费政策和当地规定的缴费标准，自主进行缴费申报。在一个缴费年度内，灵活就业人员可以采取定期或不定期的灵活申报、缴费方式。

《社会保险法》第八十三条规定："用人单位或者个人对社会保险经办机构不依法办理社会保险登记、核定社会保险费、支付社会保险待遇、办理社会保险转移接续手续或者侵害其他社会保险权益的行为，可以依法申请行政复议或者提起行政诉讼。"因此，所有参保单位可以由税务部门征收社会保险费，也可由经办机构征收社会保险费，无论参加了几项社会保险，都要到社会保险经办机构办理申报。

缴费单位不按规定申报应缴纳的社会保险数额的，由社会保险费征收部门核定其应缴纳的社会保险费。社会保险费征收部门暂按该单位上月缴费数额的110%确定应缴数额；没有上月缴费数额的，社会保险费征收部门可暂按该单位的经营状况、职工人数等有关情况确定应缴数额。缴费单位补办申报手续并按核定数额缴纳社会保险费后，由社会保险费征收部门按照规定结算。

四、核定与征缴

(一) 缴费核定

社会保险费征收机构对参保单位送达的申报表和有关资料，应当自收到之日起，最长于2个工作日内审核完毕。社会保险费征收机构对缴费申报主要核定以下内容：缴费人数、缴费基数和缴费率是否符合规定，填报的数量关系是否一致，申报资料是否齐全等。

1. 缴费人数核定

凡是与用人单位建立劳动关系的职工，都应参加社会保险并足额缴费，缴费人数除包括正式的在岗职工外，还应包括短期、试用期内等其他与企业存在事实劳动关系的人员。已经办理退休手续的人员由于不需要缴费，不计算在缴费人数核定范围内。此外，兼职人员与原单位存在劳动关系，应由原单位办理各项社会保险的参保缴费手续，兼职单位应为其缴纳工伤保险费，其余各项社会保险费无须重复缴纳。

2. 缴费基数核定

缴费工资基数是缴纳社会保险费的重要参数之一。统计部门于每年上半年发布上一年度城镇在岗职工平均工资，各地人力资源和社会保障部门根据新发布的平均工资数确定新一年的养老保险缴费基数上下限。按照《社会保险法》及其他有关规定，参保单位缴费基数为本单位职工工资总额；职工个人缴纳各项社会保险费的基数原则上以上一年度本人月平均工资为基础，其中养老保险缴费基数在当地职工平均工资的60%～300%的范围内进行核定。

知识拓展4-2

社会保险缴费基数的相关规定

关于缴费基数核定涵盖的项目、范围，在劳动和社会保障部(现为人力资源和社会保障部)社保中心下发的《关于规范社会保险缴费基数有关问题的通知》(劳社险中心函〔2006〕60号)中做出了具体规定。

1. 关于工资总额的计算口径

根据国家统计局有关文件的规定，工资总额是指各单位在一定时期内直接支付给本单位全部职工的劳动报酬总额，由计时工资、计件工资、奖金、加班加点工资、特殊情况下支付的工资、津贴和补贴等组成。劳动报酬总额包括：在岗职工工资总额；不在岗职工生活费；聘用、留用的离退休人员的劳动报酬；外籍及中国港澳台方人员劳动报酬以及聘用其他从业人员的劳动报酬。

2. 关于计算缴费基数的具体项目

根据国家统计局的规定，下列项目作为工资统计，在计算缴费基数时作为依据。

1) 计时工资

(1) 对已完成工作按计时工作标准支付的工资，即基本工资部分。

(2) 新参加工作职工的见习工资(学徒的生活费)。

(3) 根据国家法律、法规和政策的规定，因病、工伤、产假、计划生育假、婚丧假、事假、探亲假、定期休假、停工学习、执行国家或社会义务等按计时工资标准或计时工资标准的一定比例支付的工资。

(4) 实行岗位技能工资制的单位支付给职工的技能工资及岗位(职务)工资。

(5) 职工个人按规定比例缴纳的社会保险费、职工受处分期间的工资、浮动升级的工资等。

(6) 机关工作人员的职务工资、级别工资、基础工资；工人的岗位工资、技术等级(职务)工资。

2) 计件工资

(1) 实行超额累进计件、直接无限计件、限额计件、超定额计件等工资制，按劳动部门或主管部门批准的定额和计件单价付给个人的工资。

(2) 按工作任务包干方法支付给个人的工资。

(3) 按营业额提成或利润提成的办法支付给个人的工资。

3) 奖金

(1) 生产(业务)奖包括超产奖、质量奖、安全(无事故)奖、考核各项经济指标的综合奖、提前竣工奖、外轮速遣奖、年终奖(劳动分红)等。

(2) 节约奖包括节约各种动力、燃料、原材料等奖金。

(3) 劳动竞赛奖包括发给劳动模范、先进个人的各种奖金。

(4) 机关、事业单位各类人员的年终一次性奖金、机关工人的奖金、体育运动员的平时训练奖。

(5) 其他奖金包括从兼课酬金和业余医疗卫生服务收入提成中支付的奖金，运输系统的堵漏保收奖，学校教师的教学工作量超额酬金，从各项收入中以提成的名义发给职工的奖金等。

4) 津贴

(1) 补偿职工特殊或额外劳动消耗的津贴及岗位性津贴。

(2) 保健性津贴。

(3) 技术性津贴。

(4) 年功性津贴。

(5) 地区津贴。

(6) 其他津贴。例如，支付给个人的伙食津贴、上下班交通津贴、洗理卫生费、书报费、工种粮津贴、过节费、干部行车津贴、私车津贴等。

5) 补贴

为保证职工工资水平不受物价上涨或变动影响而支付的各种补贴，如副食品价格补贴，粮、油、蔬菜等价格补贴，煤价补贴，水电补贴，住房补贴，房改补贴等。

6) 加班加点工资

7) 其他工资

如附加工资、保留工资以及调整工资后补发的上年工资等。

8) 特殊项目构成的工资

(1) 发放给本单位职工的“技术交易奖酬金”。

(2) 住房补贴或房改补贴。

(3) 单位发放的住房提租补贴、通信工具补助、住宅电话补助。

(4) 单位给职工个人实报实销的职工个人家庭使用的固定电话的话费、职工个人使用的手机费、职工个人购买的服装费(不包括工作服)等各种费用。

(5) 为不休假的职工发放的现金或补贴。

(6) 以下属单位的名义给本单位职工发放的现金或实物(无论是否计入本单位财务账目)。

(7) 单位为职工缴纳的各种商业性保险。

(8) 试行企业经营者年薪制的经营者，其工资正常发放部分和年终结算后补发的部分。

(9) 商业部门实行的柜组承包，交通运输部门实行的车队承包、司机个人承包等，这部分人员一般只需定期上交一定的所得，其余部分归己。对这些人员的缴费基数原则上采取全部收入扣除各项(一定)费用支出后计算。

(10) 使用劳务输出机构提供的劳务工，其人数和工资按照“谁发工资谁统计”的原则，如果劳务工的使用方不直接支付劳务工的工资，而是向劳务输出方支付劳务费，再由劳务输出方向劳务工支付工资，应由劳务输出方统计工资和人数；如果劳务工的使用方直接向劳务工支付工资，则应由劳务使用方统计工资和人数。输出和使用劳务工单位的缴费基数以“谁发工资谁计算缴费基数”的原则执行。

(11) 企业销售人员、商业保险推销人员等实行特殊分配形式参保人员的缴费基数，原则上由各地按照国家统计局的有关规定根据实际情况确定。

3. 关于不列入缴费基数的项目

根据国家统计局的规定，下列项目不计入工资总额，在计算缴费基数时应予剔除。

(1) 根据国务院发布的有关规定发放的创造发明奖、国家星火奖、自然科学奖、科学技术进步奖和支付的合理化建议和技术改进奖以及在重大体育比赛中支付给运动员的重奖。

(2) 有关劳动保险和职工福利方面的费用。

(3) 劳动保护的各种支出。

(4) 有关离休、退休、退职人员待遇的各项支出。

(5) 支付给外单位人员的稿费、讲课费及其他专门工作报酬。

(6) 出差补助、误餐补助。

(7) 对自带工具、牲畜来企业工作的从业人员所支付的工具、牲畜等补偿费用。

(8) 实行租赁经营单位的承租人的风险性补偿收入。

(9) 职工集资入股或购买企业债券后发给职工的股息分红、债券利息以及职工个人技术投入后的税前收益分配。

(10) 劳动合同制职工解除劳动合同时由企业支付的医疗补助费、生活补助费以及一次性支付给职工的经济补偿金。

(11) 劳务派遣单位收取用工单位支付的人员工资以外的手续费和管理费。

(12) 支付给家庭工人的加工费和按加工订货办法支付给承包单位的发包费用。

(13) 支付给参加企业劳动的在校学生的补贴。

(14) 调动工作的旅费和安家费中净结余的现金。

(15) 由单位缴纳的各项社会保险、住房公积金。

(16) 支付给从保安公司招用的人员的补贴。

(17) 按照国家政策为职工建立的企业年金和补充医疗保险，其中单位按政策规定比例的缴纳部分。

4. 关于统一缴费基数的问题

(1) 参保单位缴纳基本养老保险费的基数可以为职工工资总额，也可以为本单位职工个人缴费工资总额基数之和，但在全省(自治区、直辖市)范围内应统一为一种核定办法。

单位职工本人缴纳基本养老保险费的基数原则上以上一年度本人月平均工资为基础，在当地职工平均工资的60%～300%的范围内进行核定。

(2) 参保单位缴纳基本医疗保险、失业保险、工伤保险、生育保险费的基数为职工工资总额，基本医疗保险、失业保险职工个人缴费基数为本人工资，为了便于征缴可以以上一年度个人月平均工资为缴费基数。目前，一些地方为整合经办资源，实行社会保险费的统一征收和统一稽核，并将各险种单位和个人的缴费基数统一为单位和个人基本养老保险的缴费基数，这种做法为参保企业和参保人员提供了方便，有利于提高稽核效率。

资料来源：《关于规范社会保险缴费基数有关问题的通知》(劳社险中心函〔2006〕60号)节选

3. 缴费率核定

参保单位和职工个人按照规定的费率缴费。参加职工基本养老保险的缴费基数为当地上一年度在岗职工平均工资，缴费比例为20%，其中8%记入个人账户。灵活就业人员参加职工基本医疗保险，从建立统筹基金起步的地区，可以参照当地基本医疗保险建立统筹基金的缴费水平确定；缴费基数可以参照当地上一年度职工平均工资核定。一些地区为降低个人负担水平、扩大社会保险覆盖范围，适当降低了缴费基数或费率水平。

参保单位未按规定申报缴费的，该单位按照上月缴费数额的110%确定应缴数额；没有上月缴费数额的，可暂按该单位的经营状况、职工人数等有关情况确定应缴数额。参保单位补办申报手续并按核定数额缴费后，由社会保险费征收机构按规定结算。

(二) 费用征缴

参保单位必须在其缴费申报经核准后的3个工作日内缴纳社会保险费。

城镇居民基本医疗保险、新农合、城乡居民基本养老保险原则上实行按年度缴费，参保人应在当地人力资源和社会保障部门规定的缴费期限内及时办理缴费。

职工应当缴纳的社会保险费由用人单位代扣代缴，用人单位应当按月将缴纳社会保险费的明细情况告知本人。

用人单位履行代扣代缴义务时，任何单位和个人不得干预或拒绝。

1. 征收机构

社会保险费征收机构由省、自治区、直辖市人民政府规定，可以由税务机关征收，也可以由经办机构征收。社会保险费由税务机关或社会保险经办机构征收，在省、自治区、直辖市范围内只能由一个机构征收，而且养老、失业、医疗三项社会保险费必须统一征收。

根据中共中央办公厅、国务院办公厅印发的《国税地税征管体制改革方案》，从2019年1月1日起，基本养老保险费、基本医疗保险费、失业保险费、工伤保险费、生育保险费等各项社会保险费将交由税务部门统一征收。

2. 缴费方式

缴费单位和缴费个人应缴纳的社会保险费以货币形式全额缴纳。禁止任何形式的协议性缴费。严禁社会保险费征收部门直接从缴费单位征收实物。各地社会保险费的缴费方式大致有两种：银行托收和储费扣缴。银行托收适用于国家机关、企事业单位、社会团体等(有对公账户的)，采取委托缴费单位的开户银行，从其账户中划缴应收款；储费扣缴适用于无雇工的个体工商户、未在用人单位参加基本养老保险的非全日制从业人员以及其他灵活就业人员等人群。自愿参加社会保险的无雇工的个体工商户、未在用人单位参加基本养老保险的非全日制从业人员以及其他灵活就业人员等人群首先在所属征收机构确定的银行开设储蓄存折，然后签订缴费协议。征收机构按月委托银行从缴费人的存折中扣缴当月的社会保险费。

3. 结转与记账

征收的社会保险费应当进入社会保险费征收部门在国有商业银行开设的社会保险基金收入户。社会保险费征收部门应当按照有关规定，定期将收到的基金存入财政部门在国有商业银行开设的社会保障基金财政专户。

社会保险费征收部门对已征收的社会保险费，根据缴费单位的实际缴纳额(包括代扣代缴额)、代扣代缴明细表和有关规定，按以下程序进行记账。

(1) 个人缴纳的基本养老保险费、失业保险费和基本医疗保险费，分别记入基本养老保险基金、失业保险基金和基本医疗保险基金，并按规定记录基本养老保险和基本医疗保险个人账户。

(2) 单位缴纳的社会保险费按照该单位三项基金应缴额的份额分别记入基本养老保险基金、失业保险基金和基本医疗保险基金。社会保险经办机构应当为缴费单位和缴费个人建立缴费记录，并负责安全、完整保存。

五、催缴与强制收缴

用人单位未按时足额缴纳社会保险费的，社会保险费征收机构可以采取责令限期缴纳或者补足、查询存款账户、要求用人单位提供担保、申请人民法院强制执行等方式保证社会保险费的按时足额征收。

(一) 责令限期缴纳或者补足

用人单位未按时足额缴纳社会保险费的，社会保险费征收机构应当首选责令其限期缴纳或者补足。由于用人单位未按时足额缴纳社会保险费的，自欠缴之日起，按日加收万分之五的滞纳金；逾期仍不缴纳的，由有关行政部门处以欠缴数额1倍以上3倍以下罚款。

(二) 查询存款账户

社会保险费征收机构责令用人单位限期缴纳或者补足，用人单位逾期仍未缴纳或者补足社会保险费的，社会保险征收机构可以向银行及其他金融机构查询用人单位的存款账户。为保证社会保险费的按时足额征收，保障职工的社会保险权益，《社会保险法》授予社会保险费征收机构查询用人单位存款账号的权力。这一权力关系用人单位的重大权益，征收机构应当依法行使，不得滥用职权。在社会保险费征收机构查询时，相关金融机构应当予以配合，及时提供用人单位存款账户信息，不得拒绝、拖延。从用人单位存款账户中划拨的金额不得超过用人单位应缴纳的社会保险费。

(三) 要求用人单位提供担保

经查询，用人单位在银行和其他金融机构账户余额少于应当缴纳的社会保险费的，社会保险费征收机构可以就该账户余额申请县级以上有关行政部门做出划拨社会保险费的决定，并书面通知其开户银行或者其他金融机构划拨社会保险费。对剩余的社会保险费，社会保险费征收机构可以要求该用人单位提供担保，签订延期缴费协议。用人单位可以提供相当于应当缴纳社会保险费的动产、不动产、有价证券等财产作为担保，保证在延期缴费协议规定的期限内履行缴纳社会保险费的义务。用人单位在延期缴费协议规定的期限内未履行缴纳社会保险费义务的，社会保险费征收机构可以根据延期缴费协议的规定，对用人单位用于担保的财产依法进行处置，以处置财产所得抵缴社会保险费。

(四) 申请人民法院强制执行

用人单位未足额缴纳社会保险费且未提供担保的，社会保险费征收机构可以申请人民法院启动强制执行程序。

强制程序是依次进行的，征收机构不能颠倒或随意运用。各级经办机构和征收机构应负责清理回收欠费工作。按照规定，对长期欠缴社会保险费的企业，要建立专门的欠费记录，并进行动态跟踪。

六、相关主体的法律责任

(一) 用人单位的法律责任

(1) 用人单位不办理社会保险登记的，由社会保险行政部门责令限期改正；逾期不改正的，对用人单位处应缴社会保险费数额1倍以上3倍以下的罚款，对其直接负责的主管人员和其他直接责任人员处500元以上3000元以下的罚款。

(2) 用人单位拒不出具终止或者解除劳动关系证明的，依照《劳动合同法》的规定处理。

(3) 用人单位未按时足额缴纳社会保险费的，由社会保险费征收部门责令限期缴纳或者补足，并自欠缴之日起，按日加收0.5‰的滞纳金；逾期仍不缴纳的，由有关行政部门处欠缴数额1倍以上3倍以下的罚款。

用人单位依法履行代扣代缴义务，若用人单位未按时足额代缴社会保险费的，社会保险费征收部门应当责令其限期缴纳，并自欠缴之日起按日加收0.5‰的滞纳金。用人单位不得要求职工承担滞纳金。

(二) 社会保险服务机构的法律责任

社会保险费征收部门以及医疗机构、药品经营单位等社会保险服务机构以欺诈、伪造证明材料或者其他手段骗取社会保险基金支出的，由社会保险行政部门责令退回骗取的社会保险金，处骗取金额2倍以上5倍以下的罚款；属于社会保险服务机构的，解除服务协议；直接负责的主管人员和其他直接责任人员有执业资格的，依法吊销其执业资格。

(三) 骗取社会保险待遇的法律责任

以欺诈、伪造证明材料或者其他手段骗取社会保险待遇的，由社会保险行政部门责令退回骗取的社会保险金，处骗取金额2倍以上5倍以下的罚款。

(四) 社会保险费征收部门及其工作人员的法律责任

1. 未按规定作出划拨社会保险费决定

社会保险行政部门及其工作人员作出划拨社会保险费决定时，有下列行为之一的，按照《行政强制法》的规定，由上级社会保险行政部门或者有关部门责令改正，对直接负责的主管人员和其他直接责任人员依法给予处分；给用人单位或者个人造成损失的，依法承担赔偿责任；构成犯罪的，依法追究刑事责任。

(1) 违反法定程序作出划拨社会保险费决定的。

(2) 未在规定时限内及时作出划拨社会保险费决定并书面通知用人单位开户银行或者其他金融机构的。

(3) 决定划拨的社会保险费数额错误的。

(4) 向当事人泄露信息影响划拨社会保险费的。

(5) 有违反法律、法规和规章的其他行为的。

2. 未按规定进行追缴

社会保险费征收部门及其工作人员有下列行为之一的，视情节轻重对直接负责的主管人员和其他直接责任人员依法给予相应处分。

(1) 未按照本规定核定或者确定用人单位应当缴纳的社会保险费数额的。

(2) 对已征收的社会保险费未按照国家规定记账的。

(3) 未依法责令欠缴社会保险费的用人单位限期补缴社会保险费、加收滞纳金的。

(4) 申请人民法院强制执行不符合规定的。

(5) 签订担保合同和延期缴费协议不符合规定的。

(6) 未按照规定审核、处置担保财产的。

(7) 法律、法规和规章规定的其他情形。

3. 未按规定进行管理

社会保险费征收部门及其工作人员有下列行为之一的，给社会保险基金、用人单位或者个人造成损失的，依法承担赔偿责任，对直接负责的主管人员和其他直接责任人员依法给予处分。

(1) 未履行社会保险法定职责的。

(2) 未将社会保险基金存入财政专户的。

(3) 克扣或者拒不按时支付社会保险待遇的。

(4) 丢失或者篡改缴费记录、享受社会保险待遇记录等社会保险数据、个人权益记录的。

(5) 有违反社会保险法律、法规和规章的其他行为的。

4. 社会保险费征收部门擅自更改标准

社会保险费征收部门擅自更改社会保险费缴费基数、费率，导致少收或者多收社会保险费的，由有关行政部门责令其追缴应当缴纳的社会保险费或者退还不应当缴纳的社会保险费；对直接负责的主管人员和其他直接责任人员依法给予处分。

第四节　社会保险费征缴监督检查

社会保险费征缴监督检查办法是为了加强社会保险费征缴监督检查工作，进而规范社会保险费征缴监督检查行为而制定的，其在社会保险费征缴监督过程中起着重要作用。

一、社会保险监督体系

加强社会保险监督，维护社会保险基金安全，具有重要的意义。《社会保险法》从人大监督、行政监督、社会监督三个方面，建立了比较完善的社会保险监督体系。

(一) 人大监督

根据《社会保险法》的规定，各级人民代表大会常务委员会听取和审议本级人民政府对社会保险基金的收支、管理、投资运营以及监督检查情况的专项工作报告，组织对该法实施情况的执法检查等，依法行使监督职权。

(二) 行政监督

根据《社会保险法》的规定，国家对社会保险基金实行严格监管，并明确了各级人民政府及其社会保险行政部门、财政部门、审计机关在社会保险监督方面的职责。

(1) 各级人民政府在社会保险监督方面的职责。国务院和省、自治区、直辖市人民政府建立健全社会保险基金监督管理制度，保障社会保险基金安全和有效运行。

(2) 社会保险行政部门的监督职责。

① 规定县级以上人民政府社会保险行政部门应当加强对用人单位和个人遵守社会保险法律、法规情况的监督检查。这属于劳动保障监察活动，其措施在《劳动保障监察条例》(国务院令第423号)中已有详细规定。

② 规定社会保险行政部门对社会保险基金的收支、管理和投资运营情况进行监督检查。

(3) 财政部门、审计机关按照各自职责，对社会保险基金的收支、管理和投资运营情况实施监督。

(三) 社会监督

《社会保险法》要求县级以上人民政府采取措施，鼓励和支持社会各方面参与社会保险基金的监督，并做了以下规定。

(1) 规定了社会保险监督委员会的设立、组成和主要职责。该法规定，统筹地区人民政府成立由用人单位代表、参保人员代表以及工会代表、专家等组成的社会保险监督委员会。主要职责：掌握、分析社会保险基金的收支、管理和投资运营情况，对社会保险工作提出咨询意见和建议，实施社会监督；听取社会保险经办机构关于社会保险基金的收支、管理和投资运营情况的汇报；聘请会计师事务所对社会保险基金的收支、管理和投资运营情况进行年度审计和专项审计；对发现存在问题的，有权提出改正建议；对社会保险经办机构及其工作人员的违法行为，有权向有关部门提出依法处理建议。

(2) 规定了工会的监督。

(3) 规定有关部门和单位应当向社会公布或者公开社会保险方面的信息，主动接受社会监督，具体包括以下几项：社会保险行政部门应当定期向社会公布社会保险基金检查结果；社会保险经办机构应当定期向社会公布参加社会保险情况以及社会保险基金的收入、支出、结余和收益情况；社会保险监督委员会应当向社会公开审计结果。

二、社会保险征缴监督检查内容

社会保险征缴监督检查包括以下内容。

(1) 缴费单位向当地社会保险经办机构办理社会保险登记、变更登记或注销登记的情况。

(2) 缴费单位向社会保险经办机构申报缴费的情况。

(3) 缴费单位缴纳社会保险费的情况。

(4) 缴费单位代扣代缴的情况。

(5) 缴费单位向职工公布本单位缴费的情况。

(6) 法律、法规规定的其他内容。

三、社会保险征缴监督机构和人员的职权与义务

(一) 社会保险征缴监督机构和人员的职权

劳动保障监察人员执行监察公务和社会保险经办机构工作人员进行调查检查时，行使下列职权。

(1) 查阅、记录、复制与社会保险基金收支、管理和投资运营相关的资料，对可能被转移、隐匿或者灭失的资料予以封存。

(2) 询问与调查事项有关的单位和个人，要求其对与调查事项有关的问题作出说明、提供有关证明材料。

(3) 可以要求缴费单位提供与缴纳社会保险费有关的用人情况、工资表、财务报表等资料，询问有关人员，对缴费单位不能立即提供有关参加社会保险情况和资料的，可以下达劳动保障行政部门监督检查询问书。

(4) 对隐匿、转移、侵占、挪用社会保险基金的行为予以制止并责令改正。

(二) 社会保险征缴监督机构和人员的义务

劳动保障监察人员执行监察公务和社会保险经办机构工作人员进行调查检查时，承担下列义务。

(1) 依法履行职责，秉公执法，不得利用职务之便谋取私利。

(2) 保守在监督检查工作中知悉的缴费单位的商业秘密。

(3) 为举报人员保密。

四、法律责任与法律救济

(一) 法律责任

(1) 用人单位不办理社会保险登记的，由社会保险行政部门责令限期改正；逾期不改正的，对用人单位处应缴社会保险费数额1倍以上3倍以下的罚款，对其直接负责的主管人员和其他直接责任人员处500元以上3000元以下的罚款。

罚款均由缴费单位直接负责的主管人员和其他直接责任人员个人支付，不得从单位报销。

(2) 用人单位拒不出具终止或者解除劳动关系证明的，依照《劳动合同法》的规定处理。

(3) 用人单位未按时足额缴纳社会保险费的，由社会保险费征收机构责令限期缴纳或者补足，并自欠缴之日起，按日加收万分之五的滞纳金；逾期仍不缴纳的，由有关行政部门处欠缴数额1倍以上3倍以下的罚款。

用人单位依法履行代扣代缴义务，若用人单位未按时足额代缴社会保险费的，社会保险经办机构应当责令其限期缴纳，并自欠缴之日起按日加收千分之五的滞纳金。用人

单位不得要求职工承担滞纳金。

(4) 以欺诈、伪造证明材料或者其他手段骗取社会保险待遇的，由社会保险行政部门责令退回骗取的社会保险金，处骗取金额2倍以上5倍以下的罚款。

(5) 对缴费单位有下列行为之一的，应当给予警告，并处以5000元以下的罚款。

① 伪造、变造社会保险登记证的。

② 未按规定从缴费个人工资中代扣代缴社会保险费的。

③ 未按规定向职工公布本单位社会保险费缴纳情况的。

对上述违法行为的行政处罚，法律、法规另有规定的，从其规定。

(6) 对缴费单位有下列行为之一的，应当给予警告，并处以10000元以下的罚款。

① 阻挠劳动保障监察人员依法行使监察职权，拒绝检查的。

② 隐瞒事实真相，谎报、瞒报，出具伪证，或者隐匿、毁灭证据的。

③ 拒绝提供与缴纳社会保险费有关的用人情况、工资表、财务报表等资料的。

④ 拒绝执行劳动保障行政部门下达的监督检查询问书的。

⑤ 拒绝执行劳动保障行政部门下达的限期改正指令书的。

⑥ 打击报复举报人员的。

⑦ 法律、法规及规章规定的其他情况。

对上述违法行为的行政处罚，法律、法规另有规定的，从其规定。

注：劳动保障行政部门和社会保险经办机构的工作人员滥用职权、徇私舞弊、玩忽职守，构成犯罪的，依法追究刑事责任；尚不构成犯罪的，给予责任人员行政处分。

(二) 法律救济

(1) 缴费单位或者缴费单位直接负责的主管人员和其他直接责任人员，对劳动保障行政部门作出的行政处罚决定不服的，可以于15日内，向上一级劳动保障行政部门或者同级人民政府申请行政复议。对行政复议决定不服的，可以自收到行政复议决定之日起15日内向人民法院提起行政诉讼。

行政复议和行政诉讼期间，不影响该行政处罚决定的执行。

(2) 缴费单位或者缴费单位直接负责的主管人员和其他直接责任人员，在15日内拒不执行劳动保障行政部门对其作出的行政处罚决定，又不向上一级劳动保障行政部门或者同级人民政府申请行政复议，或者对行政复议决定不服，又不向人民法院提起行政诉讼的，可以申请人民法院强制执行。

本章小结

社会保险登记是指社会保险经办机构依法对参加社会保险的用人单位和参保人员有关事项登录记载，是建立社会保险关系的标志，也是用人单位和参保人员履行社会保险缴费义务和享受社会保险权益的前提条件。县级以上社会保险经办机构主管本行政区域内的社会保险登记事宜，国家法律法规规定的参保对象即为社会保险登记的对象。社会保险参保登记原则上实行属地管理，参保单位到其生产经营(场所)所在地办理社会保险登记手续，参保登记信息发生变化时，须办理变更登记；参保单位发生解散、破产、撤销、合并以及其他情形时，应当及时办理注销社会保险登记。

缴费单位完成社会保险登记后，需申报应缴纳的社会保险数额，经社会保险费征收部门核定后，在规定的期限内缴纳社会保险费。社会保险费的征收机构可以由税务机关征收，也可以由社会保险经办机构征收，但从2019年1月1日起，各项社会保险费将交由税务部门统一征收。职工个人一般以本人上一年度月平均工资性收入作为缴费基数。个人缴费基数的上限和下限，根据上年度全市职工月平均工资的300%和60%相应确定。单位按职工月缴费基数之和作为缴费基数。经办机构对缴费申报主要核定缴费人数、基数和费率是否符合规定等。用人单位未按时足额缴纳社会保险费的，社会保险费征收机构可以采取责令限期缴纳或者补足、查询存款账户、要求用人单位提供担保、申请人民法院强制执行等方式保证社会保险费的按时足额征收。

习题

一、填空题

1. (　　)主管社会保险登记事宜，(　　)是社会保险登记的对象。

2. 社会保险登记原则上实行(　　)管理。

3. 社会保险登记包括(　　)、(　　)及注销登记。

4. 缴费单位和缴费个人应缴纳的社会保险费以(　　)形式全额缴纳。

5. (　　)是用人单位和参保人员建立社会保险关系的标志。

二、单项选择题

1. 缴费单位不按规定申报应缴纳社会保险数额的，社会保险经办机构可暂按该单位上月缴费数额的(　　)确定应收数额。

A. 100%　　B. 110%　　C. 120%　　D. 150%

2. 城镇居民基本医疗保险、新农合、城乡居民基本养老保险原则上实行按(　　)缴费。

A. 年　　B. 季度　　C. 月　　D. 日

3. 缴费单位具有异地分支机构的，分支机构向(　　)社会保险经办机构申请办理社会保险登记。

A. 总公司所在地　　B. 省级

C. 市级　　D. 分支机构所在地

4. 缴费人数的核定不包括(　　)。

A. 正式在岗职工　　B. 试用期内职工

C. 短期合同工　　D. 离退休职工

5. 职工应缴纳的社会保险费应(　　)。

A. 由本人自行缴纳　　B. 由专门机构代收

C. 由用人单位代扣代缴　　D. 以家庭为单位定期缴纳

三、多项选择题

1. 参保人员的参保登记分为(　　)。

A. 缴费职工参保登记　　B. 缴费个人参保登记

C. 离退休人员参保登记　　D. 公务员参保登记

2. 用人单位发生(　　)情形时，应及时向原社会保险登记机构申请办理注销社会保险登记。

A. 解散　　B. 破产

C. 职员新增　　D. 职员退休

3. 社会保险缴费基数应包括(　　)。

A. 计时工资　　B. 计件工资

C. 奖金和津贴　　D. 加班工资

4. 社会保险费的缴费方式有(　　)。

A. 银行托收　　B. 现金缴纳

C. 储费扣缴　　D. 用人单位统一上缴

5. 工伤保险登记对象包括(　　)。

A. 各类企业　　B. 事业单位

C. 社会团体　　D. 民办非企业单位

四、简答题

1. 简述社会保险登记的对象。

2. 简述社会保险费强制收缴的程序。

第五章 我国养老保险制度及实务

学习目标

1. 掌握城镇职工基本养老保险现行制度的内容，包括覆盖范围、基金来源、享受条件、待遇标准等；

2. 掌握城乡居民基本养老保险现行制度的内容，包括建立背景、覆盖范围、基金来源、享受条件、待遇标准等；

3. 在了解我国养老保险制度体系的基础上，掌握我国企业补充养老保险的特征及建立条件；

4. 具备城镇职工基本养老保险、城乡居民基本养老保险相关实务操作技能，熟练掌握参保登记、费用征缴、账户管理、待遇审核与支付、保险关系转移接续等业务的经办流程。

第一节 城镇职工基本养老保险制度

一、城镇职工基本养老保险制度的覆盖范围

根据《社会保险法》第十条规定："职工应当参加基本养老保险，由用人单位和职工共同缴纳基本保险费。无雇工的个体工商户、未在用人单位参加基本养老保险的非全日制从业人员以及其他灵活就业人员可以参加基本养老保险，由个人缴纳基本养老保险费。"

(一) 城镇各类企业及其职工

城镇各类企业及其职工是城镇职工养老保险的主力军，是制度最先覆盖的人群，具体包括以下几类。

(1) 国有企业、城镇集体企业、外商投资企业、城镇私营企业和其他城镇企业及其职工，包括企业招用的在中国境内合法就业的外国人，企业招用的农民合同制职工。

(2) 社会力量所办学校等民办非企业单位及其职工。

(3) 机关事业单位编制外已签订劳动合同或已形成事实劳动关系的人员。

(二) 城镇个体工商户和灵活就业人员

个体工商户是指在法律允许的范围内，依法经核准登记，从事工商经营活动的自然人或者家庭。个体工商户业主及其雇员和帮工应当参加城镇职工养老保险。1997年，国

务院《关于建立统一的企业职工基本养老保险制度的决定》(国发〔1997〕26号)规定："进一步扩大养老保险的覆盖范围，基本养老保险制度要逐步扩大到城镇所有企业及其职工。城镇个体劳动者也要逐步实行基本养老保险制度，其缴费比例和待遇水平由省、自治区、直辖市人民政府参照本决定精神确定。"

灵活就业人员是指以非全日制、临时性、季节性、弹性工作等灵活多样的形式实现就业的人员。它具体包括以下几类。

(1) 单位下岗失业人员，一般在个体工商户和城市小型企业、微型企业、私营企业工作。这部分就业人员流动性较大，例如季节工、临时工、劳务派遣工等。

(2) 自雇型就业人员，即个体经营者或合作经营者，一般立足于社区建立家庭式微型企业，例如自主创业者等。

(3) 自主就业人员，这类人员是具有较高的知识水平和特殊技能的自由职业者，多为知识阶层和大学毕业生等城市新增经济活动人口，例如中介服务者、设计师、艺人等。

(4) 从事个体劳动的人员，例如个体经济组织业主及其从业人员。其中大部分为农民工，一般服务于第三产业，例如家政服务人员、建筑工、小商贩、再生资源回收者等。

这类人员在工作时间、劳动报酬、工作场所、劳动关系等方面与传统的建立在工厂制度基础上的劳动者不一样，有的没有用人单位，有的与用人单位没有建立固定的劳动关系，但是他们提供了某种形式的劳动，有劳动收入，可以将他们纳入职工基本养老保险覆盖范围。随着现代经济社会的发展，尤其是技术的进步和经济结构的变化，就业形式会越来越灵活，灵活就业人员会越来越多，将其纳入职工基本养老保险覆盖范围，有利于扩大基本养老保险的覆盖面，保护灵活就业人员的社会保险权益。考虑到灵活就业人员的收入情况不同，其参加基本养老保险完全由个人缴费，不能强制。因此，《社会保险法》规定，灵活就业人员可以自愿参加职工基本养老保险。

(三) 机关事业单位及其工作人员

2015年1月3日，根据国务院《关于机关事业单位工作人员养老保险制度改革的决定》(国发〔2015〕2号)的规定，按照公务员法管理的单位、参照公务员法管理的机关(单位)、事业单位及其编制内的工作人员，正式实行养老保险制度。可见，机关事业单位及其工作人员也需要参加城镇职工养老保险，按照相关规定进行缴费和领取基本养老金。

二、城镇职工养老保险的缴费基数和缴费比例

《社会保险法》第十一条规定："基本养老保险实行社会统筹与个人账户相结合。基本养老保险基金由用人单位和个人缴费以及政府补贴等组成。"

《社会保险法》第十二条规定："用人单位应当按照国家规定的本单位职工工资总额的比例缴纳基本养老保险费，记入基本养老保险统筹基金。职工应当按照国家规定的本人工资的比例缴纳基本养老保险费，记入个人账户。无雇工的个体工商户、未在用

人单位参加基本养老保险的非全日制从业人员以及其他灵活就业人员参加基本养老保险的，应当按照国家规定缴纳基本养老保险费，分别记入基本养老保险统筹基金和个人账户。”

(一) 用人单位缴费基数和比例

按照现行政策，用人单位缴纳基本养老保险的比例，一般不超过企业职工工资总额的20%，具体比例由省、自治区、直辖市人民政府确定。一般用人单位的缴费基数为上年度本单位职工的工资总额。有条件的地区可以上月本单位职工的工资总额为基数。

基本养老保险实行的是省级统筹，各地经济发展水平和缴费职工对退休人员抚养比不一样，各地缴费基数和比例也不一样，有的地方以企业工资总额为缴费基数，如辽宁、吉林、河南、浙江等多数省市；有的地方以全部职工缴费工资之和为基数，如北京、天津、深圳等部分省市。各地缴费比例相差比较大，如深圳就业人口多，退休人员少，用人单位的缴费比例为职工缴费工资总额的13%(2015年)；浙江用人单位缴费比例为全部工资总额的16%；辽宁由于是老工业基地，退休人员比较多，又要做实个人账户，用人单位缴费比例超过20%。过高的缴费基数和缴费比例，增加了企业负担，影响了职工工资增长。各地缴费比例不一样，经济发达地区缴费比例低，经济欠发达地区缴费比例高，也影响了这些地区的竞争力。因此，基本养老保险应当实行全国统一的缴费基数和缴费比例。提高养老保险的统筹层次，平衡经济发达地区和欠发达地区用人单位的缴费负担。

根据国务院办公厅2019年4月1日发布的《降低社会保险费率综合方案》(国办发〔2019〕13号)的规定，自2019年5月1日起，降低城镇职工基本养老保险(包括企业和机关事业单位基本养老保险，以下简称养老保险)单位缴费比例。各省、自治区、直辖市及新疆生产建设兵团(以下统称省)养老保险单位缴费比例高于16%的，可降至16%；低于16%的，要研究提出过渡办法。各省具体调整或过渡方案于2019年4月15日前报人力资源和社会保障部、财政部备案。

例如，深圳市相关部门考虑到，一步到位进行调整将一次性大幅度提高企业养老保险缴费成本，可能导致企业经营困难。为此，深圳市政府提出采取“适时逐步过渡”的方式，以便为企业预留必要的适应时间，从2021年用人单位缴费比例由13%上调至14%，到2022年提高到15%，直至提高到16%。浙江省根据企业职工基本养老保险全国统筹要求，决定对全省企业职工基本养老保险参保用人单位缴费比例进行调整，从2022年1月1日起，全省企业职工基本养老保险参保用人单位(含有雇工的个体工商户)缴费比例调整为15%，从2023年1月1日起，全省企业职工基本养老保险参保用人单位(含有雇工的个体工商户)缴费比例执行全国统一标准，调整为16%。辽宁省于2020年1月出台的《关于印发〈辽宁省规范企业职工基本养老保险省级统筹制度实施方案〉的通知》要求，全省实现省级统筹，2020年底前，养老保险实现全省养老保险政策统一，基金省级统收统支，单位缴费比例为16%。

用人单位缴纳的养老保险费记入基本养老保险的社会统筹基金，用于当期的养老保险待遇支付，实行现收现付。

(二) 职工个人缴费基数和比例

按照现行政策，职工个人按照本人缴费工资的8%缴费，记入个人账户。缴费工资为本人上一年度的平均工资。月平均工资应按照国家统计局的规定列入工资总额统计项目计算，包括工资、奖金、津贴、补贴等收入。月平均工资超过当地职工平均工资300%以上的部分，不计入个人缴费工资基数；低于当地职工平均工资60%的，按照60%计算缴费工资基数。职工个人缴纳的养老保险费全部记入个人账户，形成个人账户基金，用于退休后个人账户养老金的发放。

职工(含农民合同工)、自由职业人员、城镇个体商户业主和其他从业人员，一般以本人上年度的实际月平均工资为个人缴费基数。

一些特殊类型的职工有以下另行规定。

(1) 新招职工(包括研究生、本科生、大中专毕业生等)以起薪当月工资收入作为缴费工资基数；从第二年开始，按上一年实发工资的月平均工资作为缴费工资基数。

(2) 单位派出的长期脱产学习人员、经批准请长假的职工，保留工资关系的，以脱产或请假的上一年月平均工资作为缴费基数。

(3) 单位派到境外、国外工作的职工，按本人出境(国)上一年在本单位领取的月平均工资作为缴费工资基数；次年的缴费工资基数按上一年本单位平均工资增长率进行调整。

(4) 失业后再就业的职工，以再就业起薪当月的工资作为缴费工资基数；从第二年起，按上一年实发工资的月平均工资作为缴费工资基数。

个人缴费不计征个人所得税，由企业在发放工资时代为扣缴，离退休人员不缴纳养老保险。

(三) 灵活就业人员缴费基数和比例

城镇个体工商户和灵活就业人员参加基本养老保险的缴费基数为当地上年度在岗职工的平均工资，缴费比例为20%，其中8%记入个人账户，12%记入社会统筹账户，所有缴费均由个人承担，但有雇工的个体工商户雇主须为雇员缴纳12%，雇员本人缴纳8%。

为鼓励个体户和灵活就业人员参保，有些地区城镇个体工商户和灵活就业人员按当地上一年度在岗职工月平均工资的60%～300%计算缴费工资基数，缴费人员根据收入状况自主选择申报缴费，如图5-1所示。

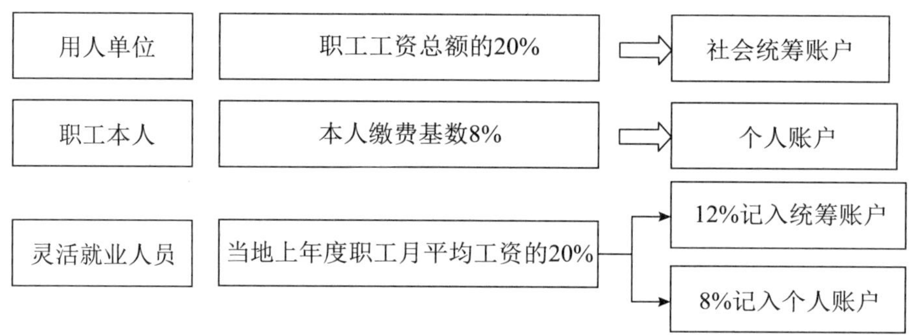

图5-1　基本养老保险缴费基数和比例

三、个人账户与社会统筹相结合

(一) 个人账户的概念

个人账户是一种储蓄积累性质的养老保险制度安排。在这种制度中，通过强制性或自愿性缴费，资金在为每个人建立的账户中积累，并清晰记录，待规定的事件发生时参保人员方可支取。

个人账户也称个人基金账户，是我国基本养老保险制度中实行的统账结合模式的重要内容。该账户由各级社会保险机构按国家颁布的公民身份号码为参加基本养老保险的职工每人建立一个终身不变的个人账户。按照我国的最新规定，个人账户有以下三层含义。

(1) 个人账户的基金实行强制个人储蓄缴纳积累。

(2) 该个人账户归个人专有，不具备社会互济功能，职工在职时，基金管理采取完全积累的方式，退休后按月支付养老金。

(3) 基本养老金个人账户的支付属于缴费限定型，与职工本人在职时对社会保险基金的贡献大小及工资数额的高低紧密相关。

(二) 个人账户的构成

个人账户主要由以下两部分构成。

(1) 当年缴费本金，即由个人缴纳养老保险费形成，其规模相当于本人缴费工资的8%。

(2) 当年缴费本金及历年累计储存额生成的利息。

(三) 个人账户的支付

当参保职工因离退休、死亡、出国定居终止养老保险缴费时，个人账户才发生支付。按企业职工基本养老保险制度办理退休的职工，其基本养老金中的基础养老金、过渡性养老金等由社会统筹基金支付；个人账户养老金由个人账户养老金支付。

(四) 个人账户的继承

《社会保险法》第十四条规定：“个人账户不得提前支取，记账利率不得低于银行定期存款利率，免征利息税。个人死亡的，个人账户余额可以继承。”

职工在职死亡或离退休后死亡，其个人账户可以继承。职工在职期间死亡，继承额为个人账户余额中的个人缴费部分本息。

职工个人账户继承额一次性支付给死亡者生前指定的受益人或法定继承人。个人账户的其余部分，并入社会统筹基金。

拓展训练5-1

某企业职工代某于2005年8月退休不久后病故，其家属要求继承养老保险个人账户中的全部资金。然而养老保险经办机构的工作人员却告知其只能继承个人账户中的个人缴费部分，不能继承个人账户中企业缴纳的部分。请分析该工作人员的说法是否正确。

分析与解答：

1997年7月16日，国务院发布《关于建立统一的企业职工基本养老保险制度的决定》(国发〔1997〕26号)。该决定在进一步明确基本养老金保险改革目标的基础上，对基本养老保险个人账户制度的具体实施办法做了明确规定：基本养老保险费由企业缴费和个人缴费两部分组成，其中个人缴费部分应逐步达到个人缴费工资的8%，有条件的地区个人缴费比例提高的速度可以适当加快。应按个人缴费工资的11%的数额为企业职工建立基本养老保险个人账户，个人缴费全部计入个人账户，不足的部分由企业缴费划入。企业缴费应随着个人缴费的提高逐步降低到3%。个人账户的储存额参考银行同期存款利率计算利息，个人账户储存额只能用于个人养老，不得提前支取。职工调动时，个人账户全部随同转移。职工或退休人员死亡，个人账户中的个人缴费部分可以继承。

2005年12月3日，国务院发布《关于完善企业职工基本养老保险制度的决定》，进一步对个人账户制度进行了调整。例如，为与做实个人账户相衔接，从2006年1月1日起，个人账户的规模由个人缴费工资的11%调整为8%，全部由个人缴费形成，单位缴费不再划入个人账户。

因此，我国职工养老保险个人账户资金由两部分构成：一是职工个人缴费部分；二是企业缴费划入职工个人账户的部分。职工或退休人员死亡，家属可以继承其养老保险个人账户中的个人缴费部分。职工或退休人员死亡，家属不可以继承其养老保险个人账户中的企业缴费划入的部分。

(五) 社会统筹的规模

用人单位缴纳的养老保险费记入社会统筹基金。社会统筹基金具有现收现付性质，由社会保险机构统一管理，保证社会统筹部分基金的及时、足额发放。

(六) 企业职工基本养老保险基金中央调剂制度

为深入贯彻习近平新时代中国特色社会主义思想和党的十九大精神，均衡地区间企业职工基本养老保险基金负担，实现基本养老保险制度可持续发展，国务院办公厅于2018年6月发布了《关于建立企业职工基本养老保险基金中央调剂制度的通知》(国发〔2018〕18号)，决定建立养老保险基金中央调剂制度，自2018年7月1日起实施。

建立养老保险基金中央调剂制度的主要内容是在现行企业职工基本养老保险省级统筹基础上，建立中央调剂基金，对各省份养老保险基金进行适度调剂，确保基本养老金按时足额发放。

(1) 中央调剂基金筹集。中央调剂基金由各省份养老保险基金上解的资金构成。按照各省份职工平均工资的90%和在职应参保人数作为计算上解额的基数，上解比例从3%起步，逐步提高。

根据人力资源和社会保障部、财政部、税务总局于2020年2月发布的《关于阶段性减免企业社会保险费的通知》(人社部发〔2020〕11号)的要求，2020年底企业职工基本养老保险基金中央调剂比例提高到4%，进一步加大了对困难地区的支持力度。

某省份上解额的计算公式为

某省份上解额=(某省份职工平均工资×90%)×某省份在职应参保人数×上解比例

各省份职工平均工资为统计部门提供的城镇非私营单位和私营单位就业人员加权平均工资。

各省份在职应参保人数暂以在职参保人数和国家统计局公布的企业就业人数的平均值为基数核定。将来条件成熟时，以覆盖常住人口的全民参保计划数据为基础确定在职应参保人数。

(2) 中央调剂基金拨付。中央调剂基金实行以收定支，当年筹集的资金全部拨付地方。中央调剂基金按照人均定额拨付，根据人力资源和社会保障部、财政部核定的各省份离退休人数确定拨付资金数额，计算公式为

某省份拨付额=核定的某省份离退休人数×全国人均拨付额

式中：全国人均拨付额=筹集的中央调剂基金÷核定的全国离退休人数。

(3) 中央调剂基金管理。中央调剂基金是养老保险基金的组成部分，纳入中央级社会保障基金财政专户，实行收支两条线管理，专款专用，不得用于平衡财政预算。中央调剂基金采取先预缴预拨后清算的办法，资金按季度上解下拨，年终统一清算。

各地在实施养老保险基金中央调剂制度之前累计结余基金原则上留存地方，用于本省(自治区、直辖市)范围内养老保险基金余缺调剂。

知识拓展5-1

统一和规范职工养老保险个人账户记账利率办法

按照党中央、国务院关于完善个人账户制度的部署，为进一步促进养老保险制度的公平统一，增强参保缴费的激励约束作用，特制定统一和规范职工养老保险个人账户记账利率办法。

1. 统一和规范记账利率的基本原则

一是坚持制度公平性，统一确定机关事业单位和企业职工基本养老保险个人账户记

账利率。二是增强制度激励作用，引导参保人员积极参保和足额缴费。三是保证合理待遇水平，保证职工基本养老保险个人账户养老金和职业年金合理的替代率水平，保障参保人员退休后的基本生活。四是坚持制度可持续发展，体现精算平衡，科学确定职工基本养老保险和职业年金个人账户记账利率的规则和水平。

2. 统一职工基本养老保险个人账户记账利率

统一机关事业单位和企业职工基本养老保险个人账户记账利率，每年由国家统一公布。记账利率应主要考虑职工工资增长和基金平衡状况等因素研究确定，并通过合理的系数进行调整。记账利率不得低于银行定期存款利率。

3. 确定职业年金个人账户记账利率办法

职业年金个人账户记账利率根据实账积累部分的投资收益率确定，建立一个或多个职业年金计划的省(区、市)，职业年金的月记账利率为实际投资收益率或根据多个职业年金计划实际投资收益率经加权平均后的收益率。

4. 规范职工个人账户记账利率公布时间

职工基本养老保险个人账户记账利率每年6月份由人力资源和社会保障部以及财政部公布。职业年金个人账户记账利率由人力资源和社会保障部以及财政部根据各省(区、市)职业年金实账积累部分投资收益情况，每年公布一次。

资料来源：中华人民共和国人力资源和社会保障部[EB/OL]. http://www.mohrss.gov.cn/. 作者整理

拓展训练5-2

某民营企业职工月工资总额为1000万元。该企业职工张某基本月工资为3600元，加上加班费和奖金等累计月工资为5500元。职工李某月工资累计为2000元。职工王某的月工资累计为12 000元。当地职工月平均工资为3500元。

请分析：(1) 该企业每月应该缴纳多少养老保险费？

(2) 该企业职工张某、李某和王某每月应缴纳多少养老保险费？

分析与解答：

企业缴费=职工工资总额×20%=1000×20%=200(万元)

该地区养老保险缴费基数的上限为：3500×300%=10 500(元)

该地区养老保险缴费基数的下限为：3500×60%=2100(元)

张某的缴费基数为5500元，应缴费=5500×8%=440(元)

李某的缴费基数为2100元，应缴费=2100×8%=168(元)

王某的缴费基数为10 500元，应缴费=10 500×8%=840(元)

四、领取养老金的条件

《社会保险法》第十六条规定：“参加基本养老保险的个人，达到法定退休年龄时累计缴费满15年的，按月领取基本养老金。参加基本养老保险的个人，达到法定退休年龄时累计缴费不足15年的，可以缴费至满15年，按月领取基本养老金；也可以转入新型农村社会养老保险或者城镇居民社会养老保险，按照国务院规定享受相应的养老保险待遇。”因此，我国领取养老金须满足以下三个条件：一是达到法定退休年龄并办理退休手续；二是所在单位和个人依法参加养老保险并履行了养老保险缴费义务；三是个人缴费至少满15年(包括视同缴费年限)。

(一) 退休年龄

(1) 法定退休年龄，即国家法律规定的正常退休年龄：男工人和男干部年满60周岁，女干部年满55周岁，女工人年满50周岁。

(2) 从事特殊工种岗位的职工退休年龄可以提前5年，即男年满55周岁、女年满45周岁，这主要针对工人而言，但与从事特殊工种工人相同的工作条件和工作环境的基层干部，也可以享受提前5年退休的政策(从事特殊工种退休的条件：①从事高空、特别繁重体力劳动工作累计满10年以上；②从事井下、高温工作累计满9年以上；③从事有毒有害工作累计满8年以上)。

(3) 男年满50周岁，女年满45周岁，连续工龄满10年，由医院证明并经劳动鉴定委员会确认，完全丧失能力的，可办理因病提前退休。

(4) 因工致残(包括职业病)，由医院证明并经劳动鉴定委员会确定完全丧失劳动能力的，退休不受连续工龄和年龄的限制。

有的观点认为我国法定退休年龄偏低。2020年，我国人口平均预期寿命达77.93岁，而且人口老龄化速度加快，老年人口抚养比上升，基本养老保险基金支付压力过大，企业和个人缴费负担重，应当根据人口老龄化的趋势，逐步延迟退休年龄。有的观点认为男女退休年龄应当一致。因为随着技术的发展和就业形式的变化，从再就业方面来看，区分性别没有必要，而且女性平均寿命长于男性。

知识拓展5-2

我国将实施渐进式延迟退休年龄政策

1. 我国为什么要延迟退休年龄

我国人口老龄化正加速到来，养老保险基金确实负担沉重。要“研究制定渐进式延迟退休年龄政策”，并不仅仅是基于养老金缺口的考虑提出的政策。退休年龄的确定和调整是一项重大社会经济政策，与人民健康水平、人口结构及变化趋势、就业形势、劳动条件、人力资源合理利用诸多因素直接相关，与产业结构及人力资源的分布状态密切相关。从我国经济社会的发展阶段看，确有必要将研究延迟退休年龄问题提上日程。

2. 如果不延迟退休年龄，会有怎样的后果

延迟退休年龄是党中央从我国经济社会发展全局性、长期性、战略性的角度出发，做出的一项重要决策。从社会财富创造的角度看，我国城镇人均预期寿命在75岁以上，加上劳动条件改善，平均劳动强度比以前大大降低，这意味着劳动者平均有劳动能力

的年龄段实际上在延长。如果继续维持较低的退休年龄，将导致创造财富少而消耗财富多，其结果一方面使社会财富分配不平衡，不利于调动中青年人劳动的积极性，不利于激发社会的创造活力；另一方面退休人员的养老金待遇也得不到持续、合理提高。

从劳动力供给来看，虽然我国总的就业形势依然是劳动力供大于求，但2012年首次出现劳动力资源总量绝对下降的现象，比上年减少345万人。这是一个重要的信号，预示未来我国劳动力将逐步进入供给总量减少时期。众所周知，经济发展需要一定数量的人力资源供给做支撑，因此我们必须改变过去滥用青壮年劳动力的粗放方式，充分发挥人力资源的效能。加强技能培训、适当延迟退休年龄等都是增加劳动力供给量、保证经济可持续发展的必要举措。

从人力资源利用效能来看，随着我国教育事业的发展，劳动者受教育年限不断延长并形成起始工作年龄普遍推后的格局。如果退休年龄仍维持较低水平，将限制中老年人力资源特别是女性人力资源的充分利用，并影响人才强国战略的实施。从实际情况看，在许多专业技术岗位，五六十岁的劳动者正处于经验丰富、技艺纯熟的阶段，而且这种高端人力资源的替代弹性较低，如果早退休，是人力资源的巨大浪费。

3. 如何实施延迟退休年龄

党的十八届三中全会提出“研究制定渐进式延迟退休年龄政策”。“渐进式”包括多层含义：一是要提前若干年预告，不能今年宣布明年就实施，要让公众特别是相关群体有必要的准备期。二是要分步走，比如先从退休年龄最低的群体开始，从人力资源替代弹性系数低的群体开始，逐步扩展到各类群体。三是要迈小步，比如每年只延迟几个月，小步徐趋，用较长的一段时间完成平稳过渡。四是要多措并举，在延迟退休的同时，严格控制提前退休，进一步强化养老保险长缴多得的激励机制，调整产业结构,开发更多适合中老年人又不与青年人争夺工作机会的岗位，加强中老年人技能培训，并研究支持中老年人就业的扶持政策等，以最大限度降低对相关群体的不利影响。

资料来源：中华人民共和国人力资源和社会保障部[EB/OL]. http://www.mohrss.gov.cn/. 作者整理

(二) 缴费年限

缴费满15年是享受基本养老保险待遇的“门槛”。1997年，国务院改革企业职工基本养老保险制度时，将按月领取基本养老保险金的最低缴费年限规定为15年。需要说明的是，规定最低缴费年限为15年，并不是说缴满15年就可以不再缴费。对职工来说，15年是法律规定的最低年限，只要与用人单位建立劳动关系，就应当按照国家规定缴费，个人享受基本养老保险待遇与个人缴费年限是直接挂钩的，缴费年限越长，缴费基数越大，退休后可领取的养老金就越多。

缴费年限包括视同缴费年限和实际缴费年限。视同缴费年限是指职工全部工作年限中，其实际缴费年限之前的按国家规定计算的连续工作时间。固定职工在实行企业和职工个人共同缴纳基本养老保险费制度之前，按国家规定计算为连续工龄的时间，都可以作为“视同缴费年限”，并且可以与实际“缴费年限”合并计发养老保险金。机关事业单位正式职工调入企业后，应参加企业职工基本养老保险，其原有的工作年限视同缴费年限。复员退伍军人、城镇下乡知识青年被招为合同制工人，且参加基本养老保险的，其军龄及下乡期间按国家规定计算为连续工龄的年限，可视同缴费年限。

根据国务院《关于深化企业职工养老保险制度改革的通知》的规定，实行个人缴费制度前，职工的连续工龄可视同缴费年限。视同缴费年限可以与实际缴费年限合并计发基本养老保险金。

实际缴费年限是指职工参加基本养老保险后，按规定按时足额缴纳基本养老保险费的年限。理解实际缴费年限应注意以下两点：一是实际缴费年限是职工个人的缴费年限，不应与职工所在企业的缴费情况联系在一起。实际工作中，一些地方把实际缴费年限与企业的缴费情况挂钩，规定若企业不按时足额缴纳基本养老保险费，则不计算该企业职工的实际缴费年限，这种做法侵害了职工个人的利益。二是职工个人必须足额缴纳基本养老保险费，若是非足额缴纳，欠缴年限暂时不能计算为实际缴费年限，待职工补齐欠缴本金和利息后方能计算。

缴费不足15年的，可以缴费至满15年。按照以前的政策，缴费不足15年的，个人账户储存的养老金一次性支付给劳动者本人，同时终止基本养老保险关系。这个制度不尽合理，在实际执行过程中，许多地方允许退休时缴费不足15年的一次性补缴或者继续缴费至15年，就可以按月享受基本养老保险待遇。据统计，缴费方式主要有三种：一是按月缴纳，共有15个省(自治区、直辖市)采用这种方式；二是一次性缴纳，如北京、吉林、海南等；三是按月缴纳与一次性缴纳相结合，如四川、广州、厦门、青岛等。《社会保险法》吸收了各地方好的经验，规定缴费不足15年的，可以缴费至满15年，将更多人纳入基本养老保险制度保障的范围。

此外，缴费不足15年的，也可以转入新型农村社会养老保险或城镇居民社会养老保险。

拓展训练5-3

北京市某职工刘某(女)1985年7月1日开始参加工作，当时25岁，直到50岁退休，一直在该公司工作。1997年7月1日，她参加基本养老保险并建立养老保险个人账户，一直缴费到2021年7月1日退休。

请分析：(1) 刘某的缴费年限为多少年？

(2) 刘某退休时是否有资格享受养老保险待遇？

分析与解答：

(1) 刘某的实际缴费年限为1997年7月1日到2021年7月1日，即24年，而刘某视同缴费年限为1985年7月1日到1997年7月1日，即12年。因此，刘某的缴费年限=实际缴费年限+视同缴费年限=24+12=36年。

(2) 刘某的缴费年限为36年，满足缴费满15年的规定，并达到法定退休年龄(女工人50岁)，可以领取养老金。

五、基本养老保险待遇的计算

基本养老保险金是参保人员退休后的主要生活保障，关系到广大参保人员的切身利益。从根本上说，基本养老保险金的水平取决于经济发展水平，同时也与基本养老保险制度模式和养老金的替代率直接相关。我国基本养老保险实行的是社会统筹和个人账户相结合的模式，用人单位缴纳的养老保险费记入统筹基金，个人缴纳的养老保险费记入个人账户。基本养老保险金由两个部分组成：一部分是由统筹基金支付的统筹养老金，又称基础养老金；另一部分是由个人账户支付的个人账户养老金。基本养老金的构成反映了我国基本养老保险制度的理念——社会互济和个人责任相结合。

《社会保险法》第十三条规定："国有企业、事业单位职工参加基本养老保险前，视同缴费年限期间应当缴纳的基本养老保险费由政府承担。基本养老保险基金出现支付不足时，政府给予补贴。"

《社会保险法》第十五条规定："基本养老金由统筹养老金和个人账户养老金组成。基本养老金根据个人累计缴费年限、缴费工资、当地职工平均工资、个人账户金额、城镇人口平均预期寿命等因素确定。"

由于我国原来养老保险资金筹集采用完全的现收现付模式，现在已经转化为部分积累型统账结合制度，这就不可避免地要处理两种制度的转轨过渡问题。大多数在职职工和退休人员没有养老保险积累，需要为在职职工补充建立个人账户，为已退休的人员筹集养老保险金，同时要保证新老办法平稳过渡、前后待遇水平基本衔接。1997年，国务院《关于建立统一的企业职工基本养老保险制度的决定》(国发〔1997〕26号)对不同类型的人员规定了不同的基本养老金计发办法。

我国现行城镇企业职工基本养老保险的参保对象具体可以划分为"老人""新人"及"中人"三种。这种划分方法是我国养老保险制度在从"老制度"向"新制度"转型的过程中产生的。一般来说，"老人"是指国务院下发的《关于建立统一的企业职工基本养老保险制度的决定》(国发〔1997〕26号)实施以前的退休人员；"新人"是指国务院下发的《关于建立统一的企业职工基本养老保险制度的决定》(国发〔1997〕26号)实施以后的参保人员；"中人"是指国务院下发的《关于建立统一的企业职工基本养老保险制度的决定》(国发〔1997〕26号)实施以前已参加工作、实施后才退休的参保人员。

(一) "新人"基本养老金计算

"新人"缴费年限(含视同缴费年限，下同)累计满15年，退休后按月发给基本养老金。基本养老金由基础养老金和个人账户养老金组成。退休时的基础养老金月标准以当地上年度在岗职工月平均工资和本人指数化月平均缴费工资的平均值为基数，缴费每满一年发给1%。个人账户养老金月标准为个人账户储存额除以计发月数，计发月数根据职工退休时城镇人口平均预期寿命、本人退休年龄、利息等因素确定。

“新人”基本养老金的计算公式为

基本养老金=基础养老金+个人账户养老金

个人账户养老金=个人账户总额÷计发月数

基础养老金=(退休时当地上年度在岗职工月平均工资+本人指数化月平均缴费工资)÷2×累计缴费年限(含视同缴费年限)×1%

本人指数化月平均缴费工资=职工本人的平均缴费工资指数×职工退休时当地上年度在岗职工月平均工资

缴费工资平均指数=(第1年缴费工资÷第1年职工平均工资+第2年缴费工资÷第2年职工平均工资+…+第N年缴费工资÷第N年职工平均工资)÷N(N为实际缴费年限)

个人账户养老金的计发月数及退休年龄如表5-1所示。

表5-1　个人账户养老金的计发月数及退休年龄

退休年龄	40	41	42	43	44	45	46	47	48	49	50
计发月数	233	230	226	223	220	216	212	208	204	199	195
退休年龄	51	52	53	54	55	56	57	58	59	60	61
计发月数	190	185	180	175	170	164	158	152	145	139	132
退休年龄	62	63	64	65	66	67	68	69	70	—	—
计发月数	125	117	109	101	93	84	75	65	56	—	—

拓展训练5-4

某企业职工赵某(女)于1998年3月1日参加工作并按相关规定缴纳养老保险费，其间一直连续缴纳养老保险费到2023年3月1日满50周岁退休。退休时，个人账户储存额为195 000元，2022年该市在岗职工月平均工资为9000元，赵某平均缴费工资指数为1.1。赵某退休后第一个月能够领取到的基本养老金为多少元?

分析与解答：

赵某是1997年以后参加工作的，属于“新人”，应按照“新人”养老金的计算公式进行计算，即

基本养老金=基础养老金+个人账户养老金

个人账户养老金=个人账户总额÷计发月数=195 000÷195=1000(元)

基础养老金=(退休时当地上年度在岗职工月平均工资+本人指数化月平均缴费工资)÷2×累计缴费年限(含视同缴费年限)×1%

基础养老金=(9000+9000×1.1)÷2×(2023−1998)%=2362.5(元)

基本养老金=2362.5+1000=3362.5(元)

(二)“中人”基本养老金计算

由于“中人”以前个人账户的积累很少，缴费年限累计满15年的，退休后在发给基

础养老金和个人账户养老金的基础上，再发给过渡性养老金。鉴于基本养老金计发办法改革的关键是解决好“中人”的过渡问题，为了保证改革的顺利推进，《关于建立统一的企业职工基本养老保险制度的决定》(国发〔1997〕26号)要求各省、自治区、直辖市人民政府按照待遇水平合理衔接、新老政策平稳过渡等原则，在认真测算的基础上，制定具体的过渡办法。

“中人”养老金的计算公式为

基本养老金=基础养老金+个人账户养老金+过渡性养老金+调节金

过渡性养老金=本人指数化月平均缴费工资×视同缴费年限×R

式中：R表示计发系数(1%～1.4%，由各统筹地区政府决定)。

基础养老金和个人账户养老金的计算公式同“新人”养老金的计算公式。

调节金：如果统一制度后，在设计“中人”过渡办法时，即使取了过渡性养老金计发系数的高限，也解决不了新老待遇的有机衔接问题，就需要用“调节金”来平衡过渡问题。例如，某地区调节金2006年为96元，2007年为72元，2008年为48元，2009年为24元，2010年(含2010年)以后取消调节金。

拓展训练5-5

吴某于1985年1月1日参加工作，2020年1月1日年满60周岁退休，其间按规定连续缴纳基本养老保险费。1997年初，他开始有个人账户，退休时个人账户的储存额为278 000元，本人缴费工资指数为1.1，2019年当地在职职工月平均工资为6000元，过渡性养老金的R值为1.1%。请计算吴某退休后第一个月领取的基本养老金数额。

分析与解答：

吴某在1997年以前参加工作，1997年以后退休，属于“中人”的情况，应当按照“中人”基本养老金的计算公式进行计算，即

基本养老金=基础养老金+个人账户养老金+过渡性养老金

基础养老金=(退休时当地上年度在岗职工月平均工资+本人指数化月平均缴费工资)÷2×累计缴费年限(含视同缴费年限)×1%

基础养老金=(6000+6000×1.1)÷2×(2020−1985)%=2205(元)

个人账户养老金=个人账户总额÷计发月数=278 000÷139=2000(元)

过渡性养老金=本人指数化月平均工资×视同缴费年限×R

过渡性养老金=(1997−1985)×1.1%×(6000×1.1)=871.2(元)

基本养老金=2205+2000+871.2=5076.2(元)

(三) “老人”基本养老金计算

对于“老人”，仍按照其退休时核定的养老金进行给付，一般为其退休时标准工资的一定百分比，并随以后基本养老金的调整而增加养老保险待遇。同时，“老人”可以享受的基本养老金可以按当地职工上一年度平均工资增长率的一定比例(如40%～60%)

进行调整，具体办法在国家政策指导下由省、自治区、直辖市人民政府确定，即“老人老办法”。

“老人”养老金的计算公式为

“老人”养老金=旧制度的退休金+调整养老金+综合补贴

拓展训练5-6

某国有企业职工马某于1995年4月1日退休。退休前档案工资为405元，计发比例为90%，生活补贴、价格补贴为230元，调整养老金为1200元。请计算马某每月的养老金数额。

分析与解答：

马某于1997年以前退休，属于“老人”的情况，按照“老人”养老金的计算公式进行计算，即

“老人”养老金=旧制度的退休金+调整养老金+综合补贴

“老人”养老金=退休前档案工资×计发比例+综合补贴+调整养老金

“老人”养老金=405×90%+230+1200=1794.5(元)

(四) 基本养老保险的其他待遇

《社会保险法》第十七条规定：“参加基本养老保险的个人，因病或者非因工死亡的，其遗属可以领取丧葬补助金和抚恤金；在未达到法定退休年龄时因病或者非因工致残完全丧失劳动能力的，可以领取病残津贴。所需资金从基本养老保险基金中支付。”

基本养老保险基金主要用于参保人员的基本养老保险基金支出。除此之外，基本养老保险基金还承担参保人员因病或者非因工死亡的丧葬补助金和死亡抚恤金，以及在未达到法定退休年龄时因病或者非因工致残完全丧失劳动能力时病残津贴的支付责任。

(1) 因病或者非因工死亡的，其遗属可以领取丧葬补助金和遗属抚恤金。丧葬补助金是职工死亡后安葬和处理后事的补助费用。遗属抚恤金是职工死亡后给予其家属的经济补偿和精神安慰。

丧葬补助金和遗属抚恤金是职工参保享受养老保险待遇的一部分，目前我国没有统一的标准。从一些地方的规定来看，丧葬补助金一般按照职工死亡时当地职工月平均工资的一定月数计发，也有的按照职工死亡时当月本企业人均缴费工资的一定月数计发。各地遗属抚恤金的规定不一样，有的没有规定抚恤金，只规定按月发放遗属救济费；有的规定了一次性抚恤金，还规定按月发放遗属生活补助费。《社会保险法》对两个标准都没有做具体规定，国务院及有关部门可以做出规定。遗属的范围一般包括死者的配偶、子女、依靠死者生前供养的父母，以及依靠死者生活的其他亲属。

(2) 在未达到法定退休年龄时因病或者非因工致残完全丧失劳动能力的，可以领取病残津贴。病残津贴是基本养老保险基金对未达到法定退休年龄时因病或者非因工致残、完全丧失劳动能力的参保人员的经济补偿。

病残津贴是一个新制度，目前还没有相应的津贴标准。《工伤保险条例》对因工致残丧失劳动能力伤残津贴的标准做了规定，职工因工致残被鉴定为一至四级伤残的，从工伤保险基金按月支付伤残津贴，标准为：一级伤残为本人工资的90%，二级伤残为本人工资的85%，三级伤残为本人工资的80%，四级伤残为本人工资的75%。职工因工致残被鉴定为五级、六级伤残，难以安排工作的，由用人单位按月发放伤残津贴，标准为：五级伤残为本人工资的70%，六级伤残为本人工资的60%。国务院及有关部门可以参照上述规定做出伤残津贴标准的规定。

(五) 基本养老保险待遇的调整

《社会保险法》第十八条规定："国家建立基本养老金正常调整机制。根据职工平均工资增长、物价上涨情况，适时提高基本养老保险待遇水平。"

基本养老保险待遇水平不仅取决于每个退休人员的缴费基数和缴费年限，还取决于退休养老期间国家的经济发展水平。基本养老金标准应当随着经济发展逐步提高，让退休人员也能享受经济发展的成果。随着人口平均寿命的延长，职工退休后可能会生活十年、二十年甚至更长时间，在这个过程中，不可避免通货膨胀，同样数量的养老金，购买力在下降，如果不及时进行调整，退休人员的实际养老保险待遇实质上是下降的。

基本养老保险金调整机制主要考虑两个因素：职工平均工资增长情况和物价上涨情况。

1. 职工平均工资增长情况

工资是劳动者参与社会财富分配的主要形式，职工平均工资增长情况反映了劳动者分配的社会财富增加水平。基本养老保险是养老责任的代际转移，建立基本养老保险的目的，就是让退休人员与在职职工一样也能够参与社会财富分配，分享经济发展的成果。因此，职工平均工资增长情况是调整基本养老保险标准的重要参考。

2. 物价上涨情况

物价上涨情况是调整基本养老金的另一个重要考虑因素，因为物价上涨尤其是居民生活消费品的价格上涨直接影响养老金的购买力，进而影响退休人员的生活水平。

物价上涨时要保证养老金的购买力不下降，保证退休人员的生活水平不降低，就要相应地调整基本养老保险金标准。从长期来看，通货膨胀趋势不可逆转，同等数量的养老金的购买力不断下降，国家应当根据物价上涨的情况，及时调整基本养老金标准，保障退休人员的生活。

第二节　城乡居民基本养老保险制度

根据国务院于2014年2月21日发布的《关于建立统一的城乡居民基本养老保险制度的意见》(国发〔2014〕8号)的规定，在总结新型农村社会养老保险(以下简称新农保)和城镇居民社会养老保险(以下简称城居保)试点经验的基础上，国务院决定，将新农保和城居保两项制度合并实施，在全国范围内建立统一的城乡居民基本养老保险(以下简称城乡居民养老保险)制度。

城乡居民养老保险制度按照全覆盖、保基本、有弹性、可持续的方针，以增强公平性、适应流动性、保证可持续性为重点，充分发挥社会保险对保障人民基本生活、调节社会收入分配、促进城乡经济社会协调发展的重要作用。城乡居民基本养老保险制度坚持和完善社会统筹与个人账户相结合的制度模式，巩固和拓宽个人缴费、集体补助、政府补贴相结合的资金筹集渠道，完善基础养老金和个人账户养老金相结合的待遇支付政策，强化长缴多得、多缴多得等制度的激励机制，建立基础养老金正常调整机制，健全服务网络，提高管理水平，为参保居民提供方便快捷的服务。“十二五”末期，在全国基本实现新农保和城居保制度合并实施，并与职工基本养老保险制度相衔接。2020年前，全面建成公平、统一、规范的城乡居民养老保险制度，与社会救助、社会福利等其他社会保障政策相配套，充分发挥家庭养老等传统保障方式的积极作用，更好地保障参保城乡居民的老年基本生活。

一、参保范围

年满16周岁(不含在校学生)，非国家机关和事业单位工作人员及不属于职工基本养老保险制度覆盖范围的城乡居民，可以在户籍地参加城乡居民养老保险。

二、基金筹集

城乡居民养老基本保险基金由个人缴费、集体补助、政府补贴构成。

(一) 个人缴费

参加城乡居民养老保险的人员应当按规定缴纳养老保险费。缴费标准目前设为每年100元、200元、300元、400元、500元、600元、700元、800元、900元、1000元、1500元、2000元12个档次，省(区、市)人民政府可以根据实际情况增设缴费档次，最高缴费档次标准原则上不超过当地灵活就业人员参加职工基本养老保险的年缴费额，并报人力资源和社会保障部备案。人力资源和社会保障部会同财政部依据城乡居民收入增长等情况适时调整缴费档次标准。参保人自主选择档次缴费，多缴多得。

(二) 集体补助

有条件的村集体经济组织应当对参保人缴费给予补助，补助标准由村民委员会召开村民会议民主确定，鼓励有条件的社区将集体补助纳入社区公益事业资金筹集范围。鼓励其他社会经济组织、公益慈善组织、个人为参保人缴费提供资助，补助、资助金额不超过当地设定的最高缴费档次标准。

(三) 政府补贴

政府对符合领取城乡居民基本养老保险待遇条件的参保人全额支付基础养老金。其中，中央财政对中西部地区按中央确定的基础养老金标准给予全额补助，对东部地区给予50%的补助。

地方人民政府应当对参保人缴费给予补贴，对选择最低档次标准缴费的，补贴标准不低于每人每年30元；对选择较高档次标准缴费的，适当增加补贴金额；对选择500元及以上档次标准缴费的，补贴标准不低于每人每年60元，具体标准和办法由省(区、市)人民政府确定。对重度残疾人等缴费困难群体，地方人民政府为其代缴部分或全部最低标准的养老保险费。

三、建立个人账户

国家为每个参保人员建立终身记录的养老保险个人账户，个人缴费、地方人民政府对参保人的缴费补贴、集体补助及其他社会经济组织、公益慈善组织、个人对参保人的缴费资助，全部计入个人账户。个人账户储存额按国家规定计息。

拓展训练5-7

某市居民陈某于2020年5月缴纳保险费600元，2021年3月缴纳保险费500元，村集体补贴为每人每年60元，政府补贴为每人每年30元，1年存款利率为2.25%。请计算陈某2021年末个人账户储存额。

分析与解答：

当年参保个人缴费和集体补助、地方财政政府补贴，在到账后次月开始计息，年内按月以单利计息。个人账户储存额逐年按复利计息。

2020年个人缴费、集体补助、政府缴费补贴的利息=(600+60+30)×(12−5)×2.25%÷12=9.056(元)

2020年末个人账户储存额=600+60+30+9.056=699.056(元)

2021年缴费利息=(500+60+30)×(12−3)×2.25%÷12=9.956(元)

2021年个人账户储存额利息=699.056×2.25%=15.729(元)

2021年总利息=9.956+15.729=25.685(元)

2021年个人账户储存额=699.056+590+25.685=1314.741(元)

四、养老保险待遇及调整

城乡居民基本养老保险待遇由基础养老金和个人账户养老金构成，支付终身。

1. 基础养老金

中央确定基础养老金最低标准，建立基础养老金最低标准正常调整机制，根据经济发展和物价变动等情况，适时调整全国基础养老金最低标准。地方人民政府可以根据实际情况适当提高基础养老金标准；对于长期缴费的，可适当加发基础养老金，提高和加发部分的资金由地方人民政府支出，具体办法由省(自治区、直辖市)人民政府规定，并报人力资源和社会保障部备案。

2. 个人账户养老金

个人账户养老金的月计发标准为个人账户全部储存额除以139(与现行职工基本养老保险个人账户养老金计发系数相同)。参保人死亡，其个人账户资金余额可以依法继承。

3. 因病或者非因工致残的待遇

参加基本养老保险的个人，因病或者非因工死亡的，其遗属可以领取丧葬补助金和抚恤金。在未达到法定退休年龄时因病或者非因工致残完全丧失劳动能力的，可以领取病残津贴。所需资金从基本养老基金中支付。

因病或者非因工死亡的，其遗属可以领取丧葬补助金和遗属抚恤金。丧葬补助金是职工死亡后安葬和处理后事的补助费用。遗属抚恤金是职工死亡后给予其家属的经济补偿和精神安慰。遗属的范围一般包括死者的配偶、子女、依靠死者生前供养的父母，以及依靠死者生活的其他亲属。目前全国没有统一的标准，从一些地方的规定看，丧葬补助金一般按照职工死亡时当地上年度职工月平均工资的一定月数计发，也有的按职工死亡当月本企业养老保险人均缴费工资的一定月数计发。对于遗属抚恤金，各地的规定不同，有的没有规定抚恤金，只规定按月发给供养亲属救济费；有的规定了一次性抚恤金，还规定按月发给遗属生活补助费。《社会保险法》没有规定丧葬补助金和遗属抚恤金的标准。

在未达到法定退休年龄时因病或者非因工致残完全丧失劳动能力的，可以领取病残津贴。病残津贴是基本养老保险基金对未达到法定退休年龄时因病或者非因工致残、完全丧失劳动能力的参保人员的经济补偿。病残津贴是一个新制度，因此还没有相应的津贴标准。

拓展训练5-8

某县村民郝某每年缴纳200元养老保险费，政府每年补贴35元，郝某连续缴费30年，2016年3月1日郝某年满60周岁，按3%的年利息测算，其个人账户积累额为11 180元。基础养老金按中央政府规定的最低标准发放。请计算郝某每月领取的养老金数额。

分析与解答：

2014年7月1日起，全国城镇居民基本养老保险的基础养老金最低标准为每人每月70元。

基本养老金=基础养老金+个人账户养老金

基本养老金=70+11 180÷139≈150.43(元)

五、养老保险待遇领取的条件

参加城乡居民基本养老保险的个人，年满60周岁、累计缴费满15年，且未领取国家规定的基本养老保障待遇的，可以按月领取城乡居民养老保险待遇。

新农保或城居保制度实施时已年满60周岁，在国务院《关于建立统一的城乡居民基本养老保险制度的意见》印发之日前未领取国家规定的基本养老保障待遇的，不用缴费，自本意见实施之月起，可以按月领取城乡居民养老保险基础养老金；距规定领取年龄不足15年的，应逐年缴费，也允许补缴，累计缴费不超过15年；距规定领取年龄超过15年的，应按年缴费，累计缴费不少于15年。

城乡居民养老保险待遇领取人员死亡的，从次月起停止支付其养老金。有条件的地方人民政府可以结合本地实际探索建立丧葬补助金制度。社会保险经办机构应每年对城乡居民养老保险待遇领取人员进行核对；村(居)民委员会要协助社会保险经办机构开展工作，在建制村(社区)范围内对参保人待遇领取资格进行公示，并与职工基本养老保险待遇等领取记录进行比对，确保不重、不漏、不错。

六、转移接续与制度衔接

参加城乡居民基本养老保险的人员，在缴费期间户籍迁移、需要跨地区转移城乡居民养老保险关系的，可在迁入地申请转移养老保险关系，一次性转移个人账户全部储存额，并按迁入地规定继续参保缴费，缴费年限累计计算；已经按规定领取城乡居民养老保险待遇的，无论户籍是否迁移，其养老保险关系不转移。

城乡居民养老保险制度与职工基本养老保险、优抚安置、城乡居民最低生活保障、农村五保供养等社会保障制度以及农村部分计划生育家庭奖励扶助制度的衔接，按有关规定执行。

七、基金管理和运营

将新农保基金和城居保基金合并为城乡居民基本养老保险基金，完善城乡居民养老保险基金财务会计制度和各项业务管理规章制度。城乡居民基本养老保险基金纳入社会保障基金财政专户，实行收支两条线管理，单独记账、独立核算，任何地区、部门、单位和个人均不得挤占挪用、虚报冒领。各地要在整合城乡居民养老保险制度的基础上，逐步推进城乡居民养老保险基金省级管理。

城乡居民养老保险基金按照国家统一规定投资运营，实现保值增值。

八、城乡养老保险制度衔接暂行办法

2014年2月24日颁布的《城乡养老保险制度衔接暂行办法》，对城乡居民养老保险和城镇职工养老保险之间的转移和接续做了如下规定。

参加城镇职工养老保险和城乡居民基本养老保险人员，达到城镇职工养老保险法定退休年龄后，城镇职工养老保险缴费年限满15年(含延长缴费至15年)的，可以申请从城乡居民基本养老保险转入城镇职工养老保险，按照城镇职工养老保险办法计发相应待遇；城镇职工养老保险缴费年限不足15年的，可以申请从城镇职工养老保险转入城乡居民基本养老保险，待达到城乡居民基本养老保险规定的领取条件时，按照城乡居民基本养老保险办法计发相应待遇。

参保人员申请办理制度衔接手续时，从城乡居民基本养老保险转入城镇职工养老保险的，在城镇职工养老保险待遇领取地提出申请办理；从城镇职工养老保险转入城乡居民基本养老保险的，在转入城乡居民基本养老保险待遇领取地提出申请办理。

参保人员从城乡居民基本养老保险转入城镇职工养老保险的，城乡居民养老保险个人账户全部储存额并入城镇职工养老保险个人账户，城乡居民养老保险缴费年限不合并计算或折算为城镇职工养老保险缴费年限。参保人员从城镇职工养老保险转入城乡居民养老保险的，城镇职工养老保险个人账户全部储存额并入城乡居民养老保险个人账户，参加城镇职工养老保险的缴费年限合并计算为城乡居民养老保险的缴费年限。

第三节　城镇职工基本养老保险实务

一、基本养老保险登记

(一) 参保登记

1. 参保登记的对象

社会保险登记是用人单位和劳动者与社会保险经办机构建立养老保险关系的标志。凡应依法参加养老保险的用人单位，都应该按照《社会保险费征缴暂行条例》的规定，到工商执照注册地或机关事业单位、社会团体住所(地址)所在的区(县)社会保险经办机构办理社会保险登记。

无雇工的个体工商户、未在用人单位参加基本养老保险的非全日制从业人员以及其他灵活就业人员也可按规定参加企业职工基本养老保险，与社会保险经办机构建立养老保险关系，进行养老保险的参保登记。

2. 参保单位登记的材料和程序

对基本养老保险进行登记所需提供的材料包括：工商登记执照或批准成立信息等有效证件，法人代码证书及法定代表人或负责人的身份证复印件以及其他材料。参保单位办理登记的程序如图5-2所示。

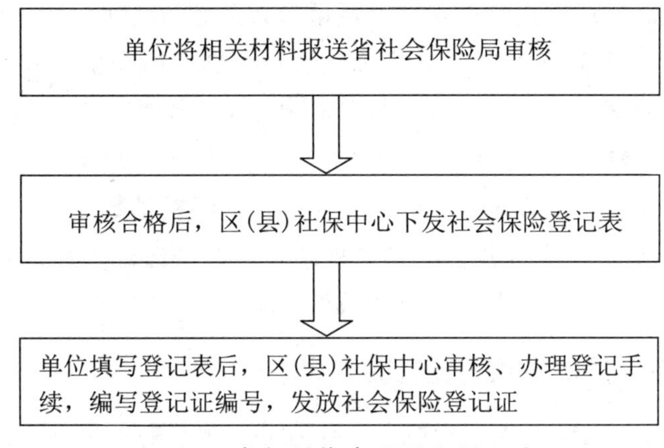

图5-2　参保单位办理登记的程序

3. 在职人员新增参保登记及转入登记

在职人员新增参保登记所需提供的材料包括：参加基本养老保险人员增减变化汇总表(一式两份)；与单位建立新的劳动关系的劳动合同书以及招工、录用、聘用等材料，大中专毕业生需提供大中专学生毕业分配通知书，复转军人需提供复转军人退役证(原件)；新增在职人员身份证及其复印件和个人基本信息。

单位将所需材料当月报送区(县)社保中心审核，合格后社保中心为其编制社会保险号，建立个人账户。

若在职人员属于转入续保的，还需要提供转出地开具的相关证明和材料(关系转移表、个人账户档案资料等)；需要转入基金的，确认基金到账后，单位将转入材料报送区(县)社保中心，办理转入手续。

(二) 变更登记

对基本养老保险进行变更登记的，需携带社会保险登记及变更事项的证明材料到区(县)社保中心办理变更登记。

(三) 注销登记

用人单位发生解散、破产、撤销、合并等情形，终止养老保险缴费义务时，应及时向社会保险经办机构申请办理注销社会保险登记，同时终止养老保险关系。对于参保个人来说，如果死亡，基本养老保险关系即行终止。职工到境外就业或居住，合法取得当地永久性居民身份后，职工所在单位应停止为其缴纳养老保险费，及时办理终止养老保险关系手续。

二、基本养老保险费用征缴

(一) 正常缴费

缴费单位必须按月向社会保险经办机构申请应缴纳的基本养老保险费数额，经社会保险经办机构核定后，在规定的期限内以货币形式全额缴纳保险费，社会保险费不得减免。职工和城镇个体工商户从业人员的个人缴费分别由所在单位和其业主代扣代缴，必须填报个人缴费明细表。个人缴费代缴总额要与个人缴费明细表相符。征缴部门要将个人缴费明细表及时转交社会保险经办机构。城镇个体工商户等自谋职业者以及采取各种灵活方式就业的人员，一般应按照省级政府规定的缴费基数和比例按月缴纳养老保险费，也可按季、半年、年度合并缴纳养老保险费，缴费时间可累计折算。自由职业人员、城镇个体工商户业主由本人直接向征缴部门缴费。

(二) 不同类型人员的缴费办法

(1) 转业、复员、退伍军人，由机关、事业单位转(调)入企业工作的人员及新招和失业后再就业的人员，在缴纳基本养老保险费时，以本人工作第一个月工资作为当年缴费工资基数，从第二年起，按本人上一年度实发工资的月平均工资作为缴费工资基数。

(2) 经企业批准请长假保留劳动关系，但不支付工资的人员，以请假的上一年度本人月平均工资作为缴费工资基数，被保险人应按企业与个人缴费比例之和的标准向企业缴费，企业向社会保险经办机构缴费。

(3) 在医疗期内的病休人员，其病休期间领取的病假工资或疾病救济费(在不足整年度时与病休前的当年工资合并计算)作为第二年缴费工资基数。

(4) 因工(公)致残领取伤残抚恤金的人员，其领取的伤残抚恤金(在不足整年度时与当年发生伤残前的工资合并计算)作为第二年缴费工资基数。

(5) 被派到境外(国外)工作的人员，按出境(国)上一年度本人月平均工资作为缴费工资基数，次年缴费工资基数按上一年度本单位平均工资增长率进行调整。

(6) 企业外派、外借及劳务输出到其他单位工作的人员和下岗人员，按在原企业领取的本人上一年度月平均工资作为缴费工资基数。

(7) 个体工商户、雇主及与之形成劳动关系的城镇劳动者，男年满60周岁、女年满50周岁的，不再缴纳基本养老保险费。

(三) 欠费补缴

对于缴费单位未按规定缴纳和代扣代缴社会保险费的，劳动保险行政部门或者税务机关将责令其限期缴纳；逾期仍不缴纳的，除补缴欠缴数额外，从欠缴之日起，按日加收所欠款额2‰的滞纳金，滞纳金并入社会保险基金。

根据《职工基本养老保险个人账户管理暂行办法》的规定，在欠缴月份，无论是全额欠缴还是部分欠缴，保费均暂不记入个人账户，待单位或个人按规定补齐欠缴金额后方可补记入个人账户。职工所在企业欠缴养老保险费用期间，职工个人可以继续缴纳养老保险，足额缴纳的费用记入个人账户并计算为职工实际缴费年限。出现欠缴情况后，以后欠缴采用滚动分配法记账，即先补缴以前欠缴费用及利息后，剩余部分作为当月缴费。

(四) 税收减免

企业按照国家或地方政府规定的比例提取并实施缴纳的基本养老保险费，在税前列支；个人缴费的部分，不记入个人当期的工资、薪金收入，免于征收个人所得税，但超过国家或地方政府规定的比例缴纳的部分应并入个人当期的工资、薪金收入，计征个人所得税。另外，基本养老保险投资运营收益免征税费，基本养老保险个人账户所取得的利息收入及基本养老保险金免征个人所得税。

三、基本养老保险个人账户的管理

(一) 个人账户的建立

单位新招(录)用、聘用的人员，如从未建立过该统筹地区社会保险个人账户的，由职工劳动关系所在单位到注册地所在区(县)社会保险经办机构办理，由工资发放单位向该社会保险经办机构提供个人的工资性收入等基础数据。

社会保险经办机构按照国家技术监督局发布的社会保障号码，为已参加基本养老保险的职工每人建立一个终身不变的个人账户。

个人账户的主要内容包括：职工姓名、社会保障号码、参加工作时间、视同缴费年限、个人缴费首次记入时间、当地上年社会平均工资、个人当年缴费工资基数、当年缴费月数、当年记账利率、单位和个人缴费记入个人账户的比例、当年缴费金额、当年记账利息及个人账户储存额情况等。

对于个人账户的建立时间有如下规定：实行统筹结合制度前参加工作的，个人账户的建立时间从当地实行社会统筹与个人账户相结合的制度建立个人账户时开始；实行统账结合制度后参加工作的，建账时间从首次缴费之月开始；从财政供款的机关事业单位流动到参保单位，以及由部队转业、复员、退伍安排到参保单位工作的参保人员，从参保单位为其起薪的当月起建立个人账户。

(二) 个人账户的记账

记账是个人账户管理的重要环节，个人账户要按月记账。社会保险经办机构账户管理部门每月根据征收机构传送的到账信息，记录个人账户当期记账额；补缴的养老保险费按时间顺序滚动分配，补记个人账户记账额；对按月领取基本养老金的退休人员，根据待遇核定部门核定的个人账户养老金支付额，按月冲减个人账户储存额。同时，每年根据缴费人员当年个人账户记账额和缴费月数，按规定进行个人账户利息计算，结合历年缴费累计本息储存额进行结转，记入个人账户。对退休人员个人账户储存余额进行年终计息和结转。记账利率不得低于银行定期存款利率。

由于某种原因，单位或职工个人不能按时足额缴纳基本养老保险费的，视为欠缴。欠缴月份无论全额欠缴还是部分欠缴均暂不记入个人账户，待单位或职工个人按规定补齐欠缴金额后方可补记入个人账户。

《城镇企业职工基本养老保险关系转移接续暂行办法》第九条规定：“对农民工中断就业或返乡没有继续缴费的，由原参保地保留其养老保险关系，保存其全部参保缴费记录及个人账户，个人账户储存额继续按规定计息。农民工返回城镇就业并继续参保缴费的，无论其回到原参保地就业还是到其他城镇就业，均按前述规定累计计算其缴费年限，合并计算其个人账户储存额。”这项规定使农民工的权益不因往返城乡而受损。

(三) 个人账户的封存和启封

单位缴费人员由于各种原因，需暂时停止缴纳社会保险费时，单位应到社会保险经办机构办理该人员养老保险个人账户的封存。当恢复缴纳社会保险费时，单位应到社会保险经办机构办理该人员养老保险个人账户的启封。

(四) 个人账户的对账和终止

对账是方便参保人员了解缴费和个人账户结存情况的手段。根据有关政策的规定，经办机构在每一个缴费年度结束后，即每年的4月至6月，根据参保人员基本养老保险个人账户上的记录，为每位参保人员打印职工基本养老保险个人账户对账单，并发送给参保单位或个人。

另外，社会保险经办机构可以通过电话、社保触摸屏、网络、报纸公示等多种形式建立个人账户查询制度，方便参保人员了解企业缴费和个人账户结存情况。

对于缴费人员在职死亡、出国定居终止缴费和退休人员死亡等情况，在未结算前可参照中断缴费的办法进行管理并建立标识。个人账户按有关支付规定结算后即终止并予以封存。

四、待遇的审核与支付

养老保险待遇保障参保人员退休后的基本生活，因此，确保基本养老金按时足额发放是社会保险经办工作永恒的主题。准确核定基本养老金待遇，及时落实基本养老金调整机制，做好养老金的社会化发放是对社会保险经办机构的基本要求。

(一) 待遇核定

基本养老金核定环节是指社会保险经办机构根据国家有关政策规定，为新办理退休手续、新参保和随所在单位跨统筹范围转入的退休人员计算、核定并登录应享受的基本养老金待遇的过程。

参保人员达到国家规定的法定退休年龄时，社会保险经办机构待遇核定部门核定其应享受的基本养老保险待遇。审核对象包括符合正常离退休(职)条件的人员；符合提前退休条件的人员；新参保单位参保前已办理离退休(职)手续的人员等。

基本养老金核定，主要核定以下内容。

(1) 审核校验申报材料、凭证的真实性。

(2) 计算、确认基本养老金。

(3) 登录各项基础信息和待遇信息。

(4) 办理养老金专用存折(卡)。

当退休人员对核定基本养老金有异议时，应及时复查，重新核定。

(二) 支付审核

基本养老保险待遇支付审核环节是指社会保险经办机构按照国家和地方有关政策规定，对已退休人员进行待遇享受状态变更、个人账户清算、申领供养直系亲属待遇、统一调整养老金等予以核定、确认，并生成支付信息的过程。

1. 待遇享受状态变更

办理待遇享受状态变更时，除要求申报人员填报申请表外，对因死亡办理停止支付的，接收居民死亡证明或其他死亡证明；对因判刑或其他原因申报暂停支付的，接收判刑或其他有关证明；对申报恢复支付的，接收刑满证明或具有领取养老金资格证明。

对办理支付状态变更的，应审核变更时间与办理变更时间是否一致，如实际恢复支付时间晚于应恢复支付时间，生成补缴支付金额；如停止支付时间晚于应停止支付时间，则生成减缴支付金额。

2. 个人账户清算

办理个人账户清算时，除要求申报人填写个人账户一次性支付申请表、接收申领人身份证件外，还应根据申领原因分别接收以下资料：对退休人员死亡的，接收居民死亡医学证明书或其他死亡证明；对缴费人员出国定居一次性申领个人账户的，接收出境登记或户口注销证明；对农业户口从业人员回原籍一次性申领账户的，接收农业户籍证明等材料；对调入非参保范围机关事业单位后退休一次性申领个人账户的，接收退休审核表。

对申领条件、原因和提供证件、资料审核无误的，与个人账户管理环节提供的个人账户记载单相衔接，将应支付的数额记入个人账户一次性审核表，并登录应支付待遇信息。

3. 申领供养直系亲属待遇

办理申领供养直系亲属待遇时，除要求申报人填写供养直系亲属待遇审核表、提供退休人员死亡证明外，还应接收直系亲属身份证、供养关系证明、符合供养条件证明等。对申领条件与提供证件、资料审核无误后，将规定的支付标准记入供养直系亲属待遇审核表，生成应支付信息并登录供养直系亲属待遇信息。

4. 统一调整养老金

办理统一调整养老金时，应根据政策规定的调整范围、条件和标准，对应信息系统记载的退休时间、缴费年限、职务等信息，生成调整养老金结果，并打印调整养老金名册(台账)，经申报单位或个人核对无误后，予以确认并生成支付信息。对办理时间晚于政策规定待遇调整时间的，还应生成补支付信息。同时，登录退休人员基本养老保险待遇调整台账。

当申领人或退休人员对上述审核结果或调整标准有异议时，应及时复查。对确需调整的，应予以修正并保留修改记录。

(三) 支付方式

基本养老金从职工离退休后的次月起开始发放，采取按月支付的方法，不得一次性结算。死亡离退休人员从次月起停发基本养老金，其遗属可以按照国家有关规定领取丧葬补助金。基础养老金、过渡性养老金和补贴以及丧葬补助金由基本养老保险社会统筹基金支付。

1. 办理养老保险待遇领取手续

职工到达退休年龄后，由用人单位劳资人员出具职工身份证、户口簿原件、社会保险手册、退休申请表(属于干部的，提供主管单位审批的“干部退休审查表”和“职工退休审批表”；属于工人的，提供经劳动局审批的“职工退休审批表”)，到社保局审理部门办理审核手续，并计算养老金。社保局为退休人员在指定的银行开设活期存款账户，并于审批的次月29日后，将养老金划入存款账户之后，退休人员可在每月的6日后凭存折到所属银行的网点领取养老金。对于享受一次性养老金的退休人员，社保局将款项一次性划入退休人员的个人银行账户，终止社会保险关系。

2. 逐步实现社会化管理发放

为了确保养老金按时足额支付，将退休人员纳入社会化管理，把企业从烦琐的退休人员管理事务中解脱出来，我国在全国范围内大力推进养老金社会化发放。中共中央办公厅《关于转发劳动和社会保障部〈关于积极推动企业退休人员管理服务工作的意见〉的通知》指出：“企业退休人员社会化管理服务是指职工办理退休手续以后，其管理服务工作与原企业分离，养老金实行社会化发放，人员移交城市街道和社区实行属地管理，由社区服务组织提供相应的管理服务。”

社会化管理服务范围包括：生存认定；丧葬费报销、供养直系亲属资格认定以及生活救济费的发放；统筹内冬煤补贴的审核和发放；五种慢性病的申报；养老保险政策查询和咨询服务；高龄退休人员的困难帮扶服务；组织退休人员进行有益身心健康的健身娱乐活动以及公益性活动；有能力的社区，可以组织退休人员参加一些短线游赏的旅游观光活动。

基本养老金社会化发放的基本形式是由各统筹地区社会保险经办机构直接委托银行、邮局等社会服务机构发放，对于有特殊困难不能到银行、邮局领取基本养老金的离退休人员，社会保险经办机构可直接或委托社区服务组织送发。

(四) 基金入不敷出的解决方式

如果出现基金入不敷出的情况，可以按以下顺序解决。

(1) 动用历年滚存结余中的存款。

(2) 存款不足以保证支付需求的，可转让或提前变现用基金购买的国家债券，具体办法由财政部另行制定。

(3) 转让或兑付国家债券仍不能保证支付需求时，建立了基金调剂金的地区，由上级经办机构调剂。

(4) 调剂后仍存在不足的，由同级财政部门给予适当支持。

(5) 在财政给予支持的同时，根据需求按照国务院有关规定报批后调整缴费比例。

五、基本养老保险转移接续

(一) 同一统筹范围内转移

职工在同一统筹范围内流动时，只转移养老保险关系和个人账户档案，不转移基金。

(二) 跨统筹地区转移

职工跨统筹地区流动时，除转移基本养老保险关系和个人账户档案外，还要转移职工个人账户基金。《社会保险法》第十九条规定："个人跨统筹地区就业的，其基本养老保险关系随本人转移，缴费年限累计计算。个人达到法定退休年龄时，基本养老分段计算、统一支付。具体办法由国务院规定。"2009年，国务院出台《城镇企业职工基本养老保险关系转移接续暂行办法》(以下简称《暂行办法》)，文件中规定了参加城镇企业职工基本养老保险的所有人员，包括农民工养老保险转移的具体事宜。已经按国家规定领取基本养老保险待遇的人员，不再转移基本养老保险关系。《暂行办法》消除了转移接续的限制，理论上实现了无论是否在户籍所在地，均可进行养老保险关系的接转。同时，《社会保险法》明确取消了城镇、农村职工参加职工基本养老险的身份差异，农民工养老保险的特殊政策将逐渐消亡，这为农民工养老保险的转移接续扫清了障碍。

1. 基本养老保险关系转移

(1) 参保人员返回户籍所在地(省、自治区、直辖市)就业参保的，户籍所在地的相关社保经办机构应及时办理转移接续手续。

(2) 参保人员未返回户籍所在地就业参保的，由新参保地的社保经办机构为其及时办理转移接续手续。但对男性年满50周岁和女性年满40周岁的，应在原参保地继续保留基本养老保险关系，同时在新参保地建立临时基本养老保险缴费账户，记录单位和个人全部缴费。参保人员再次跨省流动就业或在新参保地达到待遇领取条件时，将临时基本养老保险缴费账户中的全部缴费本息，转移归集到原参保地或待遇领取地。

(3) 参保人员经县级以上党委组织部门、人力资源和社会保障行政部门批准调动，且与调入单位建立劳动关系并缴纳基本养老保险费的，不受以上年龄规定限制，应在调入地及时办理基本养老保险关系转移接续手续。

2. 个人账户和统筹基金转移

(1) 个人账户储蓄额。1998年1月1日之前按个人缴费累计本息计算转移，1998年1月1日之后按记入个人账户的全部储存额计算转移。

(2) 统筹基金(单位缴费)。以本人1998年1月1日之后各年度实际缴费工资为基数，按12%的总和转移，参保缴费不足1年的，按实际缴费月数计算转移。以1998年1月1日作为时间界限，是因为我国养老保险制度经历了一个“地方先探索试点而后全国规范统一”的过程。1997年以前，各地的养老保险在探索“统账结合”模式时，个人账户规模差异较大，高的达16%，低的为3%；单位费率也相差悬殊。1997年，国务院发布的《关于建立统一的企业职工基本养老保险制度的决定》(国发〔1997〕26号)(以下简称《决定》)，明确规定从1998年1月1日起将养老保险个人账户规模统一为11%(2005年进一步调整为8%)，同时对单位缴费比例提出了统一要求。《决定》规定，对单位缴费从1998年1月1日起计算转移；对个人账户资金，在这一时点后计算转移全部储存额，而在这一时点前只计算转移个人缴费部分，即不转移单位缴费划入个人账户的资金，这样对各地转移就业人员比较公平。

3. 缴费年限的计算

《社会保险法》规定个人跨统筹地区就业的，其基本养老保险关系随本人转移，缴费年限累计计算。

4. 多地区流动人员的待遇计算

1) 待遇领取地的规定

退休地确定基本原则为“户籍地优先，从长、从后计算”。

(1) 基本养老金保险关系在户籍所在地的，由户籍所在地负责办理待遇领取手续，享受基本养老保险待遇。

(2) 基本养老保险关系不在户籍所在地，而在其基本养老保险关系所在地累计缴费年限满10年的，在该地办理待遇领取手续，享受当地基本养老保险待遇。

(3) 基本养老保险关系不在户籍所在地，且在其基本养老保险关系所在地累计缴费年限不满10年的，将其基本养老保险关系转回上一个缴费年限满10年的原参保地办理待遇领取手续，享受基本养老保险待遇。

(4) 基本养老保险关系不在户籍所在地，且在每个参保地的累计缴费年限均不满10年的，将其基本养老关系及相应资金归集到户籍所在地，由户籍所在地按规定办理待遇领取手续，享受基本养老保险待遇。

2) 养老金分段计算、统一支付

参保人员转移接续基本养老保险关系后，符合待遇领取条件的，按照国务院《关于完善企业职工基本养老保险制度的决定》(国发〔2005〕38号)的规定，以本人各年度缴费工资、缴费年限和待遇领取地对应的各年度在岗职工平均工资计算其基本养老金。

基本养老金计发的原则是“分段计算、统一支付”。“分段计算”是指参保人员达到退休条件并确定待遇领取地后，核定其基本养老保险待遇时将其在不同统筹地区、不同阶段各年度的缴费年限工资和缴费年限，与待遇领取地相对应的各年度全省在岗职工平均工资进行分段计算，确定其基本养老金领取标准。“统一支付”是指参保人员无论曾在多少个地方就业并参保缴费，在达到退休年龄后，将确定唯一的待遇领取地，并由其统一支付基本养老金。

(三) 职工在机关事业单位及企业之间流动

职工由机关事业单位进入企业工作之月起，参加企业职工的基本养老保险，单位和个人按规定缴纳基本养老保险费，建立基本养老保险个人账户，原有的工作年限为视同缴费年限，退休时按企业的办法计发基本养老金。其中，公务员及参照和依照公务员支付管理的单位工作人员，在进入企业并按照规定参加企业职工基本养老保险后，根据本人在机关(或单位)工作的年限给予一次性补贴，由其原所在单位通过当地社会保险经办机构转入本人的基本养老保险个人账户，所需资金由同级财政安排。

职工由企业进入机关事业单位工作之月起，执行机关事业单位的退休养老金制度，其原有的连续工龄与进入机关事业单位后的工作年限合并计算，退休时按照机关事业单位的办法计发养老金。已建立的个人账户继续由社会保险经办机构管理，退休时，个人账户储存额每月按规定计发，并相应抵减按机关事业单位办法计发的养老金。

公务员进入企业工作后再次转入机关事业单位工作的，原给予的一次性补贴的本金和利息要上缴同级财政。其个人账户管理、退休后养老金计发等，参照由企业进入机关事业单位职工的相关政策。

六、基本养老保险统筹管理

(一) 基本养老保险统筹管理概况

1984年，我国养老保险开始实行从企业保险向社会保险的转变，当时是以市县为单位对企业养老保险费用实行社会统筹；1986年以后，部分省、直辖市开始探索建立省级统筹制度。

国家为推进省级统筹工作制定了一系列政策。1991年，国务院发文要求尚未实行基本养老保险基金全省统筹的地区，积极创造条件，由市县(区)统筹逐步过渡到省级统筹。1997年，国务院《关于建立统一的企业职工基本养老保险制度的决定》明确提出，要进一步扩大养老保险覆盖范围和提高基本养老保险费用的统筹层次。多年来，各地从实际出发，贯彻国务院文件精神，省级统筹取得了一定成效。

2007年，《关于推进基本养老保险省级统筹等有关问题的通知》颁布后，有条件的地区都已逐步向省级统筹过渡。《社会保险法》第六十四条规定：“基本养老保险基金逐步实行全国统筹，其他社会保险基金逐步实行省级统筹，具体时间、步骤由国务院规定”。2017年，人力资源和社会保障部、财政部发布的《关于进一步完善企业职工基本养老保险省级统筹制度的通知》(人力资源和社会保障部发〔2017〕72号)提出要求，各地要在基本养老保险制度、缴费政策、待遇政策、基金使用、基金预算和经办管理实现“六统一”的基础上，积极创造条件实现全省基本养老保险基金统收统支。根据2022年2月人力资源和社会保障部举行的新闻发布会，2020年底，我国各省份都实现了基金省级统筹统支，解决了省内地区间基金负担不均衡的问题。按照党中央、国务院的决策部署，从2022年1月开始，我国实施养老保险全国统筹。

(二) 省级统筹的概念及标准

1. 省级统筹的概念

基本养老保险省级统筹是指在一个省级行政区域范围内，实施统一的基本养老保险制度，统一基本养老保险缴费，统一基本养老保险待遇支付项目及计发办法，统一基本养老保险基金使用，统一省级基金预算，统一基本养老保险业务规程和信息系统。

2. 省级统筹的标准

1) 统一基本养老保险制度

全省执行统一的企业职工基本养老保险制度和政策。基本养老保险省级统筹办法由省级人民政府下发文件实施。在全省范围内，城镇各类企业职工及个体劳动者均应参加国家的基本养老保险，实行统一的基本养老保险制度。

2) 统一缴费标准

全省统一企业和职工缴纳基本养老保险费的比例，缴费基数全省统一规定。城镇个体工商户和灵活就业人员缴纳基本养老保险费的比例和基数全省统一规定。

3) 统一待遇支付标准

基本养老金计发办法和统筹项目全省统一，基本养老金调整由省级人民政府按照国家规定部署实施，全省统一调整办法。

4) 统一调剂使用基金

基本养老保险基金由省级统一调度使用，实行统收统支，由省级直接管理。现阶段，也可采取省级统一核算、省和地(市)两级调剂，结余基金由省级授权地(市)、县管理的方式。其中，中央财政、省级财政补助资金和上解的调剂金由省级统一调剂使用。省级统一按国家规定组织实施基本养老保险基金投资运营。

5) 统一预算和管理

全省统一编制和实施基本养老保险基金预算，明确省、地(市)、县各级政府的责任。各地市、县(区)严格按照批准的基金收支预算执行。

基本养老保险业务经办规程和管理制度全省统一，全省执行统一的数据标准，使用统一的应用系统。

(三) 我国基本养老保险省级统筹的现状及问题

1. 部分地区尚未实现省级统筹

在2018年6月企业职工基本养老保险基金中央调剂制度推出之际，人力资源和社会保障部就要求各地要加快推进省级基本养老保险基金统收统支，2020年全面实现省级统筹，为养老保险全国统筹打好基础。截至2019年12月，全国有13个省份已实现基金省级统收统支。

2. 统筹基金管理分散、调剂功能有待强化

由于“分灶吃饭”的财政体制，加上基金上解缺乏有效制约措施，省级调剂金上解困难。部分地区对地市基本不调剂(地市自求平衡)，只是在发生特殊情况(如洪涝灾害等)时才予以调剂；有的省只建立了省级调剂金，尚无调剂办法。

3. 省级调剂金的调剂办法不规范

一些地市反映省级调剂办法不透明，不了解省级调剂金是如何使用的，上解调剂金无积极性。除了省级调剂的上解和下拨方式各地差异较大、不规范外，在调剂顺序上，有的地区规定，先使用地市自储部分积累金或调剂金，不足后再由省级积累金或调剂金全额弥补调剂；有的地区规定，缺口先用上解调剂金，仍不足的由省里调剂。在申请调剂的条件上一些地区规定，地市必须完成省里下达的扩面征缴目标和控制待遇的要求；有的地区则要求调剂地市缺口时，地方财政要负担一定比例。

4. 省级统筹管理体制不顺

尚未实行垂直管理的省普遍反映，现行的社会保险经办机构管理体制明显落后于改革的发展，与所承担的省级统筹这一复杂的系统工程很不相称。基层社会保险经办机构的负责人受制于当地政府和本级主管部门，很难保证基金的完整与安全，也难以做到按要求及时足额上解基金。

第四节　城乡居民基本养老保险实务

一、新型农村社会养老保险实务

(一) 参保登记

参保登记是指社会保险经办机构将符合参加新农保的农村居民登记在册，为其建立个人账户并将基本信息录入信息系统的一项工作。参保登记是养老保险关系建立的标志。

参保登记的内容包括姓名、性别、民族、出生日期、联系电话、居民身份证号码、户籍所在地址、居住地址、邮编、户籍性质、参保时间、个人缴费额、是否为特殊参保

群体、是否参加其他养老保险等。这里所说的特殊参保群体是指重症残疾人、农村低保对象、农村五保供养户、农村计划生育家庭等缴费困难群体。

其他养老保险是指企业职工基本养老保险、被征地农民社会保障、老农保等其他社会养老保险。

年满16周岁、具有当地农业户籍、未参加城镇职工基本养老保险的农村居民(不含在校生)，均可自愿参加。参保农民本人到户籍所在村(居)委会，也可到乡镇事务所直接办理参保登记，选择参保缴费档次，填写“新型农村社会养老保险参保登记表”。若参保人员登记事项发生变更，需及时办理社会保险变更登记手续。

(二) 保费收缴

新农保养老保险费实行按自然年度缴纳，每年1月1日至12月31日为一个缴费年度。新农保的年缴费档次应根据本地经济发展水平和农民收入状况确定，以定额形式确定几个缴费档次，供参保人员选择缴费。缴费档次应该随同本地经济发展水平和农民收入状况适时调整。在一个缴费年度内，参保人员可根据本人收入状况和缴费能力选择其中一个年缴费档次缴费，年缴费档次确定后，在这个缴费年度内不得更改，下一个年度可以申请变更。制度实施当年，参保人员应缴纳本年度的养老保险费。新农保缴费年限的起始时间应该从当地制度实施当年计算，制度实施当年，纳入正常缴费年限，不计算补缴费年限，参保人员应缴纳本年度的养老保险费。

达到领取待遇年龄的参保人员，到龄当年可以缴纳本年度的养老保险费。参保缴费人员年满60周岁的当年，可以选择缴费档次缴纳当年的养老保险费，计算缴费年限，并按当地新农保制度规定给予财政缴费补贴。

养老保险费实行金融机构扣缴方式或社会保险经办机构自收养老保险费方式。

金融机构扣缴养老保险费流程：参保人员缴费—县级社会保险经办机构产生扣款信息—金融机构扣款—县级社会保险经办机构记录个人账户。

对暂不具备条件通过金融机构扣缴养老保险费的地区，可暂由社会保险经办机构、乡镇事务所、村委会会同金融机构进行收缴，并开具收费凭证。

(三) 个人账户管理

1. 个人账户的建立

(1) 年满16周岁且有当地农业户籍，经审核符合参保条件的，县级社会保险经办机构根据申请人填写的参保表所提供的相关信息为其建立个人账户。

(2) 参保人跨管理区转移户籍时，经审核符合保险关系转移条件的，转入地社会保险经办机构根据申请人填写的养老保险关系转入申请表所提供的相关信息为其建立个人账户。

个人账户收入信息包括：缴费时间、缴费类型、个人缴费、集体补助、政府补贴收入等。

个人账户支出信息包括：领取时间、待遇领取标准、个人账户养老金支出(含个人缴费及其他部分、政府补贴部分)、基础养老金支出(含上级财政补贴、地方财政补贴)及个人账户余额等。

2. 个人账户的记账

(1) 参保人员按年缴纳的保险费，到账后记入“个人缴费”。

(2) 参保人员个人缴费记账后，“政府补贴”同时记入个人账户。

(3) 村集体和其他社会经济组织对参保人员缴纳养老保险费的补助或资助，到账后记入“集体补助”。

(4) 财政代特困人群缴纳的保险费，到账后记入“政府补贴”。

(5) 按规定计发的个人账户养老金支出，按照分开记录、按比例冲减的原则分别从个人账户的“个人缴费”和“政府补贴”项下列支。

(6) 社会保险经办机构在缴费年度结束后，对个人账户进行结算。

按规定计发的基础养老金支出，记入“基础养老金支出”中的对应项目。该项支出与个人账户储存额不发生联系，是政府另外安排资金给60周岁以上老人的补贴。

缴费积累时期，利息按以下方式结算：当年参保人个人缴费和集体补助金额在到账后次月开始计息，年内按月以单利计息；个人账户储存额逐年按复利计息；地方财政对参保人的缴费补贴与参保人个人缴费资金同步结息，每年12月31日为结息日。

待遇支付时期，利息按以下方式结算：当年从参保人个人储存额中支出的个人账户养老金在支出的当月开始计息，年内按月以单利计息；个人账户储存余额逐年按复利计息，每年12月31日为结息日。

(四) 待遇审核与支付

1. 新农保养老金待遇审核

(1) 新农保养老金待遇由基础养老金和个人账户养老金组成，支付终身。

(2) 中央确定基础养老金标准。地方政府可以根据实际情况提高基础养老金标准，对于长期缴费的农村居民，可适当加发基础养老金。

(3) 个人账户养老金月计发标准为个人账户全部储存额除以139(与现行城镇职工基本养老保险个人账户养老金计发系数相同)。

先计算个人账户三个组成部分(个人缴费、集体补助、政府补贴)的养老金月计发标准，即三个部分的本息储存额分别除以139，见分进角；然后将三个部分的养老金相加即得个人账户养老金计发标准。

(4) 办理新农保关系终止手续的人员，以及不满足按月领取新农保基础养老金待遇条件而选择一次性支付的参保人，领取除政府补贴外的个人账户储存额余额。

2. 新农保养老金待遇支付的起止时间

(1) 新农保制度实施时，已年满60周岁的，从新农保制度实施当月开始享受新农保养老金待遇。

(2) 新农保制度实施后达到领取年龄的，从到龄次月起开始享受新农保养老金待遇。

(3) 被逮捕、判刑，期满释放后办理待遇核定手续的，从期满之月起开始享受新农保养老金待遇。

(4) 新农保养老金待遇从办理完成申请领取手续次月起发放，滞后办理的，养老金应予以补发。

(5) 待遇领取人员死亡，其养老金待遇从死亡次月起停止发放；滞后办理的，多发的养老金应予以追回。

(五) 保险关系转移接续

新农保关系转移接续，是指已参加新农保并缴纳养老保险费的人员，在未达到待遇领取年龄前，其农村户籍跨县(市、区、旗)迁移后，一次性将其新农保关系和个人账户储存额由原来所在地经办机构转往新户籍所在地经办机构，由转入地经办机构审核接收，以使其继续参保缴费的业务。

当参保人出国(境)定居或参保人死亡时，其新农保保险关系终止，社会保险经办机构计算并支付参保人(继承人)除政府补贴外的个人账户全部余额。若参保人在缴费期间因户籍性质发生变更、保险关系跨统筹地区转移，社会保险经办机构将其个人账户本息余额、保险关系转移至新参保地，与原地区保险经办机构终止保险关系。

二、城镇居民社会养老保险实务

(一) 参保登记

年满16周岁且具有本市城镇户籍的非从业人员(不含在校生)，有参保意愿的，需携带身份证、户口簿、指定银行的个人实名制银行卡到经办机构填写“城镇居民社会养老保险参保登记申报表”，选择缴费档次，并办理登记手续。

(二) 缴费申报

参保人员在户籍所在地办理参保登记手续或办理恢复缴费手续时，需进行缴费申报。在本年度养老保险费扣缴前，参保人员可变更当年度的缴费标准。在每年年末，参保人员进行下一年度缴费申报，并选择缴费标准。

(三) 待遇申领

1. 申报条件

(1) 本市年满60周岁的城镇居民。

(2) 未享受职工基本养老保险、新农保和征地养老待遇。

(3) 满足如下条件之一：

① 参加本市城镇居民养老保险，缴费满15年的；

② 2011年7月1日，已年满60周岁的；

③ 2011年7月1日，年龄超过45周岁，至领取年龄，按年缴足养老保险费的。

2. 申办程序

参保人员到经办机构提出待遇领取申请，填写“城镇居民社会养老保险待遇领取申请表”，经办机构进行审核，审核合格的，从次月起发放养老金。

第五节　企业补充养老保险制度及实务

一、我国多层次养老保险体系

1994年，世界银行在《防止老龄危机：保护老年人及促进经济增长》报告中提出“三支柱”养老保险体系，把养老保险划分为多个层次，即基本养老保险、企业补充养老保险和个人储蓄性商业养老保险。

(一) 基本养老保险

基本养老保险又称国家法定养老保险，它是国家通过立法强制实行，采用社会统筹和个人账户相结合的财务机制，以体现公平为价值取向，保证劳动者在年老丧失劳动能力时，给予基本生活保障的制度，它是具有强制性的政府行为。基本养老保险是多层次养老保险体系的基础构成部分，属于第一层次。

(二) 企业补充养老保险

企业补充养老保险是由国家宏观指导、企业内部决策执行，在参加基本养老保险的基础上，为提高职工的养老保险待遇水平而自愿为本企业职工所建立的一种辅助性的养老保险。企业补充养老保险是一种企业行为，效益好的企业可以多投保，效益差的企业可以不投保。企业补充养老保险是企业人力资源管理工具创新的结果，是多层次养老保险的重要构成部分，列入商业保险范畴，属于第二层次。实行企业补充养老保险，可以使年老退出劳动岗位的职工在领取基本养老金的基础上进一步提高待遇水平，有利于稳定职工队伍，发展企业生产。

(三) 个人储蓄性商业养老保险

个人储蓄性商业养老保险是多层次养老保险体系的又一组成部分，是劳动者个人依据收入情况和自身的需要自愿参加、自愿选择经办机构的一种补充保险形式。一般由个人自愿向商业保险公司投保，政府给予一定税收优惠，鼓励人们把钱存进养老保险储蓄账户，以便获得更高的养老保险待遇。劳动者达到法定退休年龄经批准退休后，凭个人账户可将储蓄性养老保险金一次总付或分次支付给本人。

2022年4月，国务院办公厅发布《关于推动个人养老金发展的意见》(国办发〔2022〕7号)，该意见提出，为推进多层次、多支柱养老保险体系建设，推动发展适合中国国情、政府政策支持、个人自愿参加、市场化运营的个人养老金。在中国境内参加城镇职工基本养老保险或者城乡居民基本养老保险的劳动者，可以参加个人养老金制度。个人养老金实行个人账户制度，缴费完全由参加人个人承担，实行完全积累。参加人每年缴纳个人养老金的上限为12 000元。国家制定税收优惠政策，鼓励符合条件的人员参加个人养老金制度并依规领取个人养老金。参加人达到领取基本养老金年龄、完全丧失劳动能力、出国(境)定居，或者具有其他符合国家规定的情形，经信息平台核验领取条件后，可以按月、分次或者一次性领取个人养老金，领取方式一经确定不得更改。2022年10月，为贯彻落实国务院办公厅《关于推动个人养老金发展的意见》(国办发〔2022〕7号)，人力资源和社会保障部、财政部等部门联合制定了《个人养老金实施办法》，加强了个人养老金业务管理，规范了个人养老金运作流程。

二、企业补充养老保险的概念及特征

(一) 企业补充养老保险的概念

企业补充养老保险又称为企业年金，是指企业在基本养老保险的基础上，根据经营状况从自有资金中提取保险费用为职工建立补充养老保险基金，以提高职工退休养老的生活水平的制度。

《社会保险法》第七十五条规定："国家鼓励用人单位根据本单位的实际情况为劳动者建立补充保险。"从我国社会保险制度来看，此条主要是指职工养老保险和医疗保险。

2003年12月30日，《企业年金试行办法》通过，自2004年5月1日起施行。为进一步促进企业年金的发展，2009年，财政部、国家税务总局发布《关于补充养老保险费补充医疗保险费有关企业所得税政策问题的通知》(财税〔2009〕27号)，提出补充养老保险费在不超过职工工资总额5%标准内的部分，在计算企业所得税应纳税所得额时准予扣除。2013年，财政部、人力资源和社会保障部、国家税务总局联合发布《关于企业年金、职业年金个人所得税有关问题的通知》(财税〔2013〕103号)，规定企业年金、职业年金实行EET式(E表示免税，T表示征税，EET即在缴费环节和基金投资环节免税，在待遇领取环节征税)的个人所得税递延纳税优惠政策。2011年，《企业年金基金管理办法》(人力资源和社会保障部、银监会、证监会、保监会令第11号)出台，原《企业年金基金管理试行办法》废止。2017年，《企业年金办法》(人力资源和社会保障部、财政部令第36号)出台，原《企业年金试行办法》废止。截至2021年末，全国有11.75万户企业建立企业年金，参加职工2875万人，分别比2020年增加1.23万户和158万人，年末企业年金投资运营规模达2.61万亿元，当年投资收益额为1242亿元。

企业补充养老保险由国家宏观指导，企业内部决策执行，具体包括以下含义。

(1) 企业补充养老保险既不是社会保险，也不是商业保险，它是基本养老保险的补充，不具有强制性和营利性，而是一项企业福利制度，是企业人力资源战略的重要组成部分。

(2) 企业补充养老保险的责任主体是企业，它是企业依据自身经济状况建立的企业保障制度，企业或职工承担因企业实施补充养老保险产生的所有风险；国家或政府作为政策制定者和监管者不直接干预企业补充养老保险的管理和基金运营，其主要职责是制定规则，依规管理。

(3) 企业补充养老保险的经办方式有多种：一是大企业自办；二是由多家企业联合或行业管理机构建立的区域性或全国性协会、基金会经办；三是由有关中介机构经办；四是由有关金融机构包括各类银行、基金管理公司、证券公司、寿险公司经办。

(4) 政府在企业补充养老保险的建立和管理中不承担直接责任，给予一定的税收优惠政策，企业年金中企业缴费在工资总额的8%以内的部分，可以从成本中列支。

(二) 我国企业补充养老保险的特征

1. 企业年金基金治理模式：信托型

国际上企业年金基金的治理模式主要分为四大类：信托型、公司型、基金会型和契约型。四类模式各有优缺点，而信托型是国际上的主流模式。我国企业年金基金受托人分为两类：法人受托机构和企业年金理事会，法人受托机构是依据我国法律建立的法人机构，而企业年金理事会是由企业代表、职工代表和有关专家组成的，依托本企业年金计划存在的自然人的集合。法人受托模式吸收了公司型或基金会型治理模式的优点，而年金理事会模式吸收了基金会型和契约型治理模式的优势。因此，我国的信托型企业年金基金治理模式是在吸收国际上信托型、公司型、基金会型和契约型治理模式的优点，避免各自缺陷的基础上构建出来的，是一种全新的治理模式。

2. 企业年金财务机制：完全基金累计制

20世纪70年代以来，世界性养老金制度改革是由大部分国家人口老龄化以及经济增长减速引发的，延长退休年龄、提高工薪税、降低养老金待遇标准等政策措施的作用都极其有限。在此背景下，以基金积累制为主要形式的企业年金制度自然成为自20世纪70年代以来世界性养老金制度改革的重要标志。企业年金制度取得举世公认的成功的关键，在于其在明确职工年金缴费的产权、提供工作和投资激励的同时，成为带动经济增长的引擎。这一时期，养老金制度的功能从以社会政策为主转变为以经济政策为主。

3. 企业年金基金账户管理方式：个人账户制

企业年金基金账户管理方式包括公共账户制和个人账户制。公共账户制只能与待遇确定制计划结合，以实现适度的代内收入再分配；而个人账户制主要与缴费确定制计划结合，可以实现个人缴费与受益的制度性关联，增强个人缴费、监督的积极性，并使年金基金具有可携带性。

我国的企业年金基金统一实行个人账户制管理方式，这意味着：一方面，企业年金个人账户基金积累属于个人产权，具有可继承性，任何单位和个人不得以任何理由侵占、挪用职工企业年金个人账户基金资产；另一方面，企业年金个人账户基金在退休前依法“锁定”，职工未达到国家规定的退休年龄的，不得从个人账户中提前提取资金。

4. 企业年金计划举办方式：自愿型

企业年金计划举办方式因各国法律规定不同，可以采取强制型和自愿型，如英国的职业养老金计划实行强制型，美国的私人养老金制度采取自愿型。在我国，是否建立企业年金计划是企业自愿行为，由企业和职工共同协商决定，这可以进一步实现职工参与企业的效益分配与管理，能将企业与职工的利益更加紧密地联系在一起，提高企业的凝聚力和竞争力。与此同时，法规规定，企业年金实行企业和职工共同缴费，不同职工的企业年金待遇因劳动贡献不同而有所区别，对于贡献较大的或者特殊岗位的职工，企业可以提高其缴费标准。

企业之所以自愿建立企业年金计划是基于雇主责任，事实上正是雇主基于对职工激励作用而建立的企业年金，才实现了养老保障的社会化。

5. 企业年金计划管理方式：完全市场化

企业年金基金市场化运作包括两方面的含义：一是政府为企业年金制度提供法律上的保障，给予计划参与者税收优惠，在遵循市场化的前提下，通过基金运营实现自我平衡；二是政府只对基本保障项目进行管理，并制定全国统一标准，其他项目交给非营利性机构或商业机构负责。政府的职能只限于法律监督、业务指导和最后担保，并不直接参与经营。世界银行的数据表明，只有具备独立经营权或交给有利益约束的私营机构进行商业化经营的企业年金制度，才能真正实现基金的保值增值，从而最终保证保障对象的利益。我国企业年金计划实行市场化管理方式，政府监管机构的职能是拟订规则、依规监管；委托外部管理服务机构进行企业年金基金运营管理，包括基金筹集、投资、给付和账户管理等职能，市场化管理的目的是充分发挥市场在竞争性领域的积极作用，提高企业年金基金运营效率。

三、我国企业补充养老保险的适用范围、建立条件及建立程序

(一) 适用范围

《企业年金办法》(人力资源和社会保障部令第36号)第六条规定：“企业和职工建立企业年金，应当依法参加基本养老保险并履行缴费义务，企业具有相应的经济负担能力。”第八条规定：“企业年金方案适用于企业试用期满的职工。”第三十一条规定：“参加企业职工基本养老保险的其他用人单位及其职工建立补充养老保险的，参照本办法执行。”

根据以上规定，我国企业年金的适用范围包括参加企业职工基本养老保险并履行缴费义务的城镇各类企业及其职工，参加企业职工基本养老保险的其他用人单位及其职工。

(二) 建立条件

企业补充养老保险制度具有普遍性原则，但这并不意味着所有企业都必须建立这种制度，企业建立补充养老保险是需要具备一定条件的，只有具备这些条件才有资格和能力建立。根据我国《企业年金办法》的规定，企业应具备的基本条件主要包括以下几方面。

(1) 企业必须已经参加基本养老保险社会统筹，并且能够按时足额缴纳基本养老保险费，这是企业建立补充养老保险的前提条件。基本养老保险在多层次养老保险体系中起着主导作用，因此，确保基本养老保险基金的形成是补充养老保险的先决条件。按时足额缴纳基本养老保险费就是满足这一先决条件的具体化。此外，基本养老保险制约着补充保险的最高补充水平，只有在基本养老保险的水平确定后，才能确定补充保险的最高水平。

(2) 企业必须具有经济承受能力，这是建立补充养老保险的根本条件。经济承受能力包括两层含义：一是补充养老保险资金不允许记入成本时，企业能够用自有资金为本企业职工支付补充养老保险所需资金。自有资金多的企业可以补充，自有资金少的企业则只能少补充或暂时不补充。二是补充养老保险资金允许有条件地记入成本时，记入成本的补充养老保险资金能够被企业消化，不至于影响企业的竞争力和各项指标的完成情况。微利企业不具备建立企业补充养老保险的条件，因为补充养老保险资金若记入成本，使得成本增加，企业很可能由微利变为亏损。总而言之，企业的经济承受能力和经济效益状况决定企业是否具备建立补充养老保险的条件以及补充水平的高低。

(3) 企业内部建立了集体协商机制。集体协商机制是企业补充养老保险建立和顺利实施的保证条件。企业补充养老保险涉及职工的切身利益，其制度的建立非常复杂，如补充的范围、水平、新老职工之间以及与退休人员之间如何做到公平有效衔接等，这就要求制定有关细则和处理这方面问题时必须谨慎、周密，并进行充分论证，否则会引起职工不满，好事可能办成坏事。

(三) 建立程序

第一步，形成建立企业年金的决定

如果决定建立企业年金，代表企业的一方和代表职工一方的工会或职工代表要进行集体协商，达成一致意见后，制定企业年金方案，对相关内容进行约定。

第二步，确定企业年金方案的具体内容

企业年金方案应当包括以下内容：参加人员；资金筹集与分配的比例和办法；账户管理；权益归属；基金管理；待遇计发和支付方式；方案的变更和终止；组织管理和监督方式；双方约定的其他事项。

第三步，报送企业年金方案

企业应当将企业年金方案报送所在地县级以上人民政府人力资源和社会保障行政部门。中央所属企业的企业年金方案报送人力资源和社会保障部门。跨省企业的企业年金方案报送其总部所在地省级人民政府人力资源和社会保障行政部门。省内跨地区企业的企业年金方案报送其总部所在地设区的市级以上人民政府人力资源和社会保障行政部门。

四、我国企业补充养老保险的主要内容

(一) 资金来源及筹资标准

企业年金基金由下列各项组成：①企业缴费；②职工个人缴费；③企业年金基金投资运营收益。企业年金所需费用由企业和职工个人共同缴纳。企业缴费每年不超过本企业职工工资总额的8%。企业和职工个人缴费合计不超过本企业职工工资总额的12%。具体所需费用，由企业和职工一方协商确定。企业年金基金实行完全积累，采用个人账户方式进行管理。

企业年金基金可以按照国家规定投资运营。企业年金基金投资运营收益并入企业年金基金。企业缴费应当按照企业年金方案规定比例计算的数额计入职工企业年金个人账户；职工个人缴费额计入本人企业年金个人账户。企业年金基金投资运营收益，按净收益率计入企业年金个人账户。

(二) 管理方式及记账办法

《企业年金办法》规定，企业年金实行完全积累，采用个人账户方式进行管理。个人缴费全部计入个人账户，企业缴费应当按照企业年金方案规定比例计算的数额计入职工企业年金个人账户。通常情况下，企业缴费由用人单位先确定企业年金的提取比例和费用总额，根据本企业人员构成情况，考虑职工责任轻重、贡献大小、工龄长短等因素，分档次确定系数，再按系数计算每个人应得的份额，按照不同额度记入个人账户。这样，可以较好地体现激励作用。具体如何记入，应由企业与职工协商确定，并体现在企业年金方案中。

(三) 待遇支付

职工达到国家规定的退休年龄时，可以从本人企业年金个人账户中一次性或定期领取企业年金。职工未达到国家规定的退休年龄时，不得从个人账户中提前提取资金。出境定居人员的企业年金个人账户资金，可根据本人要求一次性支付给本人。

职工变动工作单位时，企业年金个人账户资金可以随同转移。职工升学、参军、失业期间或新就业单位没有实行企业年金制度时，其企业年金个人账户可由原管理机构继续管理。

职工或退休人员死亡后，其企业年金个人账户余额由其指定的受益人或法定继承人

一次性领取。

(四) 运营管理

企业成立企业年金理事会作为受托人的，企业年金理事会应当由企业和职工代表组成，也可以聘请企业以外的专业人员参加，其中职工代表应不少于三分之一。企业年金理事会除管理本企业的企业年金事务之外，不得从事其他任何形式的营业性活动。受托人应当委托具有企业年金管理资格的账户管理人、投资管理人和托管人，负责企业年金基金的账户管理、投资运营和托管。企业年金基金应当与委托人、受托人、账户管理人、投资管理人、托管人和其他为企业年金基金管理提供服务的自然人、法人或者其他组织的自有资产或者其他资产分开管理，不得挪作其他用途。企业年金基金管理应当执行国家有关规定。

本章小结

城镇职工基本养老保险制度覆盖城镇各类企业及其职工、城镇个体工商户和灵活就业人员、机关事业单位及其工作人员。基本养老保险实行社会统筹与个人账户相结合的方式，用人单位一般按照不超过企业职工工资总额的20%缴纳保险费，记入社会统筹基金，职工个人按照本人缴费工资的8%缴费，记入个人账户。个体工商户和灵活就业人员缴费基数为当地上年度在岗职工平均工资，缴费比例为20%，其中8%记入个人账户，12%记入社会统筹账户，所有缴费均由个人承担。参加基本养老保险的个人，达到法定退休年龄时累计缴费满15年的，按月领取基本养老金。基本养老金由基础养老金和个人账户养老金组成。退休后的基础养老金月标准以当地上年度在岗职工月平均工资和本人指数化月平均缴费工资的平均值为基数，缴费每满1年发给1%。个人账户养老金月标准为个人账户储存额除以计发月数。

2014年，国务院决定将新农保和城居保两项制度合并实施，在全国范围内建立统一的城乡居民基本养老保险制度。参保范围为年满16周岁，且不属于职工基本养老保险制度覆盖范围的城乡居民。保险基金由个人缴费、集体补助、政府补贴三部分构成，全部记入个人账户。养老保险待遇由基础养老金和个人账户养老金构成，支付终身。中央确定基础养老金最低标准，由政府补贴形成，个人账户养老金的月计发标准为个人账户全部储存额除以139。参加城乡居民养老保险的个人，年满60周岁、累计缴费满15年，且未领取国家规定的基本养老保障待遇的，可以按月领取城乡居民养老保险待遇。

社会保险登记是建立保险关系的标志，具体分为参保登记、变更登记、注销登记。参保单位必须按月向社会保险经办机构申请应缴纳的基本养老保险费数额，经核定后，在规定期限内以货币形式全额缴纳保险费。对于缴费单位未按规定缴纳和代扣代缴社会保险费的，将责令其限期缴纳；逾期仍不缴纳的，加收所欠款额2‰的滞纳金。社会保险经办机构为职工建立个人账户，按月记账。参保人员达到法定退休年龄时，待遇核定部门核定其应享受的基本养老保险待遇，从职工离退休次月起开始，采取按月支付。职工在同一统筹范围内流动时，只转移养老保险关系和个人账户档案；职工跨统筹地区流动时，还要转移职工个人账户基金。

城乡居民养老保险费实行按自然年度缴纳。在一个缴费年度内，可自由选择一个档次，下一个年度可以申请变更。保险关系终止的人员及不满足按月领取条件的参保人，领取除政府补贴外的个人账户储存额余额。

养老保险可分为基本养老保险、企业补充养老保险和个人储蓄性商业养老保险三个层次。企业补充养老保险又称为企业年金，是企业在基本养老保险的基础上，根据经营状况从自有资金中提取保险费用为职工建立补充养老保险基金，以提高职工退休养老的生活水平的制度。企业参加基本养老保险社会统筹，并且能够按时足额缴纳基本养老保险费，这是企业建立补充养老保险的前提条件。企业年金中企业缴费在工资总额的4%以内的部分，可以从成本中列支，实行完全积累，采用个人账户方式进行管理。职工达到国家规定的退休年龄时，可以从本人企业年金个人账户中一次性或定期领取企业年金。

习题

一、填空题

1. 城镇职工基本养老保险中“新人”养老金的计算公式为(　　)，其中个人账户养老金=(　　)，基础养老金=(　　)。

2. 养老保险缴费积累时期，当年参保个人缴费到账户后，(　　)开始计息，年内按月以(　　)计息；个人账户储存额逐年按(　　)计息。

3. 我国多层次养老保险体系包括(　　)、(　　)和个人储蓄性商业养老保险。

4. 我国企业年金财务机制为(　　)，基金账户管理方式采取(　　)。

5. 用人单位未按规定缴纳养老保险费的，从欠缴之日起，按日加收欠款额的(　　)作为滞纳金，并且滞纳金并入(　　)。

二、单项选择题

1. 确定城镇职工基本养老保险缴费比例时，用人单位一般不超过企业职工工资总额的(　　)，职工本人为缴费工资的(　　)。

A. 20% 6%　　B. 20% 8%　　C. 8% 2%　　D. 20% 11%

2. 职工月平均工资超过当地职工平均工资(　　)以上的部分，不计入个人缴费工资基数；低于当地职工平均工资(　　)的，照此计算缴费工资基数。

A. 200% 50%　　B. 200% 60%　　C. 300% 60%　　D. 400% 60%

3. 《社会保险法》规定基本养老保险基金逐步实行(　　)统筹。

A. 全国　　B. 省级　　C. 市级　　D. 县级

4. 企业年金中，企业缴费在工资总额(　　)以内的部分，可以从成本中列支。

A. 4%　　B. 8%　　C. 5%　　D. 3%

5. 转业军人及失业后再就业人员，本人缴纳养老保险费时，以(　　)为缴费工资基数。

A. 第一个月工资　　B. 上年度本人月平均工资

C. 所在单位上年度月平均工资　　D. 当地上年度平均工资

三、多项选择题

1. 职工基本养老保险覆盖范围包括(　　)。

A. 城镇各类企业及职工　　B. 城镇个体工商户和灵活就业人员

C. 机关事业单位及工作人员　　D. 城镇居民

2. 领取基本养老金须满足的条件包括(　　)。

A. 法定退休年龄并办理退休手续

B. 用人单位和个人依法参加了养老保险

C. 用人单位和个人履行了缴费义务且达到规定的缴费年限

D. 无论“新人”还是“中人”必须满足实际缴费年限15年以上

3. 城乡居民基本养老保险个人账户由(　　)构成。

A. 个人缴费　　B. 政府补贴

C. 集体补助　　D. 社会各界的缴费资助

4. 用人单位发生(　　)情形时，终止养老保险缴费义务，办理注销登记。

A. 解散　　B. 破产　　C. 撤销　　D. 合并

5. 基本养老保险省级统筹的标准包括统一(　　)。

A. 养老保险制度　　B. 缴费标准

C. 支付标准　　D. 基金管理

四、简答题

1. 简述城镇职工基本养老保险个人账户的概念及构成。

2. 参保个人跨统筹地区流动时，养老保险关系、个人账户、统筹基金如何转移？

第六章 我国医疗保险制度及实务

学习目标

1. 了解我国医疗保障制度体系的构成；

2. 掌握城镇职工基本医疗保险现行制度的内容，包括覆盖范围、基金来源、待遇标准等；

3. 掌握城镇居民基本医疗保险、新农合制度的构成，熟练掌握参保原则、参保对象、缴费和政府补贴标准，基金支付范围和报销水平；

4. 了解补充医疗保险的作用，理解我国补充医疗保险的主要形式；

5. 具备医疗保险的实务操作技能，熟练掌握医疗保险基金的使用管理、待遇审核、保险关系转移接续、统筹管理等相关技能。

我国现阶段的医疗保障制度体系在制度层面上初步形成以基本医疗保险为主体，以各种形式的补充医疗保险(公务员补充医疗保险、大额医疗互助、商业医疗保险和职工互助保险)为补充，以社会医疗救助为底线的多层次医疗保障体系的基本框架。基本医疗保险制度主要有城镇职工基本医疗保险、城镇居民基本医疗保险和新农合三种制度形式。本章重点介绍我国基本医疗保险制度及其实务，在此基础上介绍公务员补充医疗保险和大额医疗补助等补充医疗保险。

第一节　城镇职工基本医疗保险制度

城镇职工基本医疗保险制度建立于20世纪90年代。在计划经济体制下，我国实行的是劳保医疗和公费医疗制度。

1993年，党的十四届三中全会提出在20世纪末建立起社会主义市场经济体制基本框架的目标，确定在城镇建立社会统筹与个人账户相结合的职工医疗保险制度。国务院从1994年起在江苏镇江和江西九江进行城镇职工医疗保险制度改革试点，试点后来扩大到二十多个省区的近四十个城市。同时，国家将实施职工基本医疗保险制度纳入法治轨道，1995年实施的《中华人民共和国劳动法》明确规定国家建立社会保险制度，使劳动者在年老、患病、工伤、失业、生育等情况下获得帮助和补偿，从而以国家立法的形式确立了我国建立包括基本医疗保险制度在内的五个社会保险制度。此后，国务院于1998年12月发布了《关于建立城镇职工基本医疗保险制度的决定》，决定在全国范围内进行城镇职工医疗保险制度改革。

城镇职工基本医疗保险制度已经在全国普遍建立，覆盖范围包括国家机关、企事业单位职工和退休人员，并逐步扩大到灵活就业人员。截至2021年末，全国基本医疗保险(以下简称“基本医保”)参保人数136 297万人，参保率稳定在95%以上。基本医保(含生育保险)基金收入28 731.99亿元，支出24 048.19亿元。职工基本医疗保险参保人数35 431万人，其中在职职工26 106万人，退休职工9324万人。职工医保基金(含生育保险)收入19 007.52亿元，支出14 751.82亿元，参加职工医保人员享受待遇20.40亿人次。城乡居民基本医疗保险参保人数100 866万人，居民医保人均财政补助标准新增30元，达到每人每年不低于580元。居民医保基金收入9724.48亿元，支出9296.37亿元，参加居民医保人员享受待遇20.81亿人次。

一、城镇职工基本医疗保险制度建立的原则

(一)“低水平、广覆盖”原则

“低水平”是指基本医疗保险的水平要与社会主义初级阶段生产力发展水平相适应，城镇所有用人单位及其职工都要参加基本医疗保险，这是建立城镇职工基本医疗保险制度必须遵循的一个重要原则。建立城镇职工基本医疗保险制度，要从中国的国情出发，根据国家、企业和个人的实际承受能力，确定合理的基本医疗保险水平。

“广覆盖”是指城镇所有用人单位及其职工都要参加基本医疗保险。扩大城镇职工基本医疗保险覆盖范围是改革的一个重要原则，如果没有“广覆盖”，社会保险所遵循的大数法则就无法体现，就不能有效地分散风险，均衡负担，也无法体现社会互助共济的作用，新的医疗保险制度就建立不起来。

(二)基本医疗保险费由用人单位和职工双方负担原则

实行基本医疗保险费由用人单位和职工个人共同缴纳，是建立新型城镇职工基本医疗保险制度的重要内容。基本医疗保险费由用人单位和职工双方共同负担，不仅使得基本医疗保险费用得以合理负担，资金来源更为稳定，职工医疗更加有保障，而且通过建立用人单位和职工个人共同缴纳基本医疗保险费的机制，可以增强职工的自我保障责任和节约医疗费用的意识。

(三)基本医疗保险基金实行社会统筹和个人账户相结合原则

基本医疗保险实行社会统筹和个人账户相结合原则，即用人单位和职工个人缴纳的基本医疗保险费要分别建立统筹基金和个人账户。建立基本医疗保险个人账户，就是要建立职工自我约束和储蓄积累机制。

(四)实行属地管理原则

基本医疗保险原则上以地级以上行政区(包括地、市、州、盟)为统筹单位，也可以以县(市)为统筹单位，北京、天津、上海三个直辖市原则上在全市范围内实行统筹。所

有用人单位及其职工都要按照属地管理原则参加所在统筹地区的基本医疗保险，执行统一政策，实行基本医疗保险基金的统一筹集、使用和管理。铁路、电力、远洋运输等跨地区、生产流动性较大的企业及其职工，可以以相对集中的方式异地参加统筹地区的基本医疗保险。

二、城镇职工基本医疗保险的覆盖范围

职工医疗保险制度要覆盖城镇所有用人单位及职工，包括国有企业、集体企业、外商投资企业、私营企业及其职工，以及机关、事业单位、社会团体、民办非企业单位及其职工，城镇个体经济组织业主及其从业人员也可以参加基本医疗保险。

三、医疗保险基金筹集

医疗保险基金筹集总的原则是“以支定收，量入为出，收支平衡，略有结余”。“以支定收”“收支平衡”是保证社会医疗保险制度平稳运行的必然要求；“略有结余”是由医疗保险所承担的疾病风险具有很大的不确定性，以备大规模疾病发生时使用所决定的；“量入为出”即根据需要，量力而行，既要保证筹集到足够的基金以满足基本医疗保障的实际需要，又要求基金筹集水平与社会经济发展水平相适应，适合国家、单位和个人的经济承受能力。

我国现行的城镇职工基本医疗保险制度中，基金的筹集渠道主要包括职工个人、用人单位和国家补贴，其中职工个人和用人单位是筹集医疗保险基金的主要渠道。

根据国务院《关于建立城镇职工基本医疗保险制度的决定》，基本医疗保险费由用人单位和职工共同缴纳，用人单位缴费率应控制在职工工资总额的6%左右，职工缴费率一般为本人工资收入的2%。随着经济的发展，用人单位和职工的缴费率可做相应调整。职工按规定缴纳的基本医疗保险费免征个人所得税，用人单位按规定缴纳的基本医疗保险费在税前列支。

职工本人月工资低于上年度全省在岗职工月平均工资60%的，按60%核定个人缴费基数；超过300%的，按300%核定个人缴费基数。

当个人缴费基数之和大于用人单位全部职工工资总额时，以个人缴费基数之和作为单位缴费基数。

无雇工的个体工商户、未在用人单位参加职工基本医疗保险的非全日制从业人员及其他灵活就业人员(以下统称灵活就业参保人员)可以参加职工基本医疗保险，由个人按上年度全省在岗职工月平均工资的60%为缴费基数，按统筹地区用人单位费率的70%缴纳基本医疗保险费。

按照国务院《关于建立职工基本医疗保险制度的决定》的规定，用人单位缴费率应控制在职工工资的6%左右，职工缴费率一般为本人工资收入的2%。随着经济的发展，各地视本地情况确定缴费率，用人单位和职工缴费率可相应调整。根据国务院办公

厅《关于全面推进生育保险和职工基本医疗保险合并实施的意见》(国办发〔2019〕10号)，生育保险和职工基本医疗保险合并实施后，城镇职工基本医疗保险(含生育保险)单位缴费比例有所调整，如北京市为9.8%，上海市为10.5%，个人缴费仍为2%。

四、建立统筹基金与个人账户相结合的模式

依据国务院《关于建立城镇职工基本医疗保险制度的决定》第三条的规定，要建立基本医疗保险统筹基金和个人账户。基本医疗保险基金由统筹基金和个人账户共同构成。职工个人缴纳的基本医疗保险费全部计入个人账户，用人单位缴纳的基本医疗保险费完全划入统筹基金账户。

(一) 个人账户

根据2021年4月22日国务院办公厅发布的《关于建立健全职工基本医疗保险门诊共济保障机制的指导意见》(国办发〔2021〕14号)，职工基本医疗保险的在职职工个人账户由个人缴纳的基本医疗保险费计入，计入标准原则上控制在本人参保缴费基数的2%，单位缴纳的基本医疗保险费全部计入统筹基金；退休人员个人账户原则上由统筹基金按定额划入，划入额度逐步调整到统筹地区根据本意见实施改革当年基本养老金平均水平的2%左右。个人账户的具体划入比例或标准，由省级医保部门会同财政部门按照以上原则，指导统筹地区结合本地实际研究确定。个人账户主要用于支付参保人员在定点医疗机构或定点零售药店发生的政策范围内自付费用。

城镇职工基本医疗保险的个人账户的本金和利息为个人所有，只能用于基本医疗保险，但可以结转使用和继承。职工和退休人员死亡时，其个人账户存储额划入其继承人的个人账户，继承人未参加基本医疗保险的，个人账户存储额可一次性支付给继承人；没有继承人的，个人账户存储额纳入基本医疗保险统筹基金。退休人员本人不再缴费，其个人账户基金完全从统筹基金中划拨。

(二) 社会统筹账户

医疗保险统筹基金是指统筹地区所有用人单位为职工缴纳的医疗保险费完全划入统筹基金账户。统筹基金包括：统筹地区全部参保单位缴费总额；财政补贴；社会捐助；银行利息；滞纳金；等等。医疗保险统筹基金属于全体参保人员，实行专项储存、专款专用，任何单位和个人都不得挪用。统筹基金主要用于参保人员住院、非定点医院急诊抢救、异地转诊(院)、异地安置、普通门诊等医疗费用。

基本医疗保险原则上以地级以上行政区(包括地、市、州、盟)为统筹单位，京津沪渝4个直辖市和海南等省份于2021年已经探索开展了省级统筹，福建省探索建立了职工医保基金省级调剂金，采取事前调剂的办法。所有用人单位及其职工都要按照属地管理原则参加所在统筹地区的基本医疗保险，按照统一政策，实行基本医疗保险基金的统一筹集、使用和管理。

五、基本医疗保险的缴费年限

基本医疗保险的缴费年限是指职工退休后继续享受医疗保险待遇，不需要再缴纳基本医疗保险费所达到的最低缴纳基本医疗保险费的年限。对此全国没有统一规定，由各统筹地区根据本地情况来确定。从各地方规定的情况来看，一般要求达到退休年龄时，男性参保人员缴费年限要满25～30年，女性参保人员缴费年限要满20～25年(地区不同，规定有别)。未达到规定的医疗保险缴费年限，退休时可以一次性清算。按照国家规定办理退休手续、按月领取基本养老保险金或者退休费的人员，享受退休人员的基本医疗保险待遇，不再缴纳基本医疗保险费。如北京市规定，累计缴纳基本医疗保险费男满25年、女满20年的，按照国家规定办理了退休手续，按月领取基本养老金或者退休费的人员，享受退休人员的基本医疗保险待遇，不再缴纳基本医疗保险费。

职工因各种原因，可能出现达到法定退休年龄时，其缴纳基本医疗保险的年限未达到国家规定的最低缴费年限的情况。针对这样的职工，为了更好地保障他们在退休后的医疗待遇，法律规定其可以采用补缴的方式缴费至国家规定的最低年限，补缴的费用包括其实际缴费年限与国家规定的最低缴费年限相差的期间内，应当由用人单位和个人缴纳的全部医疗保险费用。如《北京市基本医疗保险规定》规定，本规定施行(2001年4月1日)前参加工作、施行后退休，缴纳基本医疗保险费未达到规定的缴费年限的，由本人一次性补足应当由用人单位和个人缴纳的基本医疗保险费后，享受退休人员的基本医疗保险待遇，不再缴纳基本医疗保险费。

六、医疗保险待遇

基本医疗保险待遇是指参保人员在定点医疗机构和定点药店就医或购药，按照基本医疗保险有关规定应当由基本医疗保险基金支付的医疗费。我国基本医疗保险制度实行社会统筹和个人账户相结合的原则，建立社会统筹基金和个人账户资金。用人单位缴纳的全部医疗保险费构成统筹基金，主要用于支付医疗机构大额和住院医疗费用和门诊费用。个人缴纳的全部医疗保险费构成个人账户，定点医疗机构或定点零售药店发生的政策范围内自付费用。依据国务院《关于建立城镇职工基本医疗保险制度的决定》第三条的规定，统筹基金和个人账户要划定各自的支付范围，分别核算，不得互相挤占。要确定统筹基金的起付标准和最高支付限额。起付标准以下的医疗费用，从个人账户中支付或由个人自付。起付标准以上、最高支付限额以下的医疗费用，主要从统筹基金中支付，个人也要负担一定比例。超过最高支付限额的医疗费用，可以通过商业医疗保险等途径解决。统筹基金的具体起付标准、最高支付限额以及在起付标准以上和最高支付限额以下医疗费用的个人负担比例，由统筹地区根据以支定收、收支平衡的原则确定。

(一) 个人账户支付的范围

个人账户支付范围包括下列项目。

(1) 在定点医疗机构门(急)诊的医疗费用。

(2) 在定点零售药店购买药品、医疗器械、医用耗材发生的由个人负担的费用。

(3) 起付标准以下的医疗费用。

(4) 起付标准以上、最高支付限额以下应当由个人负担的医疗费用。

(5) 最高支付限额以上应当由个人负担的医疗费用。

(6) 可以用于支付参保人员本人及其配偶、父母、子女在定点医疗机构就医发生的由个人负担的医疗费用。

探索个人账户用于配偶、父母、子女参加城乡居民基本医疗保险等的个人缴费。个人账户不得用于公共卫生费用、体育健身或养生保健消费等不属于基本医疗保险保障范围的支出。

(二) 统筹基金的支付范围

1. 统筹基金的支付范围

(1) 住院治疗的医疗费用。

(2) 急诊抢救留观并收入住院治疗的，其住院留观7日内的医疗费用。

(3) 血液透析、恶性肿瘤放化疗、肾移植后服抗排异药等特殊病种的门诊医疗费用。

(4) 普通门诊费用。普通门诊统筹覆盖职工医保全体参保人员，政策范围内支付比例从50%起步，随着医保基金承受能力的增强逐步提高保障水平，待遇支付可适当向退休人员倾斜。相关部门应针对门诊医疗服务特点，科学测算起付标准和最高支付限额，并做好与住院费用支付政策的衔接。

2. 统筹基金支付的起付标准、封顶线、共付制

(1) 起付标准。社会统筹基金开始分担的医疗费用的金额起点，原则上控制在统筹地区职工年平均工资的10%左右，超过这个水平的医疗费用由社会统筹基金支付，起付标准以下的医疗费用从个人账户中支付或由个人自付。

(2) 封顶线。社会统筹最高支付限额，原则上控制在统筹地职工年平均工资的4倍左右，即超过这个水平的医疗费用社会统筹基金不再支付。

(3) 共付制。社会统筹基金分担医疗费用时，要求个人负担一定比例，个人负担比例由统筹地区根据“以收定支、收支平衡”的原则确定。实践中，个人负担比例与就诊医院的级(类)别相关，就诊的医院级别越高，个人负担比例越高。

知识拓展6-1

医疗保险待遇标准

1. 天津市

2021年天津市城镇职工基本医疗保险门(急)诊大额医疗补助标准、基本医疗保险门诊特殊病报销标准、基本医疗保险待遇住院标准、基本医疗保险待遇大额医疗费救助标准，分别如表6-1、表6-2、表6-3、表6-4所示。

表6-1　2021年天津市城镇职工基本医疗保险门(急)诊大额医疗补助标准

人员类别			在职	退休(不满60岁)	退休(60～70岁)	退休70岁以上	老工人	退休劳模
起付标准			800元	800元	700元	650元	600元	同退休
最高限额			7500元				10 000元	7500元
支付比例	起付线标准以上至6500元(含)	药店	65%				95%	
		一级医院	75%					
		二级医院	65%					
		三级医院	55%					
		签约机构	80%					
	6500～7500元	药店	统一报销比例为55%					
		一级医院						
		二级医院						
		三级医院						
		签约机构						

表6-2　2021年天津市城镇职工基本医疗保险门诊特殊病报销标准

人员类别	起付标准	统筹基金最高限额	报销比例	
			起付线到12万元(含)	12万～45万元
在职	1300元每年	45万元	85%	80%
退休			起付线到18万元：90%	18万～45万元：80%
老工人				
退休劳模			95%	

表6-3　2021年天津市城镇职工基本医疗保险待遇住院标准

人员类别	起付标准			统筹基金最高限额	报销比例	
	一级医院	二级医院	三级医院		起付线到12万元	12万～45万元
在职	800元 两次以及上 270元	1100元 两次以及上 500元	1700元 两次以及上 500元	45万元	85%	80%
退休					起付线到18万元：90%	18万～45万元：80%
老工人						
退休劳模					95%	

表6-4　2021年天津市城镇职工基本医疗保险待遇大额医疗费救助标准

<table>
<tr><th rowspan="2">人员类别</th><th rowspan="2">起付标准</th><th rowspan="2">最高限额</th><th colspan="3">报销比例</th></tr>
<tr><th>一级医院</th><th>二级医院</th><th>三级医院</th></tr>
<tr><td>在职</td><td rowspan="4">21 202元</td><td rowspan="4">30万元</td><td colspan="3" rowspan="4">起付线～10万元：60%
10万～20万元：65%
20万～30万元：70%</td></tr>
<tr><td>退休</td></tr>
<tr><td>老工人</td></tr>
<tr><td>退休劳模</td></tr>
</table>

2. 北京市

北京市三级、二级、一级医院以及家庭病床发生的费用支付比例如表6-5所示。

表6-5　北京市三级、二级、一级医院以及家庭病床发生的费用支付比例

范围	统筹基金支付比例/%	职工支付比例/%
起付标准至1万元	80、82、85	20、18、15
超过1万至3万元	85、87、90	15、13、10
超过3万至4万元	90、92、95	10、8、5
超过4万元	95、97、97	5、3、3

3. 上海市

为进一步提高职工基本医疗保障水平，2022医保年度，职工医保统筹基金的最高支付限额从57万元提高到59万元，统筹基金最高支付限额以上的医疗费用，仍由地方附加医疗保险基金支付80%，其余部分由职工自负；门急诊自负段标准、统筹基金起付标准继续按照职工医保规定的定额标准执行，不作调整。具体如表6-6所示。

表6-6　2022医保年度职工医保参保人员“三项标准”

<table>
<tr><th colspan="2">参保对象</th><th>门(急)诊
自负段标准/元</th><th>统筹基金
起付标准/元</th><th>统筹基金
最高支付限/元</th></tr>
<tr><td colspan="2">在职职工</td><td>1500</td><td>1500</td><td>590 000</td></tr>
<tr><td rowspan="2">退休人员</td><td>2000年12月31日前退休</td><td>300</td><td>700</td><td>590 000</td></tr>
<tr><td>2001年1月1日后退休</td><td>700</td><td>1200</td><td>590 000</td></tr>
</table>

4. 大连市

大连市城镇职工医疗保险普通门诊报销标准(2023年)如表6-7所示，大连市城镇职工医疗保险住院报销标准(2023年)如表6-8所示。

表6-7　大连市城镇职工医疗保险普通门诊报销标准(2023年)

定点医院级别	年度起付标准/元	报销比例		年度报销限额
		在职职工	退休人员	
特殊三级(指定三所医院)	1000	50%	55%	1.2万元
其他三级	700	50%	55%	
二级医院	500	60%	65%	
一级医院 基层医疗机构	300	70%	75%	
精神病、传染病医院	300	70%	75%	
签约家庭医生服务包	300	80%	85%	

表6-8　大连市城镇职工医疗保险住院报销标准(2023年)

医院级别	起付标准/元	起付标准以上的费用	
		报销比例	
		在职职工	退休职工
特殊三级(指定三所医院)	1200	85%	92.5%
其他三级	850	85%	92.5%
二级医院	500	88%	94%
一级医院	300	90%	95%

资料来源：各省市人力资源和社会保障部官网，作者整理

知识拓展6-2

三目录、两定点的相关规定

基本医疗保险基金支付的范围包括参保人员治病所需要的基本用药、基本诊疗项目、医疗服务设施以及急诊、抢救的医疗费用。这些费用只有纳入基本医疗保险药品目录、诊疗项目目录的范围，符合医疗服务设施标准，才能由统筹基金予以支付。

1. 基本医疗保险药品目录

人力资源和社会保障部、国家医疗保障局会定期印发《国家基本医疗保险、工伤保险和生育保险药品目录》(以下简称《药品目录》)。《药品目录》分为凡例、西药、中成药、协议期内谈判药品、中药饮片5部分，西药部分包括化学药和生物制品，中成药部分包括中成药和民族药，中药饮片部分采用排除法规定了基金不予支付费用的饮片。参保人员使用目录内西药、中成药及目录外中药饮片发生的费用，按基本医疗保险、工伤保险、生育保险有关规定支付。国家免费提供的抗艾滋病病毒药物和国家公共卫生项目涉及的抗结核病药物、抗疟药物和抗血吸虫病药物，参保人员使用且在公共卫生支付范围的，基本医疗保险、工伤保险和生育保险基金不予支付。各省(区、市)社会保险主管部门对《药品目录》甲类药品不得进行调整，并应严格按照现行法律法规和文件规定进行乙类药品调整。

国家《药品目录》中的西药和中成药分为甲类药品和乙类药品。甲类药品是临床治疗必需、使用广泛、疗效确切、同类药品中价格较低的药品，这类药品的费用可以全部纳入医保基金的报销范围，并按规定比例进行报销。乙类药品是可供临床治疗选择使用，疗效确切、同类药品中比甲类药品价格略高的药品，各省市可以自行调整。参保人使用这类药品时，需要自行支付一定比例的费用，而剩下的部分才会纳入报销范围，再按规定比例进行报销。协议期内谈判药品纳入乙类药品管理。各省级医疗保障部门纳入《药品目录》的民族药、医疗机构制剂纳入乙类药品管理。中药饮片的甲乙分类由省级医疗保障行政部门确定。丙类药品法律并没有具体的规定，一般将不属于甲类、乙类目录的药，即医保目录外的药归为丙类药，由各地自由调整，有的省市没有列出丙类药。丙类药基本上全部自费，可报销概率很小。比如保健品类、高档药、新研制的药、抗癌进口药等都属于丙类药。

2. 基本医疗保险诊疗项目

诊疗项目目录是临床诊疗必需的、安全有效的、费用适宜的且由物价部门制定了收费标准的诊疗项目。基本医疗保险诊疗项目是指符合以下条件的各种医疗技术劳务项目和采用医疗仪器、设备与医用材料进行的诊断、治疗项目：临床诊疗必需、安全有效、费用适宜的诊疗项目；由物价部门制定了收费标准的诊疗项目；由定点医疗机构为参保人员提供的定点医疗服务范围内的诊疗项目。基本医疗保险诊疗项目通过制定基本医疗保险诊疗项目范围和目录进行管理。一些非临床诊疗必需、效果不确定的诊疗项目以及属于特需医疗服务的诊疗项目，基本医疗保险不予支付。此外，各省社会保险行政部门规定的价格昂贵的医疗仪器与设备的检查、治疗项目和医用材料费用，也纳入支付范围。属于基本医疗保险支付部分费用诊疗项目目录以内的，先由参保人员按规定比例自付后，再按基本医疗保险的规定支付。对于国家基本医疗保险诊疗项目范围规定的基本医疗保险支付部分费用的诊疗项目，各省可根据实际适当调整，但必须严格控制调整的范围和幅度。

3. 基本医疗服务设施标准

基本医疗保险医疗服务设施是指由定点医疗机构提供的，参保人员在接受诊断、治疗和护理过程中必需的生活服务设施。基本医疗保险医疗服务设施费用主要包括住院床位费及门(急)诊留观床位费。对已包含在住院床位费或门(急)诊留观床位费中的日常生活用品、院内运输用品和水、电等费用，基本医疗保险基金不另行支付，定点医疗机构也不得再向参保人员单独收费。基本医疗保险基金不予支付的生活服务项目和服务设施费用，主要包括：就(转)诊交通费、急救车费；空调费、电视费、电话费、婴儿保温箱费、食品保温箱费、电炉费、电冰箱费及损坏公物赔偿费；陪护费、护工费、洗理费、门诊煎药费；膳食费；文娱活动费以及其他特需生活服务费用。其他医疗服务设施项目是否纳入基本医疗保险基金支付范围，由各省(自治区，直辖市)社会保险行政部门规定。基本医疗保险住院床位费支付标准，由各统筹地区社会保险行政部门按照本省物价部门规定的普通住院病房床位费标准确定。需隔离以及危重病人的住院床位费支付标准，由各统筹地区根据实际情况确定。

4. 定点医院和定点药店

根据国务院《关于建立城镇职工基本医疗保险制度的决定》第五条的规定，基本医疗保险实行定点医疗机构(包括中医医院)和定点药店管理。定点医疗机构是指资源与统筹地区经办机构签订医保协议，为参保人员提供医疗服务的医疗机构。定点药店是指自愿与统筹地区经办机构签订医保协议，为参保人员提供药品服务的实体零售药店。

社会保险经办机构要根据中西医并举，基层、专科和综合医疗机构兼顾，方便职工就医的原则，负责确定定点医疗机构和定点药店，并同定点医疗机构和定点药店签订合同，明确各自的责任、权利和义务。在确定定点医疗机构和定点药店时，要引导竞争机制，职工可以选择若干定点医疗机构就医、购药，也可持处方在若干定点药店购药。国家药品监督管理局会同有关部门制定定点药店购药药事事故处理办法。参保人员应当在选定的定点医疗机构就医，并可自主决定在定点医疗机构购买或持处方在若干定点药店购药。

资料来源：作者基于国家相关政策文件整理而成

(四) 统筹基金不予支付范围

《社会保险法》第三十条规定，下列医疗费用不纳入基本医疗保险基金支付范围。

1. 应当从工伤保险基金中支付的

工伤保险待遇针对伤残对象的不同，大体可以分为四类：工伤医疗康复待遇、辅助器具配置待遇、伤残待遇和死亡待遇。在工伤医疗康复待遇中，治疗工伤所需的挂号费、医疗康复费、药费、住院费等符合工伤医疗诊疗项目目录、工伤保险药品目录、工伤保险入院服务标准的，从工伤保险基金中支付。本项规定是为了避免上述范围内的医疗费用支付与职工基本医疗保险基金支付的范围产生重叠，凡是按照规定应当由工伤保险基金支付的，基本医疗保险基金不予支付。

2. 应当由第三人负担的

这主要是指由第三人侵权，导致参保人员的人身受到伤害而产生的医疗费用。如参保人员被第三人打伤而入院治疗，由此产生的医疗费用，按照我国《民法典》的规定，应由侵权人负担，基本医疗保险基金不予支付。如果在此种情况下，侵权人(第三人)不支付该参保人员的医疗费，或者因侵权人逃逸等无法确定侵权人是谁的，为了保证受害的参保人能够及时获得医疗救治，则由基本医疗保险基金先行支付该参保人员的医疗费用。基本医疗保险基金先行支付后，医疗保险经办机构从受害的参保人那里取得代位追偿权，有权向侵权人追偿。应当指出两点：一是这里规定的“第三人”既包括自然人，也包括法人或其他组织；二是这里的“第三人不支付”的情形既包括第三人有能力支付而拒不支付的，也包括第三人没有能力或暂时没有能力而不能支付或者不能立即支付的。

3. 应当由公共卫生负责的

公共卫生是指政府组织全社会共同努力，改善社会卫生条件，预防控制传染病和其他流行疾病，培养良好的卫生习惯和文明的生活方式，达到预防疾病、促进人民群众身体健康所提供的医疗服务。公共卫生关系到人民群众的整体利益，主要由政府提供。政府应当向公民提供的基本卫生服务包括计划免疫、妇幼保健、应急救治、采供血以及传染病、慢性病、地方病的预防控制等。我国现阶段的基本公共卫生服务主要是由国家在上述范围内确定若干服务项目，免费向城乡居民提供。国家基本公共服务卫生项目所需费用纳入政府预算安排。

4. 在境外就医的

改革开放以来，中国公民大量走出国门，旅游、探亲、留学、学习培训、从事商务活动等。这些公民虽然参加了基本医疗保险，但其在境外就医发生的费用，基本医疗保险基金不予支付，可以通过参加所在国的医疗保险或者购买商业保险的方式予以解决。这里所说的“境外”，包括我国以外的其他国家。另外，我国的香港、澳门特别行政区及台湾地区也不在基本医疗保险支付范围内。

拓展训练6-1

1. 起付线与封顶线的计算

若某市上年度职工年平均工资为30 000元，该市规定三级、二级、一级医院的起付标准分别为上年度本市职工年平均工资的10%、8%、6%，封顶线为上年度职工年平均工资的6倍。请计算：

(1) 三级、二级、一级医院的起付线分别是多少元？

(2) 本年度统筹基金支付的最高限额为多少元？

(3) 若该市规定一个年度内第二次住院的起付线为上年度本市职工年平均工资的5%，那么第二次住院的起付线为多少元？

分析与解答：

医疗保险统筹基金开始支付的起付标准原则上控制在统筹地职工年平均工资的10%左右，具体的起付标准根据医院级别不同而不同，级别越高的医院，起付标准越高。

(1) 三级医院住院的起付线为：30 000×10%=3000(元)

二级医院住院的起付线为：30 000×8%=2400(元)

一级医院住院的起付线为：30 000×6%=1800(元)

(2) 医疗保险统筹基金支付的最高限额原则上控制在统筹地职工年平均工资的6倍，具体封顶线为：30 000×6=180 000(元)

(3) 一个年度内第二次住院的起付线为：30 000×5%=1500(元)

2. 个人账户每月进账规模

北京市某职工小张32岁，月平均工资为8000元，北京市职工月平均工资为6500元。请计算：

(1) 小张每月应缴纳基本医疗保险费用为多少元?

(2) 小张每月基本医疗保险个人账户有多少钱划入?

(3) 小张的同事刘某52岁，月平均工资同为8000元，刘某每月基本医疗保险个人账户有多少钱划入?

分析与解答：

按照北京市的相关规定，职工个人缴纳的医疗保险费全部划入个人账户，除此之外，北京市用人单位缴纳基本医疗保险费的一部分按照不同年龄段标准划入不同比例。本案例中，32岁的张某应划入的比例为本人月缴费基数的0.8%，52岁的刘某应划入的比例为2%，两者个人账户每月进账金额如下所述。

(1) 张某缴纳的医疗保险费为：8000×2%=160(元)

(2) 张某每月个人账户进账金额为：160+8000×0.8%=224(元)

(3) 刘某每月个人账户进账金额为：8000×2%+8000×2%=320(元)

3. 住院费用的报销

某市职工赵某因病在二级医院住院12天，共花费医疗费用48 000元。该市基本医疗保险统筹基金支付的起付线(二级医院)为1500元，封顶线为60 000元，具体的支付比例如表6-9所示。请计算赵某本次住院个人需要负担多少医疗费?

表6-9　某市统筹基金支付比例

支付范围	一级医院		二级医院		三级医院	
	统筹支付	个人支付	统筹支付	个人支付	统筹支付	个人支付
起付线	0	1000	0	1500	0	2000
起付线至20 000元	90%	10%	85%	15%	80%	20%
20 000元至30 000元	95%	5%	90%	10%	85%	15%
30 000元至40 000元	95%	5%	92%	8%	90%	10%
40 000元以上	97%	3%	97%	3%	95%	5%

分析与解答：

起付线以下自付部分：1500元

起付线至20 000元中自付部分：(20 000−1500)×15%=2775(元)

20 000元至30 000元中自付部分：(30 000−20 000)×10%=1000(元)

30 000元至元至40 000元中自付部分：(40 000−30 000)×8%=800(元)

40 000元至封顶线中自付部分：(48 000−40 000)×3%=240(元)

赵某个人负担额为：1500+2775+1000+800+240=6315(元)

七、医疗保险供给方费用的支付

(一) 医疗保险供给方费用支付的含义

医疗保险供给方费用支付是指医疗保险机构作为第三方代替被保险人向医疗服务供给方支付医疗服务费用。医疗保险供给方作为第三方支付医疗费用不仅对医疗服务供需双方的医疗行为有重要的调节作用，而且对控制医疗费用也有重要的作用。

医疗保险供给方费用支付是社会医疗保险最重要和最基本的职能。首先，它是一种经济补偿制度，即被保险人向社会保险机构缴纳保险费，形成社会医疗保险基金，当被保险人因病获得保险范围规定的医疗服务时，社会保险机构按照保险合同或法规条款给予被保险人全部或部分经济补偿。其次，社会医疗保险费用支付是一种法律契约关系，即社会保险机构、被保险人、医疗服务供给方都必须签订费用支付合同，各方在合同和保险规则的约束下履行相应的职责。

(二) 医疗保险供给方费用支付的方式

按照支付时间划分，医疗保险供给方费用支付的方式可分为后付制和预付制。后付制是指在医疗服务发生之后，根据服务发生的数量和支付标准进行支付的方式，这是一种传统的、使用广泛的支付方式。预付制是指在医疗服务发生之前，社会医疗保险机构按照预先确定的支付标准，向被保险人的医疗服务供给方支付医疗费用。

我国大部分地区采用后付制，按服务项目付费或按服务单元付费。部分地区因考虑到后付制难以起到控制费用的作用而采用预付制，如总额预付制。

1. 按服务项目付费

按服务项目付费是指按照不同医疗服务项目的服务价格和服务数量，计算医疗保险费用支付数额。这是传统的费用支付方式，仍然被大多数国家普遍使用。

采用这种付费方式时，相关部门对医疗服务过程中的每个服务项目制定价格，患者在接受医疗服务时逐一对服务项目付费或计费，然后由医保经办机构向患者或医疗机构支付费用。如果患者在医疗机构购买了一种医疗保险目录内的药品，则由医保经办机构按照一定比例向医疗机构支付费用。

按服务项目支付的优点：被保险人对医疗服务的选择性较大，对服务的各种要求容易得到满足，比较容易得到数量较多、方便、及时的医疗服务。由于医疗服务供给方和医务人员的收入与医疗服务的实际数量有直接关系，按服务项目支付有利于调动医疗服务供给方和医务人员的工作积极性。此外，按实际发生的服务项目和项目价格标准计算并支付医疗费用，操作方法比较简单，所需要的配套条件比较少。

按服务项目支付的缺点：由于按服务项目支付属于后付制类型，只能在事后对医疗服务的账单进行监督检查，难以在事前对供给方提供正确的费用导向，供给方诱导需求的现象比较严重。容易产生检查、用药、治疗等服务项目增加，住院天数延长，高新医疗技术过度配置等问题，难以有效遏制医疗费用过快增长。医疗服务项目种类繁多，因此较难制定合理的服务价格。为了实施对医疗保险的有效管理，社会医疗保险机构必须对医疗服务逐项进行审核、支付，因而工作量大，管理成本相对较高。

2. 按服务单元付费

按服务单元付费是指首先按一定标准将医疗机构提供的一系列医疗服务划分为若干服务单元，如一个门诊人次、一个住院人次或一个住院床日等，然后根据往年资料并综合考虑其他影响因素，制定每一服务单元的费用标准，如次均门诊费用、次均住院费用、住院日费用等，最后按照医疗机构提供的服务单元数量进行付费。比如，一个患者住院总费用=住院日费用标准×住院天数；医保经办机构支付某医院某段时间的总费用=患者总住院天数×住院日费用标准。

按服务单元付费的优点：标准单一、易于执行，经办机构审核工作量减少。

按服务单元付费的缺点：容易刺激服务种类和数量的增加，制定标准的工作量比较大，同时医疗管理获取服务信息比较困难，必须严格监督、检查并采用经济处罚手段防止不规范行为。

3. 按病种付费

按病种付费是指根据国际疾病分类法，将住院疾病按诊断分为若干组，每组又根据疾病的轻重程度及有无合并症、并发症分为几级，对每一组不同级别分别制定价格，按价格对该组某级疾病诊疗全过程一次性向医院支付费用。

我国许多统筹地区均开展了按病种付费的工作，选择的病种数不一，少则十几个病种(如北京市)，多则近百种(如山东省济宁市)甚至上百种(如黑龙江省牡丹江市)，管理手段和水平也不同。

按病种付费的优点：有利于医疗保险供给方控制投保人每次住院的费用，促使医院提高工作效率，降低服务成本，缩短住院天数，减少诱导性医疗费用的支出，准确有效的诊断和治疗，意味着医疗服务供给方服务成本的降低。因此，按病种支付将促进医院和医务人员不断提高诊断治疗水平，促进医疗质量的提高。按病种支付对管理的要求较高，这种方式将促进医疗服务供给方和医疗保险机构加强引导管理，尤其是标准化管理，以不断提高整个医疗保险系统的管理水平。

按病种付费的缺点：由于病情的轻重和复杂程度与病种支付的标准成正比，为了获得更多的收入，医疗服务供给方可能夸大患者的病情，诱导患者做手术和住院，甚至让病人出院后再入院，造成卫生资源的浪费。由于每一病种的支付标准固定，医疗服务供给方从自身的经济利益考虑，可能减少对患者的必要服务，降低服务成本，从而影响医疗服务质量和患者的利益。尽管按病种付费的结算方法简单，但这种支付方式要求有完善的信息系统和较高的管理水平支持，因而管理成本较高。

4. 总额预付制

总额预付制是指由政府或经办机构单方面与医疗机构协商，以此确定医疗机构在一定时期内医疗服务费用的总额预算，医疗机构向参保人员提供规定的医疗服务，并相对自主地确定预算款的使用。根据总额预算控制目标的范围，可将总额预算制从层次上分为三种形态：全国性的总额预付制、地区性的总额预付制和医疗机构性的总额预付制。在我国得到广泛使用的是地区性的总额预付制，即先在一个统筹地区内确定总额预付制度，再根据各医疗机构承担的定点医疗服务任务将预算总额分解到各定点医疗机构。总额预付是一种预付制，其特点是根据某种标准确定预算总额，医院和医生的收入不随服务量的增加和患者住院日的延长而增加。

总额预付制的优点：医院的预算额度一旦确定，医院的收入就不能随着服务量的增加而增加，所以总额预付制能够较好地控制医疗费用总量。由于医疗保险机构对医院的预算额度是确定的，医疗服务供给方有控制费用的动力，以获得较好的经济收益，有利于促使医院在收入总额固定的情况下，降低服务成本，提高资源利用率，促进卫生资源的合理配置。

总额预付制的缺点：由于医疗保险机构对医疗服务供给方支付的预算额度固定，医疗服务供给方的收入不能随其服务量的增加而增加，可能降低其提供服务的积极性和主动性，导致服务数量减少，出现医疗保险需求方住院困难、服务态度和服务质量下降的现象。

以上是我国医疗保险改革与管理中应用的几种支付方式。考虑到各种支付方式的优缺点和适用性，一般将多种支付方式相结合，优势互补，从而实现有效控制医疗费用的目的。

第二节　城乡居民医疗保险制度

一、城镇居民基本医疗保险

(一) 建立背景

城镇居民基本医疗保险是以没有参加城镇职工医疗保险的城镇未成年人和没有工作的居民为主要参保对象的医疗保险制度。它是继城镇职工基本医疗保险制度和新农合推行后，国家进一步解决广大人民群众医疗保障问题，不断完善医疗保障制度的重大举措。它主要是对城镇非从业居民医疗保险做了制度安排。这一制度在中国社会保险制度改革的历程中具有重大意义，指明了中国社会保险制度改革的方向。

(二) 主要内容

1. 覆盖范围

(1) 中小学阶段的学生、少年儿童(以下简称未成年人)。

(2) 高校在册学生。

(3) 年满18周岁不满60周岁的非从业居民(以下简称非从业居民)。

(4) 60周岁及以上的居民(以下简称老年居民)。

2. 资金来源

城镇居民基本医疗保险以家庭缴费为主，政府给予适当补助。参保居民按规定缴纳基本医疗保险费，享受相应的医疗保险待遇，有条件的用人单位可以对职工家属参保缴费给予补助。国家对个人缴费和单位补助资金制定税收鼓励政策。

对试点城市的参保居民，政府每年按不低于人均40元给予补助，其中，中央财政从2007年起每年通过专项转移支付，对中西部地区按人均每年20元给予补助。在此基础上，对属于低保对象的或重度残疾的学生和儿童参保所需的家庭缴费部分，政府原则上每年再按不低于人均10元给予补助，其中，中央财政对中西部地区按人均5元给予补助；对其他低保对象、丧失劳动能力的重度残疾人、低收入家庭60周岁以上的老年人等困难居民参保所需家庭缴费部分，政府每年按不低于人均60元给予补助，其中，中央财政对中西部地区按人均30元给予补助。

中央财政对东部地区参照新型农村合作医疗的补助办法给予适当补助。财政补助的具体方案由财政部门、人力资源和社会保障部门、民政部门等研究确定，补助经费要纳入各级政府的财政预算。2009年，财政补助标准由每人每年40元提高到80元。2010年，按照医改意见和实施方案要求，将各级财政对城镇居民基本医疗保险的补助标准提高到每人每年120元，并适当提高个人缴费标准。

2015年，各级财政对城镇居民基本医疗保险的补助标准达到人均380元，其中，中央财政对120元基数部分按原有比例补助，对增加的260元按照西部地区80%和中部地区60%的比例给予补助，对东部地区各省份分别按一定比例给予补助。2015年，居民个人缴费达到人均不低于120元。

3. 待遇支付

城镇居民基本医疗保险基金重点用于参保居民的住院和门诊大病医疗支出，有条件的地区可以逐步试行门诊医疗费用统筹。

城镇居民基本医疗保险基金的使用要坚持“以收定支、收支平衡、略有结余”的原则。要合理制定城镇居民基本医疗保险基金起付标准、支付比例和最高支付限额，完善支付办法，合理控制医疗费用。探索适合城镇困难非从业居民的医疗服务和费用支付办法，减轻他们的医疗费用负担。2010年，按照医改意见和实施方案要求，逐步提高城镇居民医疗保险政策范围内的住院报销比例，将城镇居民基本医疗保险最高支付限额提高到当地居民可支配收入的6倍左右。城镇居民基本医疗保险基金用于支付规定范围内的医疗费用，其他费用可以通过补充医疗保险、商业健康保险、医疗救助和社会慈善捐助等方式解决。

拓展训练6-2

1. 武汉市城镇居民基本医疗保险起付标准和报销比例

武汉市城镇居民基本医疗保险起付标准和报销比例按照参保人员的类别确定不同的标准。

(1) 学生、儿童。在一个结算年度内，发生符合报销范围18万元以下医疗费用的，三级医院起付标准为500元，报销比例为55%；二级医院起付标准为300元，报销比例为60%；一级医院不设起付标准，报销比例为65%。

(2) 年满70周岁以上的老年人。在一个结算年度内，发生符合报销范围10万元以下医疗费的，三级医院起付标准为500元，报销比例为50%；二级医院住院起付标准为300元，报销比例为60%；一级医院不设起付标准，报销比例为65%。

(3) 其他城镇居民。在一个结算年度内，发生符合报销范围10万元以下医疗费的，三级医院起付标准为500元，报销比例为50%；二级医院住院起付标准为300元，报销比例为55%；一级医院不设起付标准，报销比例为60%。

城镇居民在一个结算年度内住院治疗两次以上的，从第二次住院治疗起，不再收取起付标准的费用。转院或者两次以上住院的，按照规定的转入或再次入住医院起付标准补足差额。

武汉市某校小学生因病住院(三级医院)共花费医疗费用5500元(均符合“三目录”的报销范围)。请计算该小学生此次住院可以报销多少元?

分析与解答：

学生三级医院的起付标准为500元，报销比例为55%。

报销金额=(5500−500)×55%=2750(元)

2. 上海市城镇居民基本医疗保险的医疗待遇

(1) 门急诊待遇。参保人员门诊急诊(含家庭病床)所发生的医疗费用设起付标准，一年内医疗费用累计超过起付标准的部分，由居民医保基金按照一定比例支付，剩余部分由个人自付。

2022年度起付标准：60周岁及以上人员、城镇重残人员以及中小学生和婴幼儿为300元；超过18周岁、不满60周岁人员为1000元。

2022年度居民医保基金支付比例：在社区卫生服务中心(或者一级医疗机构)门诊急诊的，支付65%；在二级医疗机构门诊急诊的，支付55%；在三级医疗机构门诊急诊的，支付50%。

(2) 住院医疗待遇。对参保人员每次住院(含急诊观察室留院观察)所发生的医疗费用设起付标准。超过起付标准的部分，由居民医保基金按照一定比例支付，剩余部分由个人自付。

2022年度起付标准：一级医疗机构50元，二级医疗机构100元，三级医疗机构300元。

2022年度居民医保基金支付比例：60周岁及以上人员以及城镇重残人员，在社区卫生服务中心(或者一级医疗机构)住院的，支付90%；在二级医疗机构住院的，支付80%；在三级医疗机构住院的，支付70%。60周岁以下人员，在社区卫生服务中心(或者一级医疗机构)住院的，支付80%；在二级医疗机构住院的，支付70%；在三级医疗机构住院的，支付60%。

上海市某居民刘某62周岁，是城镇居民基本医疗保险的参保者，2022年在社区卫生服务中心共花费门诊费用1800元。请计算刘某的医疗费用由医疗保险基金支付多少元？

分析与解答：

上海市60周岁以上人员门诊起付标准为300元，一级医疗机构的报销比例为65%。

因此，医保基金支付金额=(1800−300)×65%=975(元)

(三) 城市居民基本医疗保险与城镇职工基本医疗保险的区别

1. 面对人群不同

城镇职工医保主要面向有工作单位或从事个体经济的在职职工和退休人员。城镇居民医保主要面向具有城镇户籍的、没有工作的老年居民、低保对象、重度残疾人、学生儿童及其他城镇非从业人员。

2. 缴费标准及来源不同

城镇职工医保由用人单位和职工个人共同缴纳，不享受政府补贴。城镇居民医保缴费标准总体上低于职工医保，在个人缴费基础上政府给予适当补贴。

3. 待遇标准不同

城镇居民医保由于统筹水平较低，医疗待遇标准总体上略低于职工医保。

4. 缴费要求不同

城镇职工医疗保险设立最低缴费年限，达到缴费年限的，退休后不再缴费即可享受基本医疗保险待遇；城镇居民医疗保险不设最低缴费年限，必须每年缴费，不缴费不享受待遇。

知识拓展6-3

大连市城镇居民基本医疗保险相关规定

1. 适用范围和对象

大连市城镇居民基本医疗保险适用于大连市行政区域内未纳入城镇职工基本医疗保

险范围内的下列人员。

(1) 具有本市非农户籍，男60周岁以上、女50周岁以上的居民(以下简称老年居民)。

(2) 具有本市非农户籍，未满18周岁且未在校就读的未成年人；在本市中小学校(包括职业高中、中专、技校)就读并取得学籍的学生；在本市中小学校就学且属于九年义务教育阶段的农民工子女(以下简称未成年居民)。

(3) 具有本市非农户籍，享受城市最低生活保障人员(不含未成年居民，以下简称低保人员)。

(4) 民政部门认定的城市低收入家庭人员(不含未成年居民，以下简称低收入人员)；持有《中华人民共和国残疾人证》的劳动年龄内非从业城镇居民(不含未成年居民，以下简称残疾人)。

(5) 在本市行政区域内，中央部委所属、省属和市属普通高等院校(包括民办高校)、科研院所(以下简称高校)中接受普通高等学历教育的全日制本专科生、全日制研究生(以下简称大学生)。

符合本办法规定的人员按自然年度(即每年1月1日至12月31日)参保，参保时一次性缴纳基本医疗保险费。

2. 城乡居民基本医疗保险缴费及补贴标准

(1) 个人缴费标准。2023年度大连市城乡居民医疗保险缴费标准按参保人员类型分为两档：成年居民个人缴费标准为每人440元；未成年居民和大学生个人缴费标准为每人350元。

(2) 政府补贴。2023年大连市城乡居民基本医疗保险财政补助标准每人每年提高到670元。

大连市政府对参加城乡居民基本医疗保险的人员实行补助制度，具体标准如下：低保人员按应缴费额补助100%；低收入人员按应缴费额补助40%，其中低收入家庭老年居民按应缴费额补助60%；残疾人按应缴费额补助40%，其中符合城市低收入人员条件的残疾人按应缴费额补助60%，符合城镇居民最低生活保障条件的残疾人按应缴费额补助100%；特殊教育学校的学生和本市烈士遗属、因公牺牲军人遗属以及病故军人遗属中的未成年居民，按应缴费额补助100%。

3. 医疗保险待遇

城镇居民缴纳的基本医疗保险费全部用于建立统筹基金，不建立个人账户，不累计计算缴费年限(低保人员、低收入人员、残疾人除外)，缴费当期享受相关待遇。

城镇居民未在规定时间参保的，或已经参保的人员中断缴费的，可在医疗保险年度内补缴当年度的医疗保险费，并从缴费满3个月后的次月1日起享受本办法规定的医疗保险待遇。

城镇居民基本医疗保险主要保障住院医疗和门诊医疗，对未成年居民和大学生适当兼顾意外伤亡抚恤金。根据大连市医疗保障局2022年12月发布的《关于城乡居民基本医疗保险门诊统筹待遇有关问题的通知》(大医保发〔2022〕78号)，大连市城乡居民基本医疗保险的门诊统筹待遇如下所述。

1) 普通门诊统筹

参保人员在普通门诊统筹定点医药机构发生的医疗保险政策范围内的普通门(急)诊医疗费用(以下简称普通门诊医疗费用)，由居民医保统筹基金按以下标准进行支付。

(1) 起付标准。在特殊三级(包括大连医科大学附属第一医院、大连医科大学附属第二医院、大连市中心医院、大连大学附属中山医院，下同)、其他三级、二级和一级医院(社区卫生服务中心、卫生院等按规定不评定级别的医疗机构按照一级医院标准执行，下同)发生的普通门诊医疗费用，居民医保统筹基金对未成年和大学生参保人的年度累计起付标准分别为500元、350元、250元、150元；对成年参保人的年度累计起付标准分别为1000元、700元、300元、150元。参保人员在传染病和精神疾病专科医院发生的普通门诊医疗费用，居民医保统筹基金年度累计起付标准统一为150元。已经由普通门诊统筹基金按规定报销后的个人自付费用，不累计计入参保人员普通门诊统筹年度起付标准。

(2) 支付比例。参保人员在三级(包括特殊三级和其他三级)、二级和一级医院发生的超过上述起付标准的普通门诊医疗费用，居民医保统筹基金支付比例分别为50%、55%、60%。参保人员在传染病和精神疾病专科医院发生的普通门诊医疗费用，居民医保统筹基金支付比例统一为60%。

(3) 支付限额。参保人员发生的普通门诊医疗费用，居民医保统筹基金年度支付限额为500元。

(4) 倾斜待遇。参保人员与基层医疗机构的家庭医生签约升级服务包，并在签约基层医疗机构就诊的，居民医保统筹基金支付比例提高5个百分点。

2) 门诊慢特病

参保人员在定点医疗机构门诊治疗慢特病所发生的医疗保险政策范围内的医疗费用，纳入门诊慢特病的保障范围。大连市门诊慢特病病种目录、待遇享受期、待遇水平按相关规定执行。医保单独结算的高值药品，不纳入门诊慢特病费用保障范围。参保患者可以同时享有多项门诊慢特病待遇，但同一病种下细分病种待遇不可兼得。门诊慢特病待遇与普通门诊统筹待遇可以兼得。一笔门诊医疗费用只能按一项待遇支付。参保人员中途享受门诊慢特病待遇的，按月计算当年最高支付限额。门诊慢特病年度最高支付限额为基本医疗保险和补充医疗保险合计支付金额。住院期间发生的透析相关费用纳入住院费用中按照住院标准进行报销。

门诊慢特病待遇享受期期满，停止享受待遇资格，仍需继续治疗的，应再次申请认定。对满足慢特病患者待遇享受期为长期或5年的，且认定后连续24个月未发生合规医疗费用的，停止其享受待遇资格。

3) 住院报销

城乡居民基本医疗保险统筹支付标准如表6-10所示，大连市城乡居民大病保险支付标准如表6-11所示。

表6-10　城乡居民基本医疗保险统筹支付标准

人员类别		医院级别						异地	
		大一附一附二、中心附属中山	其他三甲	其他三级医院	二级	一级/家床	基层医疗机构及护理院	依规转诊急诊	未依规转诊急诊
未成年大学生	起付/元	300			200	100	100	1500	2000
	比例	75%			85%	90%	95%	70%	60%
成年居民	起付/元	1200	850	600	500	300	100	1500	2000
	比例	65%		70%	80%	85%	90%	50%	40%

表6-11　大连市城乡居民大病保险支付标准

人员类别	2023年度起付标准	支付比例		
		起付线～5万元	5万～10万元	10万元以上
非低保、特困、孤儿	22 000	60%	65%	70%
低保、特困、孤儿	11 000	75%		

保险年度内，未成年居民、大学生因病或非第三方责任造成意外亡故的，基本医疗保险基金将向法定受益人一次性支付抚恤金5万元。城乡居民同时享受基本医疗保险和大病保险待遇。基本医疗保险报销限额：未成年居民、大学生为20万元；成年居民为15万元。大病保险无限额。

4. 医疗保险基金不予支付的范围

参保人员有下列情形之一的，城镇居民医疗保险统筹基金不予支付医疗保险待遇。

(1) 在国外或中国港、澳、台地区治疗的。

(2) 自杀、自残的(精神病除外)。

(3) 斗殴、酗酒、吸毒及其他因犯罪或违反治安管理行为所致伤病的。

(4) 交通事故、意外伤害、医疗事故等由他方承担医疗费赔偿责任的。

(5) 因美容、矫形、生理缺陷等进行治疗的。

(6) 国家和省、市城镇居民基本医疗保险政策规定的其他不支付费用的情形。

资料来源：大连市人力资源和社会保障局[EB/OL]. https://rsj.dl.gov.cn/. 作者整理

二、新型农村合作医疗制度

(一) 新农合的建立与发展

我国的农村合作医疗制度最早出现在抗日战争时期，它大致经历了20世纪30年代在陕甘宁边区的萌芽阶段，20世纪50年代农业生产合作社成立后的启动阶段，20世纪60、70年代的推广普及阶段，20世纪80年代实施家庭联产承包责任制后的迅速崩溃阶段，在20世纪90年代进行了重建探索，其间经历了一个迅速兴起、很快衰落、再次启动的反复过程。直到进入21世纪，自2003年起，中共中央及国务院启动了新型农村合作医疗制度的试点建设工作。

新型农村合作医疗制度是指群众互助、政府支持的，具有社会保险特性的，与社会经济发展相一致，为农村居民提供基本医疗保障的农村医疗保障制度。新时期农村合作医疗不是传统农村合作医疗的简单恢复和重建。

2003年1月10日，卫生部(现为卫生和计划生育委员会)、财政部、农业部(现为农业农村部)联合发出《关于建立新型农村合作医疗制度的意见》，该意见对建立新农合的工作进行了总体布局。文件要求从2003年起，各省、自治区、直辖市应选择2～3个县(市)先行试点，取得经验后逐步推开。到2010年，实现在全国建立基本覆盖农村居民的新农合的目标，减轻农民因疾病带来的经济负担，提高农民的健康水平。

(二) 新农合的内容

1. 覆盖范围

除已参加城镇职工基本医疗保险和城镇居民医疗保险外的农村居民，均可参加新型农村合作医疗。符合政策领取生育证的当年新生儿、当年婚嫁入户、当年退伍返乡、当年劳改劳教刑满释放人员等均可预期缴费参与。

2. 基金来源

基金来自农民个人缴费和各级政府财政资金补贴，一些富裕地区集体经济给予一定补助。在2003年试点初期，试点地区农民个人每年的缴费标准不应低于10元，地方财政对参加新农合的农民资助不低于年人均10元，中央财政对中西部地区参加新农合的农民的年人均补助提高到10元。有条件的地区可以适当提高筹资标准。

2006年，中央财政对中西部地区参加新农合的农民的年人均补助提高到20元，同时将中西部农业人口占多数的市辖区和东部部分省份困难地区的县(市)纳入中央财政补助范围，地方财政对每个农民每年的补助不低于20元，农民自筹资金10元。

2008年，中央规定利用两年时间将筹资水平提高到每年100元，中央、地方各出资40元，农民个人筹资提高到20元。2011年政府每年补助标准为200元，2012年为240元，2013年为280元，2014年为320元，2015年政府补助标准提高到380元，个人缴费标准达到每人每年90元。

3. 待遇支付

1) 补偿范围

新农合基金主要补助参加新农合农民的大额医疗费用或住院医疗费用。有条件的地区，可实行大额医疗费用补助与小额医疗费用补助相结合的办法，既提高抗风险能力，又兼顾农民受益面。

2) 补偿标准

各省、自治区、直辖市要制定农村合作医疗报销基本药物目录。各县(市)要根据筹资总额，结合当地实际，科学合理地确定新农合基金的支付范围、支付标准和额度，确定常规性体检的具体检查项目和方式，防止农村合作医疗基金超支或过多结余。

拓展训练6-3

大连市旅顺口区城乡居民医疗保险水平

2023年，城乡居民医疗保险政策范围内住院报销比例和起付线如下：成年居民起付线分别为100元(基层医疗机构)、300元(一级医院)、500元(二级医院)、600元(普通三级医院)、850元(三甲医院)、1200元(大一附一附二、中心附属中山)，补偿比例分别为90%、85%、80%、70%、65%；到大连市以外省级定点医疗机构住院的起付线为1500元，报销比例为50%。最高支付限额为15万元。

大连市旅顺口区某村民是城乡居民医疗保险的参保人，2023年在一级定点医疗机构住院共花费2800元(符合“三目录、两定点”)，请计算本次住院该村民需自付多少费用？

分析与解答：

一级医院的起付线为300元，报销比例为85%。

报销金额=(2800-300)×85%=2125(元)

自付金额=2800-2125=675(元)

三、城乡居民基本医疗保险制度的整合

2016年1月3日，国务院印发《关于整合城乡居民基本医疗保险制度的意见》(国发〔2016〕3号)，要求各省、自治区、直辖市人民政府在总结城镇居民基本医疗保险(以下简称城镇居民医保)和新农合运行情况及地方探索实践经验的基础上，整合城乡居民基本医疗保险(以下简称城乡居民医保)，并提出了具体意见和整合政策。

(一) 整合背景

2003年与2007年，我国针对农村人口、城镇非就业人口分别建立了新农合、城镇居民医保制度。制度建立以来，覆盖范围不断扩大，保障水平稳步提高，制度运行持续平稳，对于健全全民基本医保体系、满足群众基本医疗保障需求、提高人民群众健康水平发挥了重要作用。

近年来，随着经济社会快速发展，两项制度因城乡分割的弊端逐步显现，重复参保、重复投入、待遇不公平等问题日益突出。为深入推进医疗卫生体制改革，实现城乡居民公平享有基本医疗保险权益，促进社会公平正义和城乡经济社会协调发展，在总结城镇居民医保和新农合运行情况以及地方探索实践经验的基础上，党中央、国务院明确提出整合城镇居民医保和新农合两项制度，建立统一的城乡居民基本医疗保险制度。

(二) 推进整合城乡居民医保制度的总体思路、目标和基本原则

整合城乡居民医保制度的总体思路，是从政策入手，遵循先易后难、循序渐进原则，“统一制度、整合政策、均衡水平、完善机制、提升服务”。突出整合制度政策，实行“六统一”；突出理顺管理体制，整合经办机构，提供城乡一体化经办服务；突出提升服务效能，实现逐步过渡和平衡转轨，建立统一的城乡居民基本医疗保险制度。

整合城乡居民医保制度的工作目标：推进城镇居民医保和新农合制度整合，逐步在全国范围内建立统一的城乡居民医保制度，推动保障更加公平、管理服务更加规范、医疗资源利用更加有效、促进全民医疗保障体系的持续健康发展。

整合城乡居民医保制度应遵循以下基本原则。

1. 统筹规划、协调发展

把城乡居民医保制度整合纳入全民医保体系发展和深化医改全局，突出三医联动，加强制度衔接。

2. 立足基本、保障公平

立足经济社会发展水平、城乡居民负担和基金承受能力，充分考虑并逐步缩小城乡差距、地区差异，保障城乡居民公平享有基本医保待遇。

3. 因地制宜、有序推进

加强整合前后的衔接，确保工作顺畅接续、有序过渡，确保群众基本医保待遇不受影响，确保基金安全和制度运行平稳。

4. 创新机制、提升效能

坚持管办分开，完善管理运行机制，深入推进支付方式改革。充分发挥市场机制的作用，调动社会力量参与基本医保经办服务。

(三) 整合制度政策

从政策入手整合城乡居民医保制度，重点是要整合其筹资和待遇保障政策。在研究比对原有两项制度差异并总结各地实践经验的基础上，提出了“六统一”的政策整合要求。

1. 统一覆盖范围

城乡居民医保覆盖除城镇就业人口以外的其他城乡居民，允许参加职工医保有困难的农民工和灵活就业人员选择参加。

2. 统一筹资政策

坚持多渠道筹资，合理确定城乡统一的筹资标准，完善筹资动态调整机制，改善筹资分担结构。城镇居民医保和新农合个人缴费标准差距较大地区可采取差别缴费的办法

逐步过渡。逐步建立个人缴费标准与城乡居民人均可支配收入相衔接的机制。

3. 统一保障待遇

逐步统一保障范围和支付标准，政策范围内住院费用支付比例保持在75%左右，逐步提高门诊保障水平。妥善处理整合前后特殊保障政策的衔接，逐步缩小政策范围内支付比例与实际支付比例间的差距。

4. 统一医保目录

各省根据国家有关规定，遵循“临床必需、安全有效、价格合理、技术适宜、基金可承受”的原则，在现有城镇居民医保和新农合目录的基础上，适当考虑参保人员的需求变化，制定统一的医保药品和医疗服务项目目录。

5. 统一定点管理

统一定点机构管理办法，强化定点服务协议管理，健全考评机制，实行动态准入退出。对社会办医采取一视同仁的政策。

6. 统一基金管理

执行统一的基金财务制度、会计制度和基金预决算管理制度，强化内控管理、外部监督制度，推进付费总额控制，健全基金运行风险预警机制，合理控制基金结余，防范基金风险，提高使用效率。

(四) 理顺管理体制，为城乡居民提供一体化经办服务

理顺管理体制，实现一体化经办服务，有利于解决不同部门管理不协调、难衔接等问题，有利于提高经办管理服务效率，增强基金的安全性和管理的规范性，避免重复建设、重复补贴，实现公共服务均等化，为参保人员提供高效便捷的经办服务。国务院《关于整合城乡居民基本医疗保险制度的意见》对理顺管理体制，提供城乡一体化医保经办服务提出了要求。

1. 整合经办机构

鼓励有条件的地区理顺管理体制，统一行政管理职能。充分利用现有经办资源，对经办机构、人员、信息系统等各类经办力量进行整合，规范经办服务流程，补足经办服务短板，提供城乡一体化经办服务。

2. 创新经办管理

通过完善管理运行机制，提升服务手段，改进管理办法，进一步提升管理效率和服务水平。同时，鼓励有条件的地区创新经办服务模式，在确保基金安全和有效监管的前提下，以政府购买服务的方式委托商业保险机构参与基本医保经办服务。

(五) 提升服务效能，不断提高基金效率和优化医保服务

提升服务效能，对推进制度整合、实现整合目标有重要意义，有利于提高基金效率和优化医保服务，实现制度的平稳可持续发展。国务院《关于整合城乡居民基本医疗保险制度的意见》(以下简称《意见》)对此提出了四方面要求。

1. 提高统筹层次

原则上实行市(地)级统筹，鼓励有条件的地区实行省级统筹。要根据地区经济发展水平和医疗服务水平加强基金分级管理，充分调动县级政府、经办管理机构基金管理的积极性和主动性。

2. 整合完善信息系统

为城乡居民医保制度运行和功能拓展提供支撑，推进信息交换与数据共享，强化信息安全与隐私保护。

3. 完善付费方式

系统推进按人头付费、按病种付费、按床日付费、总额预付等多种付费方式相结合的复合支付方式改革，推动形成合理的医保支付标准，引导医疗机构规范服务，推进分级诊疗制度建设，引导建立合理有序的就医秩序。

4. 加强医疗服务监控

完善定点医疗机构协议管理，强化对医疗服务的监控。充分利用信息化手段，推进医保智能审核和实时监控，加强医疗服务监管，规范医疗服务行为。

(六) 整合制度对城乡居民参保缴费和保障待遇的影响

通过整合城乡居民医保制度，实现制度政策“六统一”，整合经办管理资源，提升服务效能，城乡居民将获得更多实惠。

1. 制度更加公平

城乡居民医保制度整合后，城乡居民不再受城乡身份的限制，参加统一的城乡居民医保制度，按照统一的政策参保缴费和享受待遇，城乡居民能够更加公平地享有基本医疗保障权益。

2. 保障待遇更加均衡

按照立足基本、保障公平的原则，充分考虑并逐步缩小城乡差距、地区差异，统一保障待遇、医保目录和就医管理，同时适度提升了群众保障待遇，城乡间、地区间居民医保待遇更加均衡。

3. 服务更加规范

通过统一定点管理、整合医保基金、整合经办资源、提高统筹层次等措施，参保群

众可以享受到城乡一体化的经办服务。同时，制度整合后，实行一体化的经办服务管理，消除了城乡制度分设、管理分割、资源分散等障碍，城乡居民医保关系转移接续更加方便。由于制度整合工作是一项复杂的系统工程，各地在推进相关工作时，要采取有力措施确保制度顺畅衔接、平稳过渡，避免因个别特殊保障政策的调整而导致参保人员待遇的暂时性下降。

(七) 整合制度的实施与推进

整合城乡居民医保制度涉及人民群众的切身利益，涉及面广、政策性强。为做好制度整合工作的组织实施，确保平稳顺利推进，《意见》提出了明确的要求。

1. 加强组织领导

各地各有关部门要按照全面深化改革的战略布局要求，充分认识制度整合工作的重要意义，切实加强组织领导，精心谋划，周密安排，抓好落实。各省级医改领导小组要加强统筹协调，及时研究解决整合过程中的问题。

2. 抓紧制定实施方案

各省(自治区、直辖市)对整合城乡居民医保工作做出规划和部署，明确时间表、路线图，严格落实责任制，确保各项政策措施落实到位。各统筹地区出台具体实施方案。深化医改综合试点省要将整合城乡居民医保作为重点改革内容，加强与医改其他工作的统筹协调，加快推进。

3. 加强部门分工协作，细化政策措施

各地人社、卫计、财政、保监、发改、编制和医改等部门要按照职责，完善相关政策措施，加强制度衔接，做好监管和跟踪评估，做好协调，确保制度整合工作平稳推进。

4. 加强舆论宣传，及时准确解读政策

各地宣传总结经验亮点，妥善回应公众关切，合理引导群众预期。

2018年8月，国家医保局发布《国家医保局、财政部、人力资源和社会保障部、国家卫生健康委关于做好2018年城乡居民基本医疗保险工作的通知》(医保发〔2018〕2号)(以下简称《通知》)，该《通知》提出：“各地要按照党中央、国务院的要求，抓紧推进整合工作，2019年全国范围内统一的城乡居民医保制度全面启动实施。整合过程中，要结合全民参保计划，巩固城乡居民医保覆盖面，确保稳定连续参保，实现应保尽保，避免重复参保。”

(八) 城乡居民基本医疗保险制度现状

1. 覆盖范围

城乡居民基本医疗保险覆盖除职工基本医疗保险应参保人员以外的其他所有城乡居

民。农民工和灵活就业人员依法参加职工基本医疗保险，有困难的可按照当地规定参加城乡居民医保。各地要完善参保方式，促进应保尽保，避免重复参保。

2. 资金筹集

坚持多渠道筹资，实行以个人缴费与政府补助相结合为主的筹资方式，鼓励集体、单位或其他社会经济组织给予扶持或资助。各地统筹考虑城乡居民医保与大病保险保障需求，按照基金收支平衡的原则，合理确定城乡统一的筹资标准。原来城镇居民医保和新农合个人缴费标准差距较大的地区，可采取差别缴费的办法，从2016年起利用2～3年时间逐步过渡。整合后的实际人均筹资和个人缴费不得低于现有水平。

2018年城乡居民医保财政补助和个人缴费标准同步提高。各级财政人均补助标准在2017年基础上新增40元，达到每人每年不低于490元。2018年城乡居民医保人均个人缴费标准同步新增40元，达到每人每年220元。

2019年城乡居民基本医疗保险人均财政补助标准新增30元，达到每人每年不低于520元，新增财政补助一半用于提高大病保险保障能力(在2018年人均筹资标准基础上增加15元)，个人缴费同步新增30元，达到每人每年250元。

2022年继续提高城乡居民基本医疗保险筹资标准。各级财政继续加大对居民医保参保缴费补助力度，人均财政补助标准新增30元，达到每人每年不低于610元；同步提高个人缴费标准30元，达到每人每年350元。中央财政继续按规定对地方实施分档补助，对西部、中部地区分别按照人均财政补助标准80%、60%的比例给予补助，对东部地区各省份分别按一定比例补助。

享受城乡居民最低生活保障和生活困难补助人员、享受城乡低收入救助人员、特困供养人员、享受定期抚恤补助的优抚对象、由民政部门管理具有本市户籍的见义勇为人员(含享受定期抚恤补助的见义勇为死亡人员遗属)、去世离休干部无工作配偶、计划生育特殊家庭成员、低收入农户、享受困境儿童生活保障的事实无人抚养儿童、区级福利机构内由政府供养的享受困境儿童生活保障的孤儿弃婴、残疾人员和参照本市城乡社会救助对象医疗救助政策享受医疗待遇的退养人员、退离居委会老积极分子，个人缴费由户籍所在区财政全额补贴。

3. 城乡居民基本医疗保险基金构成及管理

1) 城乡居民基本医疗保险基金构成

城乡居民基本医疗保险基金由城乡居民个人缴纳的基本医疗保险费、政府补助资金、集体和单位或其他社会经济组织扶持及资助或捐助资金、城乡居民医保基金利息收入和依法纳入的其他资金构成。

城乡居民基本医疗保险基金纳入社会保障基金财政专户，单独核算，专款专用，并执行社会保险基金预决算制度。

2) 城乡居民基本医疗保险基金管理

(1) 城乡居民基本医疗保险原则上实行市(地)级统筹,各地根据统筹地区内各县(市、区)的经济发展和医疗服务水平，加强基金的分级管理，充分调动县级政府、经办管理机构基金管理的积极性和主动性。鼓励有条件的地区实行省级统筹。

(2) 城乡居民医保执行国家统一的基金财务制度、会计制度和基金预决算管理制度。城乡居民医保基金纳入财政专户，实行“收支两条线”管理。基金独立核算、专户管理，任何单位和个人不得挤占挪用。

4. 城乡居民基本医疗保险待遇

城乡居民医保基金主要用于支付参保人员发生的住院和门诊医药费用。

(1) 参保人员发生的，符合统筹地区基本医疗保险药品目录、诊疗项目目录、医疗服务设施范围以及学生儿童补充报销范围规定的门(急)诊、住院医疗费用，由城乡居民医疗保险基金按规定支付。

(2) 上年度参保人员在本年度连续参保缴费的，可享受门(急)诊医疗费用报销待遇；未连续参保缴费的，不享受门(急)诊医疗费用报销待遇。当年符合参保条件且参保缴费的，视为连续参保缴费。

(3) 城乡居民医保基金在一个医疗保险年度内门(急)诊的起付标准，各地略有差别。

(4) 患有特殊病种的参保人员按规定办理备案手续后，特殊病种门诊就医享受住院医疗费用报销待遇。特殊病种类别另行规定。

(5) 城乡居民医保基金不予支付下列医疗费用：①应当由公共卫生负担的；②在非基本医疗保险定点医疗机构就诊的；③在非本人定点医疗机构就诊的(急诊除外)；④因交通事故、医疗事故或者其他责任事故造成伤害的；⑤因本人吸毒、打架斗殴或者因其他违法行为造成伤害的；⑥因自杀、自残、酗酒等原因就诊的；⑦在国外或者中国香港及澳门特别行政区以及中国台湾地区就诊的；⑧按照国家和本地规定不应由城乡居民医保基金支付的其他情形。

医疗费用依法应当由第三人负担，第三人不支付或者无法确定第三人的，由城乡居民医保基金先行支付。城乡居民医保基金先行支付后，有权向第三人追偿。

第三节　补充医疗保险制度

一、补充医疗保险制度的概念

补充医疗保险是相对于基本医疗保险而言的，是指为满足参保人员基本医疗保障范围之外的医疗保障需求而建立的补充性医疗保障制度。补充医疗保险有广义和狭义之分。狭义上讲，补充医疗保险是指对现有基本医疗保险制度下支付水平的补充，是为了满足不同层次的医疗消费需求，补偿超过基本医疗保险封顶线部分的医疗服务费用，以及基本医疗保险不覆盖的服务项目费用，主要包括公务员医疗补助、大额医疗费用补助、企业补充医疗保险等。广义上讲，补充医疗保险是指国家和社会建立的基本医疗保险(主体医疗保险)以外的各种医疗保险形式的总称，既可以是非营利性的医疗保险，如企业互助医疗保险等；也可以是营利性的医疗保险，如商业医疗保险等。

随着社会经济的发展和医疗消费水平的提高，各种医疗服务需求明显增加，基本医疗难以满足社会成员多层次、多样化的医疗保障需求。补充医疗保险的建立是从对基本医疗保险进行补充的角度出发，通过各种不同形式来满足不同群体的医疗需求，有利于促进社会稳定和经济发展。但相对于基本医疗保险而言，补充医疗保险在很大程度上依赖市场机制，体现效率原则。

补充医疗保险采取多种不同的实施方式。例如，从保障对象来看，有针对公务员的国家公务员医疗补助；有针对企业职工的企业补充医疗保险和针对职工及其家属的大病医疗互助保险；还有针对更广泛群体的商业健康保险等。从开办主体来看，有政府主办的补充医疗保险；有在政府引导下企业自办的补充医疗保险；有企业主办、职工自愿参加的补充医疗保险；还有工会等社会团体开办的医疗互助保险等。

在不同的补充医疗保险形式中，除国家公务员医疗补助由政府出资主办外，其他补充医疗保险制度基本采取自筹自办的形式，即资金筹集、管理、运营和支付等都由主办补充医疗保险的非政府部门负责，相对而言较为独立。采取自筹自办，一方面有利于多渠道筹集医疗保障资金，减轻政府财政负担；另一方面有利于根据不同的保障对象，有针对性地制定不同的筹资标准并确定保障水平。

二、补充医疗保险的作用

(1) 补充医疗保险可以在更大范围内和更高层次上满足职工健康保障的需要，不仅可以为基本医疗保险未覆盖的人群、基本医疗保险不予支付的医疗费用提供补充，而且可以满足更高层次的医疗消费需求。

(2) 医疗保险制度改革的深化、多层次医疗保障体系的建立都要求建立补充医疗保险。

(3) 补充医疗保险具有调节收入分配和社会消费结构的作用。

(4) 补充医疗保险基金的投资营运，使之形成资本市场的重要支柱。

(5) 发展补充医疗保险更有利于强化医患制约。

(6) 补充医疗保险有利于企业吸引人才、增强职工的凝聚力。

三、补充医疗保险与基本医疗保险的区别

补充医疗保险是在基本医疗保险基础上建立起来的，主要补偿保障对象基本医疗保险封顶线之上以及保障范围之外的医疗费用，以弥补基本医疗保险保障能力的不足。补

充医疗保险与基本医疗保险在如下几个方面有所区别。

1. 性质不同

基本医疗保险是由政府强制执行的一种医疗保险制度，具有强制性，它不取决于参保人的意愿，作为一种社会福利性事业，具有非营利性。而补充医疗保险则是由社会保险经办机构或商业保险公司举办的，参保对象是自愿参加或相对自愿参加的。营利性分两种情况：商业保险公司举办的补充医疗保险具有营利性；社会保险经办机构办理的补充医疗保险具有非营利性。

2. 具体作用不同

基本医疗保险是为了保障劳动者的基本医疗需求，目的是维护社会公平，在医疗保险范围内调节收入差距，增加社会共济和公平性。而补充医疗保险则是参保人或参保单位根据自身经济实力自愿投保以满足较高层次的医疗需求或其他方面的特殊要求，体现效率性和“多缴费多受益”的原则。

3. 解决的利益诉求不同

在社会医疗保险制度下，个人负担较重。参保人在享受基本医疗保险时，先要自付起付线以下的费用，进入社会统筹之后，在起付线和封顶线之间，个人还要自付一定比例的费用。基本医疗保险的主要作用是通过互助共济，保障人们的基本医疗权益，维护社会的稳定。而补充医疗保险则会弥补和减轻少数参保人自付费用过多的困难。

4. 权利和义务关系不同

基本医疗保险的权利与义务关系建立在劳动关系上，只要参保人履行了缴纳保险费的义务，就能获得享受基本医疗需求的权利，但在某种程度上，参保人所缴纳的医疗保险费与医疗保险待遇水平之间并不成正比，即权利与义务并不完全对等。而补充医疗保险的权利与义务关系建立在合同或协议的基础之上，只要参保人或参保单位有经济承受能力、自愿参加补充医疗保险，并按规定缴纳保险费，就能获得相应的权利，所享受的医疗待遇水平与所缴纳的保费成正比，体现“多缴费多受益”的原则。

5. 待遇水平确定的基础不同

基本医疗保险只保障参保人的基本医疗需求，所享受的医疗保险待遇水平要随着国家财政状况、物价水平、社会生产力水平的变化做出相应调整。而补充医疗保险给付水平的确定一般只考虑参保人缴费的多少，并不过多考虑其他因素。

6. 立法范畴不同

基本医疗保险属于国家立法范畴，它反映国家、用人单位和劳动者三方之间的利益关系，受法律保护，为劳动者投保医疗保险是国家对劳动者应尽的责任和义务。而在补充医疗保险的保险关系中，双方当事人享受的权利和义务则以合同或协议为依据，保险关系的建立是在平等、自愿、互利、等价的基础之上，其权利和义务关系应由民事法律调整。

四、我国补充医疗保险的形式

我国的补充医疗保险是伴随着基本医疗保险制度的实施而产生的。20世纪90年代，在国家宏观政策的指导下，各地对补充医疗保险进行了积极的探索。许多地区和城市，在建立城镇职工基本医疗保险的同时，纷纷积极筹建多种形式的补充医疗保险，主要包括公务员医疗补助、企业补充医疗保险、大额医疗费用补助、军人退役医疗保险等。

(一) 公务员医疗补助

1. 公务员医疗补助的含义

国家公务员医疗补助是指国家为了保障公务员的医疗待遇水平不降低而建立的一种补充医疗保险的形式，目的在于保障国家公务员的原有医疗待遇水平不降低。

根据国务院《关于建立城镇职工基本医疗保险制度的决定》精神，结合我国公务员医疗保障的实际情况，明确了在实施城镇职工基本医疗保险的基础上，对国家公务员实行医疗补助政策。2000年4月，劳动和社会保障部(现为人力资源和社会保障部)联合财政部出台了《关于实行国家公务员医疗补助的建议》，该建议对公务员医疗补助政策的原则、补助范围、资金来源、经费使用、经办管理等问题进行了相应的规定。我国现行的国家公务员医疗补助是在实施城镇职工基本医疗保险的基础上建立起来的，由国家主办和经办。

2. 公务员医疗补助的目的

为了保障国家公务员的医疗待遇水平不下降，在参加城镇职工基本医疗保险的基础上，超过基本医疗保险以外的医疗费用，国家对公务员将实行医疗补助。这是借鉴了国际上的通行做法，更重要的是考虑国家公务员的工作性质和特点，为了保证国家公务员的健康水平和勤政廉政，并与国家城镇职工基本医疗保险制度相衔接而实施的。同时，在我国现实国情下，国家公务员的收入水平还不能提高到应有的水平，对医疗费用的负担能力有限，因此，国家要对公务员实行医疗补助。

3. 公务员医疗补助的范围和对象

符合《国家公务员暂行条例》和《国家公务员制度实施方案》规定的国家行政机关工作人员和退休人员；经人事部或省、自治区、直辖市人民政府批准列入依照国家公务员制度管理的事业单位的工作人员或退休人员；经中共中央组织部或省、自治区、直辖市党委批准列入参照国家公务员制度管理的党政机关，人大、政协机关，各民主党派和工商联机关以及列入参照国家公务员管理的其他单位机关工作人员和退休人员；审判机关、检察机关的工作人员和退休人员。

4. 公务员医疗补助的经费来源

补助经费由各级财政拨付，不设基金，个人不缴费。按现行财政管理体制，医疗补助经费由同级财政列入当年财政预算，具体筹资标准应根据原公费医疗的实际支出、基本医疗保险的筹资水平和财政承受能力等情况合理确定。医疗补助经费要专款专用、单独建账、单独管理，与基本医疗保险基金分开核算。

5. 公务员医疗补助的保障水平

公务员医疗补助主要用于补助个人实际负担的医疗费用，具体补助办法由各级人民政府制定具体方案。公务员医疗补助主要用于基本医疗保险统筹基金最高支付限额以上，符合基本医疗保险用药、诊疗范围和医疗服务设施标准的医疗费用补助；在基本医疗保险支付范围内，个人自付超过一定数额的医疗费用补助；中央和省级人民政府规定享受医疗照顾的人员，在就诊、住院时按规定补助的医疗费用。

(二) 企业补充医疗保险

企业补充医疗保险是企业在参加城镇基本医疗保险的基础上，依据企业经营效益和行业特点，由企业自主举办或参加，国家给予政策鼓励，并经国家社会保障部门批准设立的一种补充性医疗保险形式。

我国现在建立的城镇职工基本医疗保险制度保障的是基本医疗保险水平，一些效益比较好的企业，特别是邮电、银行、保险公司等参加地方基本医疗保险统筹后，待遇都有所降低，这也是这些企业一直不愿参加医疗保险，而愿意实行企业或同行内自保的原因。针对这一问题，国家在强调要严格执行“属地原则”的同时，允许这些企业办理补充医疗保险。为了减轻企业负担，企业补充医疗保险费在工资总额的4%以内的部分，可以从职工福利费中列支，福利费不足列支的部分，经同级财政部门核准后列入成本。但是，企业可以办理补充医疗保险的前提必须是参加基本医疗保险，否则不予办理。

1. 企业补充医疗保险的资金来源

企业补充医疗保险资金经国家社会保障部门批准后，由企业和职工按规定共同缴纳。企业或行业集中使用和管理，单独建账，单独管理，用于本企业个人负担较重的职工和退休人员的医疗费补助，不得划入基本医疗保险个人账户，也不得另行建立个人账户或变相用于职工其他方面的开支。国家鼓励发展企业补充医疗保险并给予政策支持。企业在参加基本医疗保险的前提下，自愿参加企业补充医疗保险。企业补充医疗保险费在工资额的4%以内的部分，可直接从成本中列支。财政部门和劳动保障部门要加强企业补充医疗保险资金管理的监督和财务监管，防止挪用资金等违规行为发生。

2. 企业补充医疗保险的运营形式

按主办与经办机构的不同，企业补充医疗保险可以划分为以下三种形式。

(1) 企业联合或行业举办，企业补充医疗保险建立在企业或行业内部。如有实力的大型集团、大型企业可以自办补充医疗保险。企业经国家社会保障部门和金融保险管理部门批准，以行业或企业为主体，设立独立于企业资产管理和行政管理之外的企业(行业)补充医疗保险基金管理机构，使补充保险资金与企业经营性资金分离，确保保险资金的安全。这一机构隶属于人力资源和社会保障部门，按照国家金融保险政策办事。其他行业和中小企业可以自愿参加补充医疗保险的运营。

(2) 社会保险机构主办，商业保险机构经办。企业可以通过购买商业保险公司的产品与商业保险机构合作，也可以以保险公司的某一相关产品为基础，根据实际情况设计企业补充医疗保险方案，由商业保险机构根据制定的方案确定费用。有些地区是医疗保险机构从社会统筹基金中提取一定基金，缴纳到承保补充医疗保险的商业保险公司，为本地区职工集体投保，形成社会医疗保险与商业医疗保险的有效衔接。

(3) 企业主办，社会保险机构经办。由企业主办，社会保险机构经办的企业补充医疗保险，实质上是社会医疗保险机构在举办基本医疗保险的基础上，根据企业或其他单位的实际需要，经办该企业或单位基本医疗保险业务之外的补充医疗保险业务。例如，我国一些地区的社会医疗保险机构经办的大额医疗保险，资金来源于企业和参保人员共同缴费，或者企业单独缴费，由社会医疗保险机构实行基金统筹管理，并将补充医疗保险纳入医疗保险经办机构统一管理。

我国的补充医疗保险制度在中央直属企业实行较多。这主要是由于《关于中央直属企事业单位按属地管理原则参加统筹地区基本医疗保险有关问题的通知》(劳动部函〔2001〕163号)明确规定：“中央直属企业单位要积极探索建立企业补充医疗保险办法，妥善解决职工超出基本医疗保险支付范围之外的医疗费用。”

(三) 大额医疗费用补助

大额医疗费用补助主要是对基本医疗保险封顶线以上的医疗费用实行补助。大额医疗费用补助的资金来自单位或职工定额缴费，一般为每人每年100元左右，基金由社会保险经办机构管理。

(四) 军人退役医疗保险

军人退役医疗保险是指通过国家立法、设立专项基金，在军人遇到伤残、死亡、年老、退役等风险，暂时或永久丧失劳动能力等情况时，给予军人及其家属一定经济补偿的一种特别的社会保障制度。军人退役医疗保险与军人抚恤优待、退役安置等共同组成具有中国特色的军人社会保障体系。军人退役医疗保险制度是国家社会保障制度的重要组成部分。

(五) 城乡居民大病保险

城乡居民大病保险是在城乡居民基本医疗保险的基础上，对大病患者发生的高额医疗费用给予进一步保障的制度，是基本医疗保险制度的拓展和延伸，是对基本医疗保险的补充。

1. 保障对象

大病保险保障对象为城乡居民基本医疗保险的参保人。

2. 保障范围

大病保险的保障范围要与城乡居民基本医疗保险相衔接。城乡居民基本医疗保险按政策规定提供基本医疗保障，在此基础上，大病保险主要在参保人患大病发生高额医疗费用的情况下，对城乡居民基本医疗保险补偿后需个人负担的合规医疗费用给予保障。高额医疗费用，可以个人年度累计负担的合规医疗费用超过当地统计部门公布的上一年度城镇居民年人均可支配收入农村居民年人均纯收入为判定标准，具体金额由地方政府确定。合规医疗费用，指实际发生的、合理的医疗费用(可规定不予支付的事项)，具体由地方政府确定。各地也可以从个人负担较重的疾病病种起步开展大病保险。

3. 资金来源

各地结合当地经济社会发展水平、医疗保险筹资能力、患大病发生高额医疗费用的情况、基本医疗保险补偿水平，以及大病保险保障水平等因素，精细测算，科学合理地确定大病保险的筹资标准。

从城乡居民医保基金中划出一定比例或额度作为大病保险资金。城乡居民医保基金有结余的地区，利用结余筹集大病保险资金；结余不足或没有结余的地区，在城乡居民医疗保险年度提高筹资时统筹解决资金来源，逐步完善城乡居民医疗保险多渠道筹资机制。

4. 统筹层次和范围

开展大病保险可以实行市(地)级统筹，也可以探索全省(区、市)统一政策，统一组织实施，提高抗风险能力。

5. 保障水平

以力争避免城乡居民发生家庭灾难性医疗支出为目标，合理确定大病保险补偿政策。随着筹资、管理和保障水平的不断提高，逐步提高大病报销比例，最大限度地减轻个人医疗费用负担。为提高大病保险保障功能，2019年降低并统一大病保险起付线，原则上按上一年度居民人均可支配收入的50%确定，低于该比例的，可不做调整；政策范围内报销比例提高到60%；加大大病保险对贫困人口的支付倾斜力度，贫困人口起付线降低50%，支付比例提高5个百分点，全面取消建档立卡贫困人口大病保险封顶线。

总之，补充性的医疗保险，就是针对基本医疗保险的不足，解决不同层次、不同类型和不同需求人群的医疗保障问题。

第四节　医疗保险实务

一、医疗保险经办管理的主体

(一) 城镇职工和居民基本医疗保险经办管理主体

根据国务院《关于建立城镇职工基本医疗保险制度的决定》(国发〔1998〕44号)的规

定，要求各级人力资源和社会保障部门所属的社会保险经办机构作为城镇职工基本医疗保险经办管理的主体。按照国务院《关于开展城镇居民基本医疗保险试点的指导意见》与劳动和社会保障部(现为人力资源和社会保障部)《关于城镇居民基本医疗保险经办管理服务工作的意见》(劳社部发〔2007〕34号)的规定，社会保险经办机构同时作为城镇居民基本医疗保险经办的主体。《社会保险法》第八条规定："社会保险经办机构提供社会保障服务，负责社会保险登记、个人权益记录、社会保险待遇支付等工作。"该条规定从法律上明确了社会保险经办机构的主体地位。城镇职工基本医疗保险经办管理的对象包括城镇参保单位和参保个人、定点医疗机构和定点零售药店以及其他提供医疗保险有关服务的机构。

城镇居民基本医疗保险经办管理的对象是未纳入城镇职工基本医疗保险制度覆盖范围的城镇居民、与城镇居民基本医疗经办管理有关的定点医疗机构和定点零售药店、社区服务站等其他提供医疗保险有关服务的机构。

经办管理的内容包括：参保单位和个人登记、缴费基数核定与费用征缴、信息采集与证件发放、参保人员待遇审核与支付、基金使用管理、定点医疗服务的监督以及为参保人员提供咨询服务等。

(二) 新农保经办管理主体

根据有关文件精神，县级人民政府应成立由有关部门和参加合作医疗的农民代表组成的农村合作医疗管理委员会，负责有关组织、协调、管理和指导工作。委员会下设经办机构，作为新型农村合作医疗经办管理的主体。近年来，各地在贯彻中共中央、国务院深化医药卫生体制改革的有关意见中，积极探索城乡一体化医疗保险经办管理新模式，一些地区的医保经办机构同时经办新农合业务。新农合经办管理的对象是管辖地农村居民和经县级人民政府准许参加新农合的其他人员，与新农合有关的定点医疗机构和定点零售药店。经办管理的内容包括合作医疗基金的筹集、使用与管理，以及参合人员医疗费用审核与待遇支付、医疗服务管理等。

城乡居民基本医疗保险整合后，各级统筹区医疗保障行政部门负责本行政区域内的城镇社会基本医疗保险工作。市、区(县)医疗保险及相关经办机构按照职责分工，具体承办城镇社会基本医疗保险工作。市本级统筹所属区以及街道(乡镇)、社区(村)医疗保险经办机构按规定要求为参保对象提供经办服务。

二、医疗保险基金的使用管理

(一) 统筹基金的使用管理

城镇职工基本医疗保险基金按照"以收定支、收支平衡"的原则，纳入社会保障预算管理。统筹基金纳入社会保险基金财政专户，实行收支两条线管理，专款专用，任何部门、单位或个人均不得挤占、挪用，也不得用于平衡财政预算。

城镇职工基本医疗保险统筹基金用于支付参保人员住院或门诊特殊病种的医疗费用。参保人员必须在定点医疗机构就医，凭医院开具的入院通知单，并携带社会保障卡(医疗保险卡)或职工医疗保险证、医疗保险病历证办理住院就医手续。

参保人员在办理出院手续时，按规定支付起付线以下、共付段以及最高支付限额以上的个人自付部分，以及非医疗保险药品目录、诊疗服务项目等范围以外的自付部分，其余由统筹基金支付，并由负责此项业务的经办机构与定点医疗机构进行结算。

参保人员进行门诊特殊病种治疗时，其医疗费用中的统筹基金支付部分，应由经办机构与定点医疗机构进行结算。

参保人员在定点医疗机构门诊抢救并转入住院所发生的医疗费用，纳入本次住院结算范围。

参保人员在门诊抢救时发生的医疗费用，一般先由个人账户支付，符合规定的部分由经办机构按规定报销。

城镇居民基本医疗保险基金只建立统筹基金，由参保个人缴费和各级财政补助构成，主要用于支付参保人员住院和门诊特殊病种的医疗费用，医疗保险药品目录、诊疗服务项目等支付范围与城镇职工基本医疗保险相同。为了缓解参保人员普通门(急)诊医疗费用负担，各地正在试行门诊统筹，即用统筹基金按一定比例和限额支付参保人员的普通门(急)诊医疗费用。

新农合基金只建立统筹基金，由参保人员缴费和各级财政补助构成，主要用于支付参保人员住院和门诊特殊病种的医疗费用，医疗保险药品目录等支付范围由各省卫生部门规定，同时也在试行门诊统筹阶段。

(二) 个人账户的使用管理

各地经办机构负责本地区基本医疗保险个人账户的使用管理工作，区、县经办机构负责本辖区基本医疗保险个人账户的具体业务工作。

职工由于调转流动或其他原因在本统筹地区转移、续保的，只需转移基本医疗保险关系至负责受理的经办机构，个人账户存储额不划转。

职工由于调转流动或其他原因跨统筹地区转移、续保的，其基本医疗保险关系转入新参保地负责受理的经办机构，原参保地经办机构开具“基本医疗保险个人账户转移单”，应转移的个人账户存储额通过银行转入新参保地，个人账户划入额和支付范围执行新参保地政策。

职工在参保期间被征为义务兵或考入大中专院校，并与用人单位终止、解除劳动关系或工作关系的，其个人账户予以封存，有存储额的继续计息。退伍回到本地或毕业后以及重新就业的，其个人账户启封。

职工在参保期间出国定居的，其个人账户予以封存，有存储额的继续计息，或按统筹地区规定进行清算，同时注销参保人员的个人账户。

参保人员在参保期间被判刑的，其个人账户予以封存，有存储额的继续计息，其刑满释放后，向经办机构申请办理恢复基本医疗保险关系和个人账户启封手续。

参保人员在参保期间下落不明的，其个人账户予以封存，有存储额的继续计息。

参保人员在参保期间死亡或经人民法院宣告死亡的，负责办理的经办机构注销参保人员的个人账户。参保人员的个人账户有存储额的，由其继承人依法继承；没有继承人的，个人账户存储额纳入基本医疗保险统筹基金。

(三) 其他基金的使用管理

关于补充医疗保险基金的使用管理，公务员医疗补助基金由各级经办机构按城镇职工基本医疗保险的规定进行管理，大额医疗费用补助基金有的由经办机构管理，有的委托商业保险管理。按照中共中央、国务院医改文件提出的医保待遇支付标准提高到当地职工年平均工资的6倍以上的要求，商业保险公司经办大额医疗费用补助的空间逐步缩小。企业补充医疗保险基金由企业自管，或企业为员工购买商业保险。国家对企业补充医疗保险基金的使用管理只有原则性的规定，不同类别、地域的补充医疗保险，其基金的支付范围存在差异。

三、医疗保险待遇审核与支付管理

医疗保险待遇审核与支付管理是指依据相关规定，对参保人员个人及单位缴费情况、参保人员就医购药和医疗服务利用情况进行审核后，与医疗服务机构和参保人员个人结算的过程。

医疗保险待遇审核与支付管理是医疗保险经办业务的核心内容，是落实医疗保险政策、保障参保人员医疗待遇、控制医疗费用过快增长的重要环节，一般分为事中审核和事后审核。费用管理的逐步规范以及计算机系统的广泛应用，为事中审核提供了便利条件。

医疗保险待遇审核与支付管理的对象主要包括各参保单位、参保人员和定点医疗机构、定点零售药店(以下简称“两定点”单位)。

医疗保险待遇审核与支付管理的主要范围包括：参保人员享受待遇的资格；参保人员医疗保险待遇标准；符合“两定点”单位、“三个目录”库执行情况；“两定点”单位在门(急)诊就诊、住院、购药过程中发生的各项费用(包括统筹基金、大病基金、个人账户及个人现金支付部分)。

(一) 住院费用审核与支付

1. 入院登记审核

参保人员因病需要住院治疗的，须在规定时限内(24小时内)将社会保障卡(或医保卡)、医保病历本等有效证件提供给定点医疗机构，医院要认真核对人、卡、证，以杜绝冒名顶替住院现象。定点医疗机构及时办理入院登记手续，并将参保人员个人信息、入院日期、入院诊断等信息反馈给医保经办机构。通过该审核，可以将单位或个人欠费、灵活就业人员等待期内住院、退休人员生存状况、重复入(出)院等情况进行筛选和剔除。

2. 住院期间医疗费用的审核与支付

参保人员住院时，医院可向参保患者收取适量押金，出院时结算个人应付部分。住院费用中，需要个人账户及医保基金支付的部分，由医院按规定向医保经办机构申报。各定点医疗机构须在次月规定的时间内，将上月的费用情况向医保经办机构申报。医保经办机构接到各定点医疗服务机构的申报后，按照当地的规定，审核确定当月各定点医疗服务机构的应拨付总额、暂扣履约保证金数额和当次拨付数额，并填制相应的审核表格。最后，由财务部在协议规定时间内完成相关款项的财务核对与拨付。

审核的内容一般包括以下几个方面。

(1) 审核病种是否符合医疗保险支付范围，由于工伤、出国、出境、违法犯罪、酗酒、斗殴、自杀、自残、吸毒、交通事故、医疗事故和其他责任性伤害等原因发生的医疗费用不属于支付范围；特殊情况按第三人追偿的有关规定执行。

(2) 审核排除病历无记录或病历书写不符合要求导致无法对其合理性做出正确判断的医疗费用。

(3) 是否符合医疗服务收费标准，有无提高收费标准，有无因分解、重复、增加收费项目等产生的医疗费。

(4) 按照因病施治、合理用药、合理检查的原则，审核排除无住院指征人员、符合出院条件拖延住院人员、无用药指征的药品及无应用指征的医疗服务项目医疗费。

(5) 审核将不属于医疗保险“三个目录”的自费项目更改、串换为目录内项目发生的费用。

3. 特殊情况的住院费用审核与支付

参保人员由于医保卡遗失或医保计算机网络故障、急诊未到定点医疗机构等原因，住院费用不能实时按照医保规定结算时，可以先由个人或单位垫付费用，然后凭其医疗保险凭证以及身份证、门(急)诊病历(或复印件)、出院小结、医疗费用专用收据、住院明细清单等有关资料，到医保经办机构报销。

(二) 门诊费用审核与支付

参保人员在门诊就医或在药店购药时，须持医疗保险卡或职工医疗保险证、病历本到互联网定点医疗机构和定点零售药店就医、购药。定点医疗机构在核对参保人员身份、确认其医疗购药行为符合医保政策规定的情况下，方可按医保费用结算程序处理。参保人员门诊费用和购药费用可用医疗保险卡(个人账户)结算，不足部分由个人支付。

门诊费用审核的主要内容包括：用药、检查、治疗与疾病诊断及门诊日志是否相符；门诊日志和处方是否单独保管；人、证、卡是否相符；是否将非医疗保险支付项目串换成医疗保险支付项目；是否存在超量开药、超限用药、自立项目收费、超标准收费、重复收费等现象；是否虚报医疗费用；是否存在医务人员串通参保人员诈骗医疗保险基金等严重违规行为；是否出售假药、劣药；是否存在不按规定向参保人员出具购物小票或发票等情况。

(三) 慢性病费用审核与支付

大部分统筹地区建立了对慢性病(含特殊病)门诊费用的补偿机制，并制定了专门的管理办法。这些地区普遍采用设置起付线和最高支付标准、限定慢性病种类及关联病等办法来控制门诊医疗的过度使用。

如果参保人员患有纳入补偿机制的慢性病，可以凭原始就医证明、医保卡等相关资料到医保经办机构申请办理慢性病准入手续。对符合办理条件的，医保经办机构出具“慢性病审批证”，并录入计算机管理系统。

参保人员凭医保卡和“慢性病审批证”到慢性病定点医疗机构就医，定点医疗机构安排专科、专人、专柜为病人提供挂号、就医、结算服务。实行互联网结算的地区将慢性病的费用实时上传医保经办机构，只收取应由病人自付的费用；未实行互联网结算的地区，由参保人员全额垫付费用后，凭门诊病历、发票、费用明细等资料到医保经办机构报销。

尽管慢性病支出占医保总支出的比例不是很高，但是由于其涉及面广、费用发生频率高、对参保患者影响大，各地都非常重视慢性病的审核工作，计算机实时结算模式大大推进了审核的即时性和敏感性。医保经办机构通过设定就诊频率、单次费用限额、时段费用总额等参数，对就诊异常、费用高的特定人、特定病进行监控。

(四) 异地就医费用审核与支付

参保人员由于多种原因在其参保统筹地区以外发生的就医行为简称为异地就医。由于本地医疗水平的限制，一部分本地定点医疗机构难以治疗的病人转外就医；部分职工退休后，回家乡或跟随子女在异地养老；还有一部分人在当地参加医疗保险，但长期在外地工作，以上参保人群须办理异地就医申请后，才能在经认定的异地定点医疗机构就医。在全国普遍没有实行异地结算的情况下，多数地区由异地就医人员先垫付全部费用，出院后一定期限内凭以下资料向参保地受理此项业务的医保经办机构申请报销。

(1) 医疗保险卡。

(2) 已确认的“异地就医申请表”复印件。

(3) 出院或诊断证明，属门诊特定项目的医疗费用需附医保经办机构审批的门诊特定项目申请单复印件(急诊留观除外)。

(4) 医疗费用开支明细清单。

(5) 医疗费用的正式发票(反面一般需要报销人签名)。

参保人员在异地入院后于3日内向参保地医保经办机构申报住院医院名称、地址、科室、床号、联系电话、病情，不按规定申报的，不予报销。医保经办机构在接到申报后，根据该参保人员此次住院的病种、病情、病史等情况和当地医疗保险政策的规定确定审核方式和内容，可由医保经办机构直接审核或委托异地医保经办机构审核。

参保人员短期出差、学习培训或度假等期间，在异地发生疾病并就地紧急诊治发生的医疗费用，一般由参保地按其规定报销。

参保人员因当地医疗条件所限需异地转诊的，医疗费用结算按照参保地有关规定执行。参保地负责审核、报销医疗费用。有条件的地区可经地区间协商，订立协议，委托就医地审核。

长期居住异地的退休人员在居住地就医，常驻异地工作人员在工作地就医，原则上执行参保地政策。参保地经办机构可采用邮寄报销、在参保人员较集中的地区设立代办点、委托就医地基本医疗保险经办机构代管报销等方式，改进服务，方便参保人员报销。

对经国家组织动员支援边疆等地建设，按国家有关规定办理退休手续后，已按户籍管理规定异地安置的参保退休人员，要探索与当地医疗保障体系相衔接的办法。具体办法由参保地与安置地协商确定，安稳实施。

知识拓展6-4

国家医保局　财政部关于进一步做好基本医疗保险跨省异地就医直接结算工作的通知(医保发〔2022〕22号)

1. 统一住院、普通门诊和门诊慢特病费用跨省直接结算基金支付政策

跨省异地就医直接结算的住院、普通门诊和门诊慢特病医疗费用，原则上执行就医地规定的支付范围及有关规定(基本医疗保险药品、医疗服务项目和医用耗材等支付范围)，执行参保地规定的基本医疗保险基金起付标准、支付比例、最高支付限额、门诊慢特病病种范围等有关政策。

2. 明确异地就医备案人员范围

跨省异地长期居住或跨省临时外出就医的参保人员办理异地就医备案后可以享受跨省异地就医直接结算服务。其中跨省异地长期居住人员包括异地安置退休人员、异地长期居住人员、常驻异地工作人员等长期在参保省、自治区、直辖市(以下统称省)以外工作、居住、生活的人员；跨省临时外出就医人员包括异地转诊就医人员，因工作、旅游等原因异地急诊抢救人员以及其他跨省临时外出就医人员。

3. 规范异地就医备案有效期限

跨省异地长期居住人员办理登记备案后，备案长期有效；参保地可设置变更或取消备案的时限，原则上不超过6个月。跨省临时外出就医人员备案有效期原则上不少于6个月，有效期内可在就医地多次就诊并享受跨省异地就医直接结算服务。

4. 允许补办异地就医备案和无第三方责任外伤参保人员享受跨省异地就医直接结算服务

参保人员跨省出院结算前补办异地就医备案的，就医地联网定点医疗机构应为参保

人员办理医疗费用跨省直接结算。跨省异地就医参保人员出院自费结算后按规定补办备案手续的，可以按参保地规定申请医保手工报销。同时，符合就医地管理规定的无第三方责任外伤费用可纳入跨省异地就医直接结算范围，就医地经办机构应将相关费用一并纳入核查范围。

5. 支持跨省异地长期居住人员可以在备案地和参保地双向享受医保待遇

跨省异地长期居住人员在备案地就医结算时，基本医疗保险基金的起付标准、支付比例、最高支付限额原则上执行参保地规定的本地就医时的标准；备案有效期内确需回参保地就医的，可以在参保地享受医保结算服务，原则上不低于参保地跨省转诊转院待遇水平。其中参保人员以个人承诺方式办理跨省异地长期居住人员备案手续的，应履行承诺事项，可在补齐相关备案材料后在备案地和参保地双向享受医保待遇。跨省异地长期居住人员符合转外就医规定的，执行参保地跨省转诊转院待遇政策。

6. 合理确定跨省临时外出就医人员报销政策

各统筹地区要根据经济社会发展水平、人民健康需求、医保基金支撑能力和分级诊疗要求，合理设定跨省临时外出就医人员直接结算报销政策。跨省临时外出就医人员可低于参保地相同级别医疗机构报销水平，原则上，异地转诊人员和异地急诊抢救人员支付比例的降幅不超过10个百分点，非急诊且未转诊的其他跨省临时外出就医人员支付比例的降幅不超过20个百分点。强化异地就医结算政策与分级诊疗制度的协同，合理确定异地就医人员在不同级别医疗机构的报销水平差异，引导参保人员有序就医。

四、医疗保险的统筹管理

(一) 医疗保险统筹管理现状

医疗保险统筹管理的含义丰富，这里主要介绍提高统筹层次和城乡统筹管理的情况。

统筹层次一般是指实行统一缴费和待遇政策、基金统筹管理使用、统一各项管理流程、统一管理服务网络的地域范围。建立调剂金被认为是提高统筹层次的一种方式。

关于医疗保险统筹层次，中共中央、国务院医改文件提出2011年实现地级统筹，《社会保险法》规定逐步实现省级统筹。

我国医疗保险仍然以县级统筹为主，统筹层次低，基金抗风险能力差，造成大量的异地就医。提高基本医疗保险统筹层次，有利于增强基本医疗保险制度的公平性，提高基金共济能力，提升医疗保险经办服务能力和解决关系转移、异地就医等突出问题。实行地(市)级统筹，就是要建立健全统筹地区的医保基金预算管理制度，明晰地(市)和县(区)基金收支责任，落实超收超支的奖惩措施。地(市)级可以建立风险调剂金，有条件的地区可以实行基金的统收统支，也可以建立省级风险调剂金。实行地(市)级统筹的基础是筹资待遇政策要统一，经办流程要统一，信息系统要统一。

城乡统筹管理一般是指区域内城镇、农村医疗保险管理实行统一的缴费和待遇政策，基金统筹管理使用，各项管理流程统一，管理服务网络统一。此外，未统一制度，但统一由一个部门管理的地区可作为城乡统筹管理的一种形式。

从我国医疗保险制度建设的实际情况看，统筹城乡基本医疗保险制度建设不仅有必要，而且有条件、有可能，我国部分地区已经开始这方面的探索。天津、重庆、宁夏、广东、江苏、浙江、四川和福建的部分统筹地区正在探索医疗保险城乡统筹管理。

(二) 提高医疗保险城乡统筹层次的推进

经过几十年改革发展，覆盖城乡全体居民的基本医疗保障制度基本建立，初步实现期盼已久的全民医保，医疗保障制度的公平和效率问题显得尤为突出，民众不仅需要“从无到有”的基本保障，更希望享有“公平保障”和“便捷保障”。但是，由于城乡医疗保障制度分设、管理分离、资源分散，造成保障水平差距较大、关系不易接转、管理难度加大、管理成本上升、运行难以监控等一系列弊端，严重影响了医疗保障制度的公平性和管理效率，同时也造成有限资源的损失和浪费。

党中央、国务院高屋建瓴，提出要“加快建设城乡一体化的基本医疗保障制度”。2009年，人力资源和社会保障部、财政部《关于进一步加强基本医疗保险基金管理的指导意见》(人社部发〔2009〕67号)提出：“各地要根据本地实际情况，加快推进提高基本医疗保险统筹层次工作，到2011年基本实现市(地)级统筹。实现市(地)级基金统收统支确有困难的地区，可以先建立市(地)级基金风险调剂制度，再逐步过渡。具备条件的地区，可以探索实行省级统筹。”

部分地区的市级统筹实行统一缴费和待遇政策、统一基金管理、统一信息网络、统一就医管理、统一经办流程。部分地区建立了基金调剂机制，在全市范围内统一政策的基础上，实行分别管理、分别运作，建立调剂金，平衡和分散基金风险。

地级统筹工作正在推进之中，涉及基金管理和各级职责等问题需要统筹研究。从长远来看，逐步提高基本医疗保险统筹层次是必然选择。

(三) 医疗保险城乡统筹的模式

我国基本医疗保险主要由两个部门管理：城镇职工基本医疗保险和城镇居民基本医疗保险由人力资源和社会保障部管理；新农合由国家医疗保障局管理；作为“兜底”的城乡医疗救助由民政部管理。基本医疗保险由不同部门分别管理带来了一些矛盾和问题，给统筹协调城乡基本医疗保险政策、缩小城乡医疗保险待遇差距带来难度。

1. 城乡统筹的模式

近年来，一些地区对建立医疗保障城乡一体化管理体制十分关注，进行了很多研究和探索，对整合管理资源进行了积极探索，着力解决运行管理中的体制性和技术性障碍，加快建立统一的管理服务平台和运行规范等。

各地在探索过程中形成城乡统筹的三种模式。

(1) 东莞模式，即城镇化率高、城乡差别不大的地区，完全打破城镇职工、城镇居民、农村居民的制度界限，实现了城乡基本医疗保险制度管理、运行的统一。该模式由人力资源和社会保障部统一管理，职工缴费由单位和个人共同负担，城乡居民缴费由财政和个人共同负担。

(2) 成都模式，即打破人员身份界限，在同一制度下设置不同的缴费和待遇层次，参保人员可以自行选择。该模式由人力资源和社会保障部管理，区(市)县社会保险经办机构负责组织城乡居民基本医疗保险费的征收，区(市)县医疗保险经办机构负责城乡居民基本医疗保险的政策宣传、待遇支付、基金管理和会计核算工作，市社会保险经办机构和医疗保险经办机构负责全市城乡居民基本医疗保险经办业务的综合管理。

(3) 厦门模式，即依托城镇医疗保险信息系统，在保持三种不同制度的同时，整合经办管理资源，管理机构基本统一，明确了参保人员在不同制度之间转换时的保险关系和待遇衔接办法，以提高管理效率。

2. 城乡统筹的要点

我国很多地区的探索实践证明，城乡统筹有利于从整体上规范制度和更有效地使用公共服务资源，但应做好以下几方面工作。

(1) 要有长远规划。规划内容包括城乡统筹的基本任务、推进步骤、实现方式、保障条件等，并把这一规划纳入国民经济和社会发展总体规划中。

(2) 要做好制度衔接。城乡医保制度的基本框架要一致，制度设计要逐步打破人员身份界限，变“以人设制”为“以制适人”；要做好参保人员在不同制度之间转移时医保关系和待遇等的衔接，研究缴费年限的认定和不同制度缴费年限换算等关系接续问题。

(3) 要统一管理运行标准。要努力实现城乡医疗保险药品目录、定点范围、信息网络系统编码和接口、业务经办流程、统计报表以及财务会计制度的统一。

(4) 要理顺管理体制，整合管理资源。在现有城镇职工、城镇居民和新农合管理条件的基础上整合管理资源，不单独再搞一套管理机构；要充分利用“金保工程”对原有信息管理系统升级改造，逐步实现城乡医疗保险信息网络化管理。

(5) 要注重公共政策的城乡统筹。统一城乡困难居民的财政补助政策，加大对农村公共卫生和基层医疗机构建设的投入，逐步缩小城乡公共卫生和医疗服务的差距。

五、医疗保险关系转移接续

医疗保险关系是劳动者因参加各种医疗保险而形成的一种权益形态。这里讲的医疗保险关系是指我国居民参加基本医疗保险(主要包括城镇职工基本医疗保险、城镇居民基本医疗保险、新农合)而形成的医疗保险关系，也可称为基本医疗保险关系。

(一) 我国医疗保险关系转移接续政策

医疗保险关系转移接续是指城镇职工基本医疗保险、城镇居民基本医疗保险和新农合的参保(合)人员在流动就业时可以连续参保，基本医疗保险关系可以接续的制度设计。

2009年，中共中央、国务院《关于深化医药卫生体制改革的意见》(中发〔2009〕6号)提出：“做好城镇职工基本医疗保险制度、城镇居民基本医疗保险制度、新农合和城乡医疗救助制度之间的衔接。以城乡流动的农民工为重点积极做好基本医疗保险关系转移接续，以异地安置的退休人员为重点改进异地就医结算服务。妥善解决农民工基本医疗保险问题。签订劳动合同并与企业建立安稳劳动关系的农民工，要按照国家规定明确用人单位的缴费责任，将其纳入城镇职工基本医疗保险制度；其他农民工根据实际情况，参加户籍所在地新型农村合作医疗或务工所在地城镇居民基本医疗保险。”

《医药卫生体制改革近期重点实施方案(2009—2011年)》(国发〔2009〕12号)提出：“制定基本医疗保险关系转移接续办法，解决农民工等流动就业人员基本医疗保障关系跨制度、跨地区转移接续问题。做好城镇职工医保、城镇居民医保、新农合、城乡医疗救助之间的衔接。”

这两个文件为基本医疗保险关系转移接续提供了政策指引。

2009年底，人力资源和社会保障部、卫生部(现为卫生和计划生育委员会)、财政部联合下发的《关于印发流动就业人员基本医疗保障关系转移接续暂行办法的通知》(人社部发〔2009〕191号)，标志着医疗保险关系转移接续有了国家层面的政策依据。2010年，人力资源和社会保障部社会保险事业管理中心下发的《关于印发流动就业人员基本医疗保险关系转移接续业务经办规程(试行)的通知》(人社险中心涵〔2010〕58号)，按照191号文的要求，明确了社会(医疗)保险经办机构在办理医疗保险关系转移接续业务时的具体经办流程。

(二) 医疗保险关系转移接续的主要内容

农村户籍人员在城镇单位就业并有稳定劳动关系的，由用人单位按照《社会保险登记管理暂行办法》的规定办理登记手续，参加就业地城镇职工基本医疗保险。其他流动就业的，可自愿选择参加户籍所在地新农合或就业地城镇居民基本医疗保险，并按照有关规定到户籍所在地新农合经办机构办理转移接续手续。

新农合参合人员参加城镇基本医疗保险后，由就业地经办机构通知户籍所在地新农合经办机构办理转移手续，按当地规定推出新农合，不再享受新农合待遇。

由于劳动关系终止或其他原因中止城镇基本医疗保险关系的农村户籍人员，可凭就业地经办机构出具的参保凭证，向户籍所在地新农合经办机构申请，按当地规定参加新农合。

城镇基本医疗保险参保人员跨统筹地区流动就业，新就业地有接收单位的，由单位按照《社会保险登记管理暂行办法》的相关规定办理登记手续，参加新就业地城镇职工基本医疗保险；无接收单位的，个人应在中止原基本医疗保险关系后的3个月内到新就业地经办机构办理登记手续，按当地规定参加城镇职工基本医疗保险或城镇居民基本医疗保险。

城镇基本医疗保险参保人员跨统筹地区流动就业并参加新就业地城镇基本医疗保险的，由新就业地经办机构通知原就业地经办机构办理转移手续，不再享受原就业地城镇基本医疗保险待遇。建立个人账户的，个人账户原则上随其医疗保险关系转移划转，个人账户余额(包括个人缴费部分和单位缴费划入部分)通过经办机构转移。

参保(合)人员跨制度或跨统筹地区转移基本医疗保障关系的，原户籍所在地或原就业地社会(医疗)保险或新农合经办机构应在其办理中止参保(合)手续时为其出具参保(合)凭证，并保留其参保(合)信息，以备核查。新就业地要做好流入人员的参保(合)信息核查以及登记等工作。

参保(合)凭证由人力资源和社会保障部会同卫生部统一设计，由各地社会(医疗)保险及新农合经办机构传递，因特殊原因无法传递的，由参保(合)人员自行办理有关手续。

社会(医疗)保险和新农合经办机构指定窗口或专人办理流动人员的基本医疗保障登记和关系接续等业务。逐步将身份证号码作为各类人员参加城镇职工基本医疗保险、城镇居民基本医疗保险和新农合的唯一识别码，加强信息系统建设，及时记录更新流动人员参保(合)缴费信息，保证参保(合)记录的完整性和连续性。

社会(医疗)保险和新农合经办机构需要加强沟通和协作，共同做好医疗保障关系转移接续管理服务工作，简化手续，规范流程，共享数据，方便参保(合)人员接续基本医疗保障关系和享受待遇。

城乡各类流动就业人员按照现行规定相应参加城镇职工基本医疗保险、城镇居民基本医疗保险或新农合，不得同时参加和重复享受待遇。各地不能以户籍等原因设置参保障碍。

本章小结

城镇职工基本医疗保险制度覆盖城镇所有用人单位及职工，基金的筹集主要包括职工个人、用人单位和国家补贴，其中职工个人和用人单位是医疗保险基金筹集的主要渠道，用人单位缴费率应控制在职工工资总额的6%左右，职工缴费率一般为本人工资收入的2%。基本医疗保险基金由统筹基金和个人账户共同构成，用人单位缴纳的医疗保险费构成统筹基金，主要用于支付大额和住院医疗费用和门诊费用。个人缴纳的医疗保险费构成个人账户，主要支付小额和门(急)诊医疗费用。医疗费用不纳入基本医疗保险基金支付范围的情况有：应当从工伤保险基金中支付的、应当由第三人负担的、应当由公共卫生负责的、在境外就医的。

医疗保险机构作为第三方代替被保险人向医疗服务供给方支付医疗服务费用，其支付方式包括按服务项目付费、按服务单元付费、按病种付费、总额预付制等。

城镇居民基本医疗保险是以没有参加城镇职工医疗保险的城镇未成年人和没有工作的居民为主要参保对象的医疗保险制度，其基金来源以家庭缴费为主，政府给予适当补助。基金重点用于参保居民的住院和门诊大病医疗支出，有条件的地区可以逐步试行门诊医疗费用统筹。

除已参加城镇职工基本医疗保险和城镇居民医疗保险外的农村居民，均可参加新型农村合作医疗。基金来源于农民个人缴费和各级政府财政资金补贴，一些富裕地区集体经济给予一定补助。新农合基金主要补助参加新农合农民的大额医疗费用或住院医疗费用。2016年1月3日，国务院要求各省、自治区、直辖市人民政府整合城乡居民基本医疗保险，并提出了具体意见和整合政策。2022年，政府对城乡居民医保参保缴费补助达到每人每年不低于610元，个人缴费标准达到每人每年350元。

补充医疗保险是相对于基本医疗保险而言的，是指为满足参保人员基本医疗保障范围之外的医疗保障需求而建立的补充性医疗保障制度。我国补充性医疗保险主要包括公务员医疗补助、企业补充医疗保险、大额医疗费用补助、军人退役医疗保险等。

医疗保险待遇审核与支付管理是指依据相关规定，对参保人员个人及单位缴费情况、参保人员就医购药和医疗服务利用情况进行审核后，与医疗服务机构和参保人员个人结算的过程，包括住院费用审核与支付、门诊费用审核与支付、慢性病费用审核与支付、异地就医费用审核与支付等。

关于医疗保险统筹层次，《社会保险法》规定逐步实现省级统筹，但目前仍然以县级统筹为主，统筹层次低，基金抗风险能力差。

习题

一、填空题

1. 我国城镇职工基本医疗保险覆盖(　　)。

2. 我国城镇职工基本医疗保险基金筹集的总原则是(　　)。

3. 医疗保险统筹基金支付是指要在“两定点”和“三目录”规定的范围内发生医疗费用，“两定点”是指(　　)，“三目录”是指(　　)。

4. 城镇居民基本医疗保险基金来源于(　　)，重点用于支付(　　)和(　　)。

5. 2016年1月，国务院印发《关于整合城乡居民基本医疗保险制度的意见》，要求整合(　　)保险和(　　)保险。

二、单项选择题

1. 城镇职工基本医疗保险费用由用人单位和职工共同缴纳，用人单位缴费率控制在职工工资总额的(　　)左右，职工缴费率一般为本人缴费工资的(　　)。

A. 20%　8%　　B. 6%　2%　　C. 2%　1%　　D. 6%　1%

2. 城镇职工基本医疗保险的起付线和封顶线原则上分别控制在统筹地区职工年平均工资的(　　)和(　　)左右。

A. 10%　4倍　　B. 10%　6倍　　C. 5%　3倍　　D. 5%　4倍

3. 我国城镇职工基本医疗保险经办管理主体为(　　)。

A. 社会保险经办机构　　B. 定点医疗机构

C. 定点零售药店　　D. 参保单位和职工

4. 城镇居民医疗保险和新农合基金由(　　)构成。

A. 个人账户和统筹基金　　B. 个人账户

C. 统筹基金　　D. 个人账户、统筹基金、调剂金

5. 《社会保险法》规定我国医疗保险要逐步实现(　　)统筹。

A. 全国　　B. 省级　　C. 地级　　D. 县级

三、多项选择题

1. 医疗保险统筹基金不予支付的范围包括(　　)。

A. 起付线以上封顶线以下符合“两定点”和“三目录”的住院费用

B. 由于受到第三人伤害住院治疗发生的医疗费用

C. 在国外旅游期间就医发生的医疗费用

D. 因工伤治疗住院发生的医疗费用

2. 医疗保险机构向医疗服务机构支付费用的方式包括(　　)。

A. 按服务项目付费　　B. 按服务单元付费

C. 按病种付费　　D. 总额预付制

3. 下列支付方式中属于后付制的有(　　)。

A. 总额预付制　　B. 按服务项目付费

C. 按病种付费　　D. 按人头付费

4. 我国主要的补充医疗保险形式包括(　　)。

A. 公务员医疗补助　　B. 企业补充医疗保险

C. 大额医疗费用补助　　D. 军人退役医疗保险

5. 流动就业的农村户籍人员可参加(　　)。

A. 户籍所在地的新农合　　B. 就业地的城镇居民基本医疗保险

C. 城镇职工基本医疗保险　　D. 以上三种保险

四、简答题

1. 简述我国职工医疗保险个人账户及社会统筹基金的构成及用途。

2. 城镇职工跨统筹地区流动就业如何转移接续医疗保险关系？

第七章 我国生育保险制度及实务

学习目标

1. 在理解生育保险与医疗保险区别的基础上，掌握生育保险的概念及建立的意义；

2. 了解我国生育保险的发展过程；

3. 掌握我国生育保险现行制度的内容，包括覆盖范围、资金来源、享受条件、待遇标准等；

4. 具备生育保险的实务操作技能，掌握生育登记、生育保险待遇审核与支付的经办流程。

建立生育保险是人类对保障国民生存权利意识的进一步觉醒，是提高人类自身素质、满足人类生产需求的重要措施。世界各国实施的社会保险制度，大多将妇女生育保险纳入医疗社会保障制度的范畴，因为生育行为和疾病有许多相似的地方，例如手术、住院等，而且也需要医疗服务。鉴于我国在很长一段时间内实行计划生育政策，为了确保这项政策得以落实，我国政府将生育保险从医疗保险中独立出来，建立了单独的生育保险制度，专门筹集生育保险基金并设置生育津贴。这是有必要的，体现了政府对女职工合法权益的保护，体现了男女平等就业的社会经济政策，有利于专门筹集生育保险资金，给付生育津贴。

第一节 生育保险概述

一、生育保险的概念

生育保险是一项专门保护女职工的社会保险。根据国际劳工组织提供的资料，生育保险是一种对女职工表示关注的国际性措施。这一措施是由于参与工业生活的妇女急剧增长而被迅速采纳的，也是国家为保护女职工及其婴儿在产前、产后的全部假期内得到支持和照顾而制定的一种社会政策。

生育保险制度是指国家通过立法，在怀孕和分娩的女性劳动者暂时中断劳动时，由国家和社会提供医疗服务、生育津贴和产假的一种社会保险制度。

二、生育保险与医疗保险的区别与联系

(一) 生育保险与医疗保险的区别

1. 享受保险的对象

生育保险的享受对象是女性劳动者，少部分地区包括男性配偶；而医疗保险的享受对象是全体职工。

2. 享受待遇的时间

生育事件的发生取决于育龄妇女的年龄、结婚时间、生育顺序(胎次)等；患病没有年龄的限制，无论哪一个年龄段都可能发生，在享受次数上也没有限制。

3. 疗养和休息

生育保险重在生育期间的保护，重在休息和增加营养，基本上以保健和监测为主，正常的分娩无须进行治疗，只要求定期对产妇进行身体检查，以及对产妇和胎儿进行监护，以保证产妇正常分娩；而医疗保险享受者的主要目的是治疗，以及必要的检查、药物、理疗和手术方面的医疗手段的实现，以达到患者痊愈、早日重返工作岗位的目的。

4. 享受期限

对于生育假期的享受期限，国家有明确规定，正常产假为98天，一般规定产前假为15天；医疗保险对享受者的假期没有时间限制，一般以病愈为期限。

5. 待遇保障标准

我国医疗保险实行统筹基金和个人账户相结合的原则，职工个人要缴纳保险费，建立个人账户；而享受生育保险的职工个人不缴纳保险费。医疗保险一般报销一定比例的医疗费用；而生育保险的生育津贴则高于或等于本人的工资。

(二) 生育保险与医疗保险的联系

生育保险与医疗保险都是为暂时丧失劳动能力的人提供保障，两者的给付形式都是现金补助和提供医疗服务。但生育保险的享受者在享受期内，如果出现特殊情况，可能同时享受两种待遇，即医疗保险待遇和生育保险待遇。

知识拓展7-1

我国生育保险与职工基本医疗保险合并实施

为适应经济社会发展的需要，更好地保障职工生育待遇、增强基金共济能力、提升经办服务水平，中央提出两项保险合并实施的任务部署。中共中央2015年11月3日发布的《关于制定国民经济和社会发展第十三个五年规划的建议》提出：“将生育保险和基本医疗保险合并实施。”

2017年1月，国务院办公厅为做好生育保险和职工基本医疗保险合并实施试点工作，制定了合并方案，下发了国务院办公厅《关于印发生育保险和职工基本医疗保险合并实施试点方案的通知》(国办发〔2017〕6号)。该方案提出总体上要求遵循保留险种、保障待遇、统一管理、降低成本的总体思路，推进两项保险合并实施，通过整合两项保险基金及管理资源，强化基金共济能力，提升管理综合效能，降低管理运行成本。同时还要求2017年6月底前启动试点，试点期限为一年左右。试点地区包括河北省邯郸市、山西省晋中市、辽宁省沈阳市、江苏省泰州市、安徽省合肥市、山东省威海市、河南省郑州市、湖南省岳阳市、广东省珠海市、重庆市、四川省内江市、云南省昆明市。未纳入试点地区不得自行开展试点工作。试点内容包括：统一参保登记、统一基金征缴和管理、统一医疗服务管理、统一经办和信息服务、职工生育期间的生育保险待遇不变。

经过一段时间的试点，2019年3月6日，国务院办公厅发布《关于全面推进生育保险和职工基本医疗保险合并实施的意见》，推进两项保险合并实施，实现参保同步登记、基金并运行、征缴管理一致、监督管理统一、经办服务一体化。该文件就两项保险合并实施提出以下意见。

1. 指导思想

以习近平新时代中国特色社会主义思想为指导，全面贯彻党的十九大和十九届二中、三中全会精神，认真落实党中央、国务院决策部署，统筹推进“五位一体”总体布局和协调推进“四个全面”战略布局，坚持以人民为中心，牢固树立新发展理念，遵循保留险种、保障待遇、统一管理、降低成本的总体思路，推进两项保险合并实施，实现参保同步登记、基金合并运行、征缴管理一致、监督管理统一、经办服务一体化。通过整合两项保险基金及管理资源，强化基金共济能力，提升管理综合效能，降低管理运行成本，建立适应我国经济发展水平、优化保险管理资源、实现两项保险长期稳定可持续发展的制度体系和运行机制。

2. 主要政策

(1) 统一参保登记。参加职工基本医疗保险的在职职工同步参加生育保险。实施过程中要完善参保范围，结合全民参保登记计划摸清底数，促进实现应保尽保。

(2) 统一基金征缴和管理。生育保险基金并入职工基本医疗保险基金，统一征缴，统筹层次一致。按照用人单位参加生育保险和职工基本医疗保险的缴费比例之和确定新的用人单位职工基本医疗保险费率，个人不缴纳生育保险费。同时，根据职工基本医疗保险基金支出情况和生育待遇的需求，按照收支平衡的原则，建立费率确定和调整机制。

职工基本医疗保险基金严格执行社会保险基金财务制度，不再单列生育保险基金收入，在职工基本医疗保险统筹基金待遇支出中设置生育待遇支出项目。探索建立健全基金风险预警机制，坚持基金运行情况公开，加强内部控制，强化基金行政监督和社会监督，确保基金安全运行。

(3) 统一医疗服务管理。两项保险合并实施后实行统一定点医疗服务管理。医疗保险经办机构与定点医疗机构签订相关医疗服务协议时，要将生育医疗服务有关要求和指标增加到协议内容中，并充分利用协议管理，强化对生育医疗服务的监控。执行基本医疗保险、工伤保险、生育保险药品目录以及基本医疗保险诊疗项目和医疗服务设施范围。

(4) 促进生育医疗服务行为规范。将生育医疗费用纳入医保支付方式改革范围，推动住院分娩等医疗费用按病种、产前检查按人头等方式付费。生育医疗费用原则上实行医疗保险经办机构与定点医疗机构直接结算。充分利用医保智能监控系统，强化监控和审核，控制生育医疗费用不合理增长。

(5) 统一经办和信息服务。两项保险合并实施后，要统一经办管理，规范经办流程。经办管理统一由基本医疗保险经办机构负责，经费列入同级财政预算。充分利用医疗保险信息系统平台，实行信息系统一体化运行。原有生育保险医疗费用结算平台可暂时保留，待条件成熟后并入医疗保险结算平台。完善统计信息系统，确保及时全面准确反映生育保险基金运行、待遇享受人员、待遇支付等方面情况。

(6) 确保职工生育期间的生育保险待遇不变。生育保险待遇包括《中华人民共和国社会保险法》规定的生育医疗费用和生育津贴，所需资金从职工基本医疗保险基金中支付。生育津贴支付期限按照《女职工劳动保护特别规定》等法律法规规定的产假期限执行。

(7) 确保制度可持续。各地要通过整合两项保险基金增强基金统筹共济能力。研判当前和今后人口形势对生育保险支出的影响，增强风险防范意识和制度保障能力。按照“尽力而为、量力而行”的原则，坚持从实际出发，从保障基本权益做起，合理引导预期。跟踪分析合并实施后基金运行情况和支出结构，完善生育保险监测指标。根据生育保险支出需求，建立费率动态调整机制，防范风险转嫁，实现制度可持续发展。

三、生育保险的意义

生育保险作为国家的一项社会制度，无论是对女性劳动者本人，还是对社会发展与社会进步，都有重要的意义。

对于女性劳动者来说，生育保险有利于保证她们的身体健康和劳动能力的恢复。女性劳动者在怀孕期间以及生育前后，体力消耗很大，需要一段时间的休养，同时需要足够的营养。一方面，生育保险能够保证女性劳动者在生育期间得到及时的治疗和保健，使其及早恢复身体健康；另一方面，女性劳动者在产前产后的一段时间内，由于暂时丧失了劳动能力，无法通过劳动取得报酬以维持其基本生活，生育保险可以使其获得基本的生活保障，促进劳动力再生产的正常进行。

对于社会来说，生育保险的意义主要表现在两个方面。一方面，生育保险有利于后代的延续，保证劳动力再生产的不断进行。社会再生产需要新一代的劳动力，而新一代的劳动力的成长需要有健康的身体和正常的智力，生育保险可以使新一代的儿童得到正常的孕育、出生、哺育条件，有利于保护下一代，为新一代的劳动力提供必要的成长条件。另一方面，生育保险促进了我国计划生育政策的贯彻与落实。为深入实施一对夫妻可以生育三个子女政策及配套支持措施，国家统一规范并制定完善生育保险生育津贴支付政策，强化生育保险对参保女职工生育医疗费用、生育津贴待遇等保障作用，保障生育保险基金安全。

四、我国生育保险的历史沿革

(一) 我国生育保险的建立

我国的生育保险制度创建于中华人民共和国成立初期，1951年颁布、1953年修正的《劳动保险条例》对企业职工的生育保险做出了具体规定。国家机关、事业单位的生育保险制度则是遵循国务院在1955年颁布的《关于女工作人员生产假期的通知》得以建立和规范的。

企业与国家机关、事业单位的生育保险制度虽然在建立时间上有先有后，但其项目和待遇水平基本上是一致的。当时规定女职工生育享受产假56天；难产和双生增加假期14天；怀孕不满7个月流产时给予30天以内的产假；产假期间工资由所在单位照发；生育期间的医疗费用也由所在单位负担。

(二) 我国生育保险的改革

1986年，卫生部(现为卫生和计划生育委员会)、劳动人事部(现为人力资源和社会保障部)、全国总工会、全国妇联印发了《女职工保健工作暂行规定(试行草案)》，开始生育保险制度的改革。1988年，国务院颁布了《女职工劳动保护规定》，将机关事业单位和企业的生育保险制度统一起来。1988年7月26日，江苏省南通市人民政府颁布《南通市全民、大集体企业女职工生育保险基金统筹暂行办法》，率先拉开了女职工生育保险社会统筹改革的序幕。此后，许多地方政府纷纷颁布地方性法规，进行生育保险制度的社会化改革试点。截至1994年，全国已有19个省的300多个市、县进行了女职工生育保险制度的社会化改革试点。

在生育保险制度社会化改革试点的基础上，劳动部(现为人力资源和社会保障部)于1994年12月14日颁布了《企业职工生育保险试行办法》(以下简称《试行办法》)，并规定从1995年1月1日起在全国实施。《试行办法》规范了生育保险政策，是维护女职工合法权益的重要法规，标志着我国生育保险制度的发展进入了一个新阶段，也为全国企业生育保险的社会统筹改革提供了政策依据。2000年3月，中共中央、国务院《关于加强人口与计划生育工作稳定低生育水平的决定》明确指出，在城市要积极建立并发展生育保险制度。《国民经济和社会发展第十个五年计划纲要》提出要完善生育保险制度，逐步扩大覆盖面。《中国妇女发展纲要(2001—2010年)》进一步提出城镇职工生育保险覆盖面要达到90%以上的目标，指出要普遍建立城镇职工生育保险制度，完善相关配套措施，切实保障女职工生育期间的基本生活和医疗保健需求。

2004年9月8日，劳动和社会保障部(现为人力资源和社会保障部)下发的《关于进一步加强生育保险工作的指导意见》强调，要加强生育保险的医疗服务管理，协同推进生育保险与医疗保险工作，要充分利用医疗保险和医疗服务措施和手段，积极探索与医疗保险统一管理的生育保险医疗服务管理模式。同时，在各地实践的基础上，确定了河北廊坊市等8个城市作为生育保险与医疗保险协同推进的重点城市。

《社会保险法》从法律的层次确定了职工享有生育保险的权利，并对生育保险对象、基金筹集和待遇做出明确规定。

2012年颁布的《女职工劳动保护规定》提高了女职工生育保险待遇，将产假天数增加到98天。

2015年人力资源和社会保障部、财政部《关于适当降低生育保险费率的通知》(人社部发〔2015〕70号)，明确自2015年10月1日起，在生育保险基金结余超过合理结存的地区降低生育保险费率。

国家“十三五”规划纲要以及中央全面深化改革任务中部署“将生育保险和基本医疗保险合并实施”的任务，这是对社会保险一体化运行管理提出的新要求，有利于提高行政效率，降低管理运行成本，进一步增强生育保障功能。2017年，国务院办公厅《关于印发生育保险和职工基本医疗保险合并实施试点方案的通知》(国办发〔2017〕6号)对生育保险和职工基本医疗保险合并实施试点工作制定了具体方案。

2019年3月，国务院办公厅发布《关于全面推进生育保险和职工基本医疗保险合并实施的意见》，该意见就两项保险的合并实施提出了具体意见。2020年末，生育保险参保人数为23 567.3万人，享受待遇1166.9万人次。截至2022年底，生育保险全国参保人数达到2.46亿人。

第二节　我国生育保险制度

一、生育保险的覆盖范围

我国的生育保险制度是由1951年国务院颁布的《劳动保险条例》确定的。该条例明确了生育保险的实施范围。

(1) 有工人、职员100人以上(业务管理机关及附属单位人数不包括在内)的国营、公私合营、私营及合作社经营的工厂、矿场及附属单位。

(2) 铁路、航运、邮电各企业单位与附属单位。

(3) 工、矿、交通事业的基础建设单位。

(4) 国营建筑公司。

另外，该条例还规定，凡在实行劳动保险的企业内工作的工人与职员，包括工资制、供给制以及学徒工、临时工、试用人员在内的女工人、女职员和男职员的妻子，均可享受不同程度的生育保险待遇。

1955年4月26日，国务院颁布了《关于女工作人员生产假期的通知》，该通知对机关、事业单位女职工生育保险做出了规定，从而使女职工生育保险的对象和范围从企业扩大到机关、事业单位的所有女职工。

20世纪80年代以后，我国进行了生育保险制度改革，多数地方规定，参加生育保险社会统筹的单位是全民所有制企业和县以上集体企业，中央部署企业和省属企业也必须参加；有的地方把中外合资企业以及参加养老保险社会统筹的镇、街道所办企业甚至私营企业纳入生育保险的覆盖范围；有的地方包括独立核算、自收自支的事业单位，其纳入生育保险的对象为固定女职工和劳动合同制女职工；有的地方把参加养老保险的临时工纳入生育保险的对象；有的地方还包括参加生育保险社会统筹单位男职工在农村的配偶。

1994年12月14日，劳动和社会保障部(现为人力资源和社会保障部)颁布《企业职工生育保险试行办法》，该办法规定了生育保险的对象和范围，包括城镇各类企业及职工。2010年10月通过的《社会保险法》重新明确了职工未就业配偶享受生育保险待遇，职工未就业配偶按照国家规定享受生育医疗费用待遇，所需资金从生育保险基金中支付。因此，我国生育保险覆盖的对象是城镇各类企业及职工、职工未就业配偶。

随着生育保险和职工基本医疗保险的合并实施，参加职工基本医疗保险的在职职工同步参加生育保险。生育保险的参保对象即为参加城镇职工基本医疗保险的在职职工。

《关于全面推进生育保险和职工基本医疗保险合并实施的意见》(国办发〔2019〕10号)对合并实施后的参保登记、征缴管理、经办服务做了细化。目前各地均已按照国办发〔2019〕10号文的规定，落实参加职工医保的在职职工同步参加生育保险的要求。从实践情况看，随着这项工作的全面推进，生育保险覆盖面进一步扩大，参保单位和个人办理业务和享受服务更加便捷，制度可持续性更有保障。2020年末，全国参加生育保险参保人为23 567.3万人(退休人员不参加生育保险)，较上年增加2150万人；2021年末参加生育保险人数为23 851万人，增加283万人。生育保险参保人数已与职工医保参保在职职工人数基本相当。

二、生育保险的基金来源

(一) 生育保险基金的概念

生育保险基金是指为了使生育保险有可靠的资金保障，国家通过立法在全社会统一建立的，用于支付生育保险所需费用的各项资金。生育保险基金是社会保险基金的一个组成部分，是依据国家法律专门为生育职工支付有关待遇而筹集的款项。它的主要作用是为因生育而暂时离开工作岗位的女职工支付医疗费用和生育津贴。生育保险基金主要由参加统筹的单位缴纳，职工个人不缴纳生育保险费用。生育保险基金以收支平衡为目标，一般不留有大量结余。基金管理机构在基金测算过程中，以当地职工计划生育指标数、工资标准、生育医疗费用支付情况等为参考依据，估算生育保险基金的筹资比例，统筹规划该地区的生育保险基金运作流程。

生育保险基金的作用主要是保障参保职工生育期间的基本生活和医疗服务。生育保险基金支付水平受国家经济社会发展水平的限制和影响。我国处于社会主义初级阶段，生育保险基金以基本保障为主，即保障生育职工的基本生活和一般的医疗消费待遇。随着经济发展水平的提高和生产力的发展，保障范围和保障水平将逐步扩大和提高。在市场经济条件下，部分企业不可避免地出现倒闭或破产，无法保证生育女职工的基本生活和有关待遇，建立生育保险基金可以使社会福利的整体水平相对平衡，使生育女职工可以享受国家规定的生育待遇。

(二) 生育保险基金的特点

生育保险基金和其他社会保险基金相比，具有以下几个特点。

(1) 基金来源的单一性。生育保险作为社会保险的一个组成部分，其基金来源遵循社会保险的“大数法则”，集合社会力量，生育保险费完全由用人单位缴纳，职工个人不缴纳生育保险费。

(2) 基金筹集的可预见性。由于生育保险的对象为育龄女职工，生育保险与计划生育政策紧密衔接，生育保险费用具有较强的可预见性，基金完全可以做到有计划地使用，不必留有积累以应付不测。

(3) 基金负担的平衡性。按照规定，所有企业或参加生育保险的用人单位，不论是否有女职工或不论女职工的人数多少，都要按工资总额的统一比例缴纳生育保险费。

(三) 生育保险基金筹集的原则和方式

我国生育保险基金的筹集遵循以下基本原则和方式。

(1) 生育保险基金按照“以支定收，收支基本平衡”的原则筹集。这是生育保险基金筹集区别于其他社会保险基金筹集的重要特征之一。首先，生育保险与计划生育政策相衔接，它与其他社会保险项目相比较而言，其计划性和预见性都比较强，发生动荡的概率小，因此不需要留有积累以应付不测；其次，可以减轻企业负担，树立良好的社会形象。尽管建立生育保险基金的目的是保障生育对象的基本要求，如果基金过多，必然增加消费单位的负担。尽管建立生育保险的动机是好的，是有益于社会的，但如果基金积累过多，其客观效果和社会影响就不会太好。

(2) 生育保险基金由当地政府根据计划内生育人数和生育津贴、生育医疗费等费用的实际情况确定，最多不超过职工工资总额的1%。

(3) 生育保险基金按照属地原则组织，实行社会统筹。生育保险基金按属地原则组织是指生育保险以按照行政区域划分的市、区(县)为单位组织实施，在同一区域内所辖的各类企业，不分其所有制性质，不分其隶属关系，一律参加所在地的生育保险，按照当地的缴费标准和有关政策执行。

我国相关法律明确规定职工个人不缴纳生育保险费，要求企业的缴存比例不超过职工工资总额的1%，其具体比例没有统一的规定，由各地政府根据当地的实际情况确定。

2019年，国务院办公厅发布《关于全面推进生育保险和职工基本医疗保险合并实施的意见》，提出生育保险基金并入职工基本医疗保险基金，统一征缴，统筹层次一致。按照用人单位参加生育保险和职工基本医疗保险的缴费比例之和确定新的用人单位职工基本医疗保险费率，个人不缴纳生育保险费。职工基本医疗保险基金严格执行社会保险基金财务制度，不再单列生育保险基金收入，在职工基本医疗保险统筹基金待遇支出中设置生育待遇支出项目。

知识拓展7-2

按照《社会保险法》的规定，生育保险通过用人单位缴费筹资，职工个人不缴费。随着生育保险和职工基本医疗保险合并实施的全面推进，“四统一、两确保”政策取得实效，生育保险覆盖面进一步扩大，基金支付及抗风险能力也得到了提升。两项保险基金合并共济后，“打通”使用，充分发挥了社会保险大数法则的效能。生育保险收支按原费率核算出现的赤字，大部分通过与职工医保基金统筹共济得以消化，缓解了因单位缴费费率阶段性下调、全面二孩政策导致的大面积赤字的情况。从运行情况看，制度总体平稳，基金收支平衡，能够确保参保人生育保险待遇及时支付。

全面二孩政策实施后，2016年生育保险基金赤字9亿元，2017年基金赤字101亿元，连续两年收不抵支。2018年，随着生育保险和职工基本医疗保险合并实施试点工作的进行，以及《关于做好当前生育保险工作的意见》中提出规范生育津贴支付期限和计发标准等政策，确保女职工法定产假期限内的生育津贴支付，探索多渠道解决生育奖励假待遇问题，生育保险基金当年结存19亿元。

资料来源：国家医疗保障局关于政协十三届全国委员会第三次会议第2179号(社会管理类169号)提案答复的函(医保函〔2020〕166号). 国家医疗保障局官[EB/OL]. http://www.nhsa.gov.cn/art/2020/11/12/art_110_6920.html.

三、享受生育保险待遇的条件

在我国，享受生育保险待遇以缴纳保险费和投保年限作为前提条件。

(1) 用人单位已经缴纳生育保险费并达到最低时限。权利与义务相适应，是社会保险制度赖以存在的前提条件。只有履行法定的义务之后，才能享受各项社会保险待遇，生育保险也是如此，只有用人单位依法缴纳了生育保险费，其职工才能享受生育保险待遇。例如，广州规定参保职工参加生育保险累计满1年以上、继续参保才能享受生育保险待遇；长沙规定参保职工从参加生育保险的下月起连续缴费10个月后，才能享受生育保险待遇。

(2) 符合国家和省、市人口与计划生育政策规定。

四、生育保险待遇的支付

我国生育保险待遇的主要内容包括生育医疗费用、产假、生育津贴及法律、法规规定的其他津贴。根据国务院办公厅《关于全面推进生育保险和职工基本医疗保险合并实施的意见》(国办发〔2019〕10号)，不再单列生育保险基金收入，在职工基本医疗保险统筹基金待遇支出中设置生育待遇支出项目。

(一) 生育医疗费用

生育医疗费用包括生育的医疗费用和计划生育的医疗费用。纳入职工生育保险范围的生育医疗费用实行“定额补贴、实时结算和零星报销相结合”的补偿办法，由基本医疗保险统筹基金支付；超出职工生育保险范围的，由参保人员自行承担。

《社会保险法》第五十五条详细规定了生育医疗费用的具体内容，包括女职工因怀孕、生育发生的检查费、接生费、手术费、住院费、药费和计划生育手术费等。生育医疗费用有几个特点：第一，生育保险待遇从生育之前的孕期就开始给付，事先保障和事后保障相结合。第二，医疗服务范围的确定性。生育保险的检查项目、治疗手段大都是基础性服务项目，医疗服务项目相对比较固定，费用比较低廉。第三，生育保险医疗服务保障水平高于医疗保险。考虑到孕产妇及下一代的身体健康和安全，在生育保险制度设计上，在医疗保险药品目录、诊疗项目目录等规定的范围内，医疗费用报销比例一般高于医疗保险。没有规定起付线和封顶线，在门诊进行的产前检查、住院分娩或者出现高危状况下的医疗费用都可以由基本医疗保险统筹基金支付。

1. 生育的医疗费用

生育的医疗费用是指女职工在妊娠期、分娩期、产乳期内，因生育所发生的检查费、接生费、手术费、住院费、药费等医疗费用。女职工生育出院后，因生育引起疾病的医疗费，也由基本医疗保险统筹基金支付。

2. 计划生育的医疗费用

职工计划生育手术费用是指女职工因实行计划生育的需要，实施放置(取出)宫内节育器、流产术、引产术、绝育及复通手术所发生的医疗费用。参保职工在基本医疗保险定点医疗机构和经计划生育管理部门、医疗保障部门认可的计划生育服务机构实施计划生育手术，其费用可以由相应的社会保险基金支付。

3. 职工未就业配偶的生育医疗费用待遇

我国《社会保险法》第五十四条规定，职工未就业配偶按照国家规定享受生育医疗费用待遇。这里所说的“生育医疗费用待遇”主要是指参保职工未就业配偶因生育发生的医疗费用。夫妻双方均参加生育保险，女方符合享受条件的，由女方享受，男方不再享受生育医疗补助。

(1) 参加城镇居民基本医疗保险的未就业妇女，其生育医疗费用可以按照规定从城镇居民基本医疗保险基金中支付。根据人力资源和社会保障部办公厅《关于妥善解决城镇居民生育医疗费用的通知》(人社部〔2009〕97号)的规定，各地要将城镇居民基本医疗保险参保人员住院分娩发生的符合规定的医疗费用纳入城镇居民基本医疗保险基金的支付范围。开展门诊统筹的地区，可将参保居民符合规定的产前检查费用纳入基金支付范围。

(2) 参加新农合的农村妇女，其生育医疗费用可以按照规定从新农合基金中支付。2003年，国务院发布的《关于建立新型农村合作医疗制度的意见》明确农村妇女住院分娩的医疗费用由新农合解决。

(3) 中西部地区分娩补助计划。2009年，卫生部(现为卫生和计划生育委员会)、财政部印发了《关于进一步加强农村孕产妇住院分娩工作的指导意见》，规定实施农村孕产妇住院分娩补助政策，对农村孕产妇住院分娩所需费用予以财政补助。参加新农合的农村孕产妇在财政补助之外的住院分娩费用，可按当地新农合的规定给予补偿。对个人负担较重的贫困孕产妇，可由农村医疗救助制度按规定给予救助。

4. 法律、行政法规规定的其他项目费用

这是一条“兜底”条款。各地根据自己的经济发展水平，生育人口的数量，规定了不同的医疗费用开支项目。如《吉林省城镇职工生育保险办法》规定，所在单位参加生育保险并连续缴纳生育保险费的独生子女父母退休后，应享受的一次性2000元的奖励费，从生育保险基金中支付500元。

(二) 产假

产假是指在职妇女产期前后的休假待遇，享受产假的主要是女职工。生育是人类繁衍生存和劳动力再生产的行为，既是一种自然行为，又是一种社会行为。职业妇女既要从事经济活动，又要担负生育子女的天职，实际上是为社会做出了双重贡献。国家和社会有必要通过制度安排，使生育女职工从开始怀孕就得到生活、身体等方面的照顾，使她们能安心在家休养，逐步恢复身体健康，以便投入日后的工作，这对于保护妇女及婴儿的身体健康具有十分重要的意义。

2012年新修订的《女职工劳动保护特别规定》第七条规定，女职工生育享受98天产假，其中产前可以休假15天；难产的，增加产假15天；生育多胞胎的，每多生育1个婴儿，增加产假15天。女职工怀孕未满4个月流产的，享受15天产假；怀孕满4个月流产的，享受42天产假。

知识拓展7-3

女职工产假的相关规定

2012年4月18日，国务院颁布的《女职工劳动保护特别规定》规定：“女职工生育享受98天产假，其中产前可以休假15天；难产的，增加产假15天；生育多胞胎的，每多生育1个婴儿，增加产假15天。女职工怀孕未满4个月流产的，享受15天产假；怀孕满4个月流产的，享受42天产假。怀孕女职工在劳动时间内进行产前检查，所需时间计入劳动时间。晚育产假，由各省、自治区、直辖市根据本省计划生育条例规定。”

1. 上海市产假规定

根据《上海市人口与计划生育条例》的规定，符合生育法规定的夫妇，除了享受国家产假98天外，女方还可以享受60天生育假。根据上海市任免代表大会常务委员会公告(第十五届)第九十七号，2021年5月31日之后生产并符合上海市生育津贴申领条件的单胎顺产妇女享受国家规定的98天产假外，还可以再享受生育假60天；难产的增加产假15天；生育多胞胎的，每多生育1个婴儿增加产假15天。

2. 北京市产假规定

根据2016年3月24日修订的《北京市人口与计划生育条例》的规定，机关、企业事业单位、社会团体和其他组织的女职工，按规定生育的，除享受国家规定的产假外，享受生育奖励假30天，其配偶享受陪产假15天。女职工及其配偶休假期间，机关、企业事业单位、社会团体和其他组织不得降低其工资、予以辞退、与其解除劳动或者聘用合同。女职工经所在机关、企业事业单位、社会团体和其他组织同意，可以再增加假期1至3个月。

(三) 生育津贴

生育津贴是指国家法律规定对职业妇女因生育而离开工作岗位期间给予的生活费用，用以保障女职工产假期间的基本生活需要。按照《社会保险法》第五十六条的规定，我国女职工的生育津贴主要包括产假津贴和计划生育手术休假津贴。

1. 产假津贴

女职工产假期间的生育津贴，对已经参加生育保险的，按照用人单位上年度职工月平均工资标准由生育保险基金支付；对未参加生育保险的，按照女职工产假前工资的标准由用人单位支付；女职工生育或者流产的医疗费用，按照生育保险规定的项目和标准，对已经参加生育保险的，由基本医疗保险统筹基金支付。

2. 计划生育手术休假津贴

公民实行计划生育手术享受国家规定的休假，按照卫生部、计划生育委员会(现两部门整合为卫生和计划生育委员会)发布的《关于转发〈节育手术常规〉的通知》和劳动部《关于女职工生育待遇若干问题的通知》有关规定执行，具体休假按以下标准执行。

(1) 放置宫内节育器和皮下药物埋植物，自手术起休息2天；重体力劳动者，在术后1周内不做重体力劳动。

(2) 取宫内节育器，当日休息1天。

(3) 输精管结扎，休息7天。

(4) 单纯输卵管结扎，休息21天。

(5) 产后结扎输卵管，按产假另加14天。

(6) 人工流产、怀孕不满3个月的休息20天，3个月以上不满4个月的休息30天，4个月以上休息42天。人工流产同时结扎输卵管，两项休假合并计算。实行计划生育休假期间，享受津贴。

因各地对生育保险都有相应的管理规定，津贴的发放范围也不尽相同。如有的地区允许女职工在生育后，给予男职工一定的假期，以照顾生育后的妻子，假期工资照发。为了使生育津贴的规定更科学、更合理，充分考虑到当前经济社会发展的实际情况和群众利益，《社会保险法》做出此补充规定。

生育津贴按照职工所在用人单位上年度职工月平均工资计发。生育津贴低于本人工资标准的，差额部分由企业补足。

生育津贴的计算公式为

由基本医疗保险统筹基金支付的生育津贴=当月本单位人均缴费工资÷30天×产假天数

2021年8月20日，第十三届全国人民代表大会常务委员会第三十次会议通过的《关于修改人口与计划生育法的决定》规定国家提倡适龄婚育、优生优育，一对夫妻可以生育三个子女。修订后的《人口与计划生育法》提出，符合法律法规规定生育子女的夫妻可以获得延长生育假的奖励或者其他福利待遇，各省(区、市)通过地方性法规等形式明确了30至90天不等的生育奖励假，部分省份在地方性法规中将生育奖励假期间生育津贴纳入了生育保险支付范围。

国家医疗保障局办公室《关于做好支持三孩政策生育保险工作的通知》(医保办发〔2021〕36号)提出：“为贯彻落实党中央关于优化生育政策促进人口长期均衡发展的任务部署，积极支持三孩生育政策落地实施，确保参保女职工生育三孩的费用纳入生育保险待遇支付范围，各地医保部门要按规定及时、足额给付生育医疗费用和生育津贴待遇，切实保障参保人员生育保障权益。同步做好城乡居民生育医疗费用待遇保障和新生儿参保工作。”

由此可见，各地已将参保女职工生育三孩的费用纳入生育保险待遇支付范围，按规定及时、足额给付生育医疗费用和生育津贴待遇。

拓展训练7-1

1. 长沙市某职工2021年1月参加了生育保险，2023年2月剖宫产生育一个男孩，产前检查花费1500元，在妇幼保健医院花费生育医疗费5600元。长沙市女职工生育统筹基金支付标准：产前检查费用可报销500元，接生等生育医疗费用报销如表7-1所示。请计算该职工共可报销多少生育医疗费用？

表7-1　长沙市女职工生育统筹基金支付标准

项目	支付标准/元	项目	支付标准/元
阴道自然分娩无并发症(含侧切)	2000	剖宫产无并发症	3600
阴道自然分娩并产后出血	2400	剖宫产并产后出血	4000
阴道自然分娩并产后出血(输血不少于2个单位)	3200	剖宫产并产后出血(输血不少于2个单位)	4400
阴道难产无产时并发症	2400	难产性剖宫产	4000
阴道难产并产后出血	2800	难产性剖宫产并产后出血	4400
阴道难产并产后出血(输血不少于2个单位)	3600	难产性剖宫产并产后出血(输血不少于2个单位)	4800
妊娠合并症、并发症阴道分娩	3200	妊娠合并症、并发症剖宫产	4400
妊娠合并症、并发症阴道分娩并产后出血	3600	妊娠合并症、并发症剖宫产并产后出血	4800
妊娠合并症、并发症阴道分娩并产后出血(输血不少于2个单位)	4000	妊娠合并症、并发症剖宫产并产后出血(输血不少于2个单位)	5200
无适应症剖宫产	2400	围产期疾病治疗	2000

分析与解答：

按长沙市相关规定，生育保险产前检查费可报销500元，剖宫产无并发症可报销3600元，因此报销的生育医疗费用=500+3600=4100(元)

2. 某市职工2022年因生育休产假98天，该职工所在单位2021年月平均工资为3600元。该职工生育前12个月的平均工资为4200元。请计算该职工产假期间的生育津贴为多少元？由基本医疗保险统筹基金支付的生育津贴为多少元？

分析与解答：

由基本医疗保险统筹基金支付的生育津贴=当月本单位人均缴费工资÷30天×产假天数=3600÷30×98=11 760(元)

该职工能够领取到的生育津贴为4200÷30×98=13 720(元)

13 720元的生育津贴由基本医疗保险统筹基金支付11 760元，并由所在单位补齐差额1960元。

五、生育保险基金不予支付的项目

根据相关法律规定，违反国家或省、自治区、直辖市计划生育规定发生的医疗费用、因医疗事故发生的医疗费用、在非定点医疗机构发生的医疗费用和按照规定应当由职工个人负担的医疗费用，基本医疗保险统筹基金不予支付。

知识拓展7-4

天津市职工生育应当由职工个人负担的医疗费用

(1) 婴儿发生的各项费用；

(2) 超过定额、限额标准之外的费用；

(3) 妊娠期间因保胎实施期待疗法发生的医疗费用；

(4) 实施人类辅助生殖技术发生的医疗费用；

(5) 在境外(含中国港、澳、台地区)发生的产前检查费、生育医疗费和计划生育手术费；

(6) 本人要求的特需项目所发生的费用。

资料来源：天津市医疗保障局[EB/OL]. https://ylbz.tj.gov.cn/.

六、生育女职工的劳动保护

为维护生育女职工的合法权益，国家制定一系列妇女怀孕、哺乳的劳动保护措施，减少和解决女职工在劳动和工作中由于生理变化而造成的特殊困难，以达到保护女职工和新生儿身体健康的目的。例如，我国的《女职工劳动保护法》《女职工禁忌劳动范围的规定》作出如下规定。

(1) 女职工在月经期间不得从事高空、低温、冷水和国家规定的第三级体力劳动强度的劳动。例如，从事纺织行业的挡车女工，长期站立行走工作，容易发生流产和其他意外，应该将其调整到劳动强度较低的工作岗位。体力劳动强度是以劳动强度指数来衡量的，劳动强度指数是根据劳动公约的平均劳动时间率和平均能量代谢率确定的。劳动强度指数越大，体力劳动强度越大；反之，体力劳动强度就越小。例如，根据国家标准《体力劳动强度分析》(GB 3869—83)的规定，劳动强度指数小于15，体力强度为I级；劳动强度指数大于15小于20，体力强度为II级；劳动强度指数大于20小于25，体力强度为III级；劳动强度指数大于25，体力强度为IV级。

(2) 不得安排怀孕、哺乳的女职工从事国家规定的三级或者三级以上体力劳动强度的劳动和孕期禁忌从事的劳动。

(3) 不得安排怀孕、哺乳的女职工从事有害、有毒工种。正在从事有害、有毒工种的怀孕女职工，应该调离原来的工作环境。这主要是考虑不良的工作环境对产妇及胎儿的影响。

(4) 不得安排怀孕女职工在正常劳动日以外延长劳动时间，以保证女职工充足的休息时间。

(5) 能胜任原劳动的孕期女职工，应当减轻其劳动量或安排其他工作。

(6) 怀孕7个月以上的女职工，不得安排夜班劳动。在劳动时间内，应该安排一定的休息时间，以防止孕妇早产，保障孕妇按期分娩。

(7) 允许怀孕女职工在劳动时间内进行产前检查。检查时间按出勤对待，并相应地减少生产定额，以保证其产前检查时间。

(8) 不得在女职工怀孕期、产期、哺乳期间降低女职工的工资或者解除劳动合同。根据劳工组织的公约规定，雇主在妇女产假缺勤期间提出解雇生育妇女是非法的。1992年颁布的《中华人民共和国妇女权益保障法》规定："妇女在经期、孕期、产期和哺乳期都应该受到特殊保护""任何单位不得以结婚、怀孕、产检、哺乳等为理由，辞退女职工或单方面解除劳动合同。"

(9) 女职工怀孕流产的，其所在单位应当根据医疗机构出具的证明，给予一定时间的产假。

第三节　生育保险实务

一、生育保险经办管理的主体与对象

(一) 生育保险经办管理的主体

劳动和社会保障部(现为人力资源和社会保障部)颁布的《企业职工生育保险试行办法》(劳动部发〔1994〕504号，以下简称504号文)是确定职工生育保险经办管理主体的主要文件。《社会保险法》从法律上明确了社会保险经办机构的主体地位。

按照504号文的规定，生育保险基金由劳动部门所属的社会保险经办机构负责收缴、支付和管理；女职工生育或流产后，由本人或所在企业持当地计划生育部门签发的计划生育证明、婴儿出生证、死亡或流产证明，到当地社会保险经办机构办理手续，领取生育津贴和生育医疗费。因此，生育保险经办管理的主体是社会保险经办机构。

504号文规定："生育保险基金的筹集和使用，实行财务预算、决算制度，由社会保险经办机构做出年度报告，并接受同级财政、审计部门监督；市(县)社会保险监督机构定期监督生育保险基金管理工作；企业虚报、冒领生育津贴或生育医疗费的，社会保险经办机构应追回全部虚报、冒领资金，并由劳动行政部门给予处罚。"可见，同级财政、审计部门对职工生育保险经办管理存在一定的横向监督职能；社会保险监督机构对职工生育保险经办服务管理存在一定的纵向监督职能；劳动行政部门则有裁量处罚的职能。

(二) 生育保险经办管理的对象

504号文第二条规定："本办法适用于城镇企业及其职工。"城镇企业及其男女职

工都是职工生育保险经办管理的对象，城镇企业的男职工有义务参加生育保险。《社会保险法》第五十三条规定：“职工应该参加生育保险，由用人单位按照国家规定缴纳生育保险费，职工不缴纳生育保险费。”

根据2004年劳动和社会保障部(现为人力资源和社会保障部)办公厅颁布的《关于进一步加强生育保险工作的指导意见》的要求，各地在504号文的基础上进行了创新，打破了仅限于企业范围的生育保险制度。首先，将生育保险覆盖面扩展到机关、事业等单位。根据《国务院办公厅关于全面推进生育保险和职工基本医疗保险合并实施的意见》(国办发〔2019〕10号)，目前我国生育保险和职工医疗保险已经合并实施。从实践情况看，随着这项工作的全面推进，生育保险覆盖面进一步扩大，已经扩大到城镇机关、企事业单位、社会团体、民办非企业等单位，生育保险参保人数已与职工医保参保在职职工人数基本相当。其次，将灵活就业人员、失业人员纳入保障范围。广东省将与单位建立劳动关系的人员全部纳入生育保险参保范围，包括农民工等，为进城务工人员住院分娩提供保障。上海市将具有本市城镇户籍并参加城镇社会保险的从业人员、失业人员全部纳入生育保险范围。

职工生育保险经办管理的对象包括城镇机关、事业、企业、社会团体、民办非企业、个体工商户等单位及其职工。《社会保险法》明确规定，所有用人单位的职工都要参加生育保险，从法律层面上确定了生育保险经办管理的对象。

二、生育保险登记

(一) 参保登记

社会保险经办机构为用人单位办理职工生育保险登记手续。新设立的用人单位应当自设立之日起，在一定期限内，向社会保险经办机构申报，经经办机构核准后，办理参保登记，确定缴费基数，按月向社会保险费征缴机构缴费。

(二) 生育登记

生育登记是为参保人员享受生育保险待遇所办理的备案手续，是确定生育保险待遇享受资格的前提。针对下列情况，通过接收相关资料，审核缴费单位填写的相应登记表，办理登记手续，核准后登录有关信息并建立相应的台账。

1. 妊娠登记

对妊娠诊断明确的参保女职工，应接收定点医疗机构开具的妊娠诊断证明、计划生育部门开具的相关证明及本人身份证明，办理登记手续。

2. 计划生育手术并发症登记

对实行计划生育手术引起并发症的参保职工，应持计划生育手术并发症鉴定机构开具的证明及本人身份证明办理登记手续。

3. 住院登记

对因生育、计划生育手术及其并发症须在定点医疗机构住院的参保职工，应持定点医疗机构开具的住院证及本人身份证明办理住院登记手续。凡实现计算机联网的，可在定点医疗机构办理住院登记，经办机构应在24小时内进行网上确认。

4. 长期派驻异地参保职工登记

对长期派驻异地的参保职工及其在当地选择的具有助产、计划生育技术服务资质的定点医疗机构，应由缴费单位汇总统一办理登记。

异地分娩的职工，需在住院的5天之内到社保经办机构办理住院登记。

三、生育保险缴费

《社会保险法》第五十三条的规定：“职工应当参加生育保险，由用人单位按照国家规定缴纳生育保险费，职工不缴纳生育保险费。”生育保险按照属地原则实行社会统筹，用人单位缴纳生育保险费应以上年度全部职工工资总额为基数，按照当地规定缴纳。

用人单位职工工资总额无法确定的，其缴纳生育保险费的基数按本统筹地区上一年度职工社会平均工资确定。缴费工资基数最低不得低于本统筹地区上一年度职工社会平均工资的60%。

四、生育保险待遇的审核与支付

(一) 生育保险待遇申报

待遇申报受理是经办机构接受定点医疗机构或参保人生育医疗费用和生育津贴申报的过程，是衔接生育登记与生育保险待遇支付审核的纽带。

对于生育或终止妊娠应享受的生育津贴，在定点医疗机构门诊发生的产前检查费，计划生育手术或计划生育并发症门诊医疗费，长期派驻异地在定点医疗机构住院、门诊所发生的费用，接受缴费单位或参保个人的申报；对于在定点医疗机构住院所发生的生育或终止妊娠、计划生育手术或计划生育手术并发症医疗费，接受定点医疗机构或参保个人的申报，实现互联网的可接受网上申报。

受理生育保险待遇申报时，首先，应确认是否按时足额缴纳生育保险费，是否按规定办理生育保险登记，是否在生育保险定点医疗机构就医；其次，应校验申报资料、凭证是否齐全，申报费用与对应票据是否一致；最后，清点申报资料、凭证的数量，做好记录，与申报单位办理交接手续，登录医疗费用信息，实现互联网的按规定时限从网上确认下载，生成待审核数据。在此基础上，转入待遇支付审核。

(二) 生育保险待遇支付审核

生育保险待遇支付审核是指经办机构依据生育保险政策规定和基本医疗保险药品目录、诊疗项目记录、服务设施标准及生育保险服务协议，按限额付费、定额付费、项目付费三种结算方式审核受理申报的材料，对符合规定的予以待遇支付确认的过程。

审核内容包括以下几项：是否在生育保险定点医院就医；是否按规定办理了有关登记；申报的材料、有关医学证明是否齐全并符合申报要求；填报的发生金额与对应票据金额是否一致；申请的定额支付金额、按项目支付金额、生育津贴金额与对应的诊断及支付标准是否相符；申报的产前检查费发生月份用人单位是否足额缴费，申请支付金额与所对应的限额支付标准是否相符，终止妊娠支付产前检查费时要核对妊娠起止时间；对按项目申请支付的医疗费，要审核费用明细；对超过24周岁生育第一胎子女的女职工，要核对出生年月日，并核实“独生子女证”；必要时，可要求提供病历资料。

待遇支付审核是确定生育保险待遇的关键。审核申报的生育保险费用，要把握诊断证明、支付标准、费用明细相一致的原则。其中，对申报的生育保险费用，凡属于按限额、定额付费的，应依据规定的支付标准进行支付审核；凡属于按项目付费的，应依据有关药品目录、诊疗项目目录、服务设施标准进行支付审核。对申报的生育津贴，应依据规定审核计发基数和享受天数支付。待遇支付审核应根据生育保险的有关规定和标准进行，对有疑问的，提交稽核部门审查。

(三) 生育保险待遇结算管理

在实现生育保险待遇实时结算的地区，参保职工凭相关手续享受定点医疗机构生育保险费用实时结算服务。应由生育保险基金支付的费用由定点医疗机构与社会保险经办机构结算；应由个人承担的费用由参保职工与定点医疗机构结算。湖南、北京等省市正探索在生育保险药品目录、诊疗服务设施项目内，职工个人住院分娩不负担医疗费的管理办法，实行社会保险经办机构与医疗机构直接结算费用。

符合生育保险政策规定的参保职工，在产前检查、分娩或实施计划生育手术时，持社会保障卡到本人选定的生育保险定点医疗机构就医并结算。属生育保险基金支付的，由社会保险经办机构与定点医疗机构结算；属个人支付的，由本人在定点医疗机构结算。

生育医疗费用和计划生育手术费用在许多地区通常采取按定额、按项目和按限额付费的方式结算。

按定额付费包括自然分娩、人工干预分娩、剖宫产、引产、高危人工流产、放置(取出)宫内节育器、绝育手术医疗费等，分别按规定的定额支付标准进行结算。定点医疗机构严格执行生育保险医疗管理规定，提供合理的医疗服务，一年内生育保险参保人员就医实际发生的医疗费用(即记账费用)总额超过定额支付总额的90%(含90%)，生育保险按定额标准全额支付；未超过90%的，按实际记账费用支付；超过定额标准的，仍按定额标准支付。

按项目付费包括复通手术医疗费，宫内节育器取出伴有嵌顿、断裂、变形、异位或绝经期一年以上的医疗费，治疗计划生育手术并发症的医疗费，分娩期出现生育并发症的医疗费。符合生育保险支付范围并按项目支付的费用，基本医疗保险统筹基金100%支付。

按限额付费主要为产前检查费。对按限额付费的待遇，应按规定的限额标准支付；实际费用低于限额标准的，按实际费用支付。

五、城镇居民生育保障

由于职工生育保险制度未覆盖城镇非从业人员，参加城镇居民基本医疗保险的人员没有生育医疗待遇。2009年，人力资源和社会保障部办公厅印发了《关于妥善解决城镇居民生育医疗费用的通知》(人社厅发〔2009〕97号)，规定了城镇居民生育保障的对象和内容等。

城镇居民生育保障服务的对象应具备的条件包括：符合国家和计划生育政策规定生育的；参加城镇居民基本医疗保险的育龄妇女；按时足额缴纳城镇居民基本医疗保险费。

《关于妥善解决城镇居民生育医疗费用的通知》(人社厅发〔2009〕97号)规定："开展门诊统筹的地区，可将参保居民符合规定的产前检查费用纳入基金支付范围。"

城镇居民生育保障服务的主要内容是保障城镇居民基本医疗保险参保人员怀孕、分娩期间的生育医疗待遇。主要支付范围包括参保城镇居民因生育所需符合规定和标准的产前检查费和住院医疗费等。

原则上，城镇居民生育保障待遇支出在城镇居民基本医疗保险基金中列支，不再单建基金。凡参加城镇居民基本医疗保险，并按时足额缴纳城镇居民基本医疗保险费的城镇育龄女性居民，由社会保险经办机构按照有关规定，按定额标准或规定比例由城镇居民基本医疗保险基金支付生育医疗费用。

2009年，人力资源和社会保障部办公厅下发的《关于确定城镇居民生育保障试点城市的通知》(人社厅函〔2009〕355号)指出："确定吉林省长春市、江苏省南通市、安徽省马鞍山市、湖南省常德市、广东省惠州市、四川省成都市、陕西省铜川市7个城市作为城镇居民生育保障试点城市。"

居民生育保障试点政策主要体现了以下三个特点。

(1) 保障水平提高。将参保居民住院分娩、妊娠期间门诊常规检查、治疗生育并发症所发生的符合政策规定的医疗费纳入保障范围。

(2) 待遇支付更加方便、快捷。参保居民在定点医疗机构发生的符合规定的医疗费用，由医保经办机构和定点医疗机构直接结算；应由个人自付的，由个人与定点医疗机构直接结算；待遇支付、结算方式更加灵活，为参保居民提供了更加方便、快捷的服务。

(3) 体现了公平性。以城镇居民基本医疗保险参保人员为适用对象，实现居民生育保障的全覆盖。

本章小结

生育保险制度是指国家通过立法，在怀孕和分娩的女性劳动者暂时中断劳动时，由国家和社会提供医疗服务、生育津贴和产假的一种社会保险制度。与医疗保险相比，生育保险在保障对象、享受待遇的时间、享受期限、待遇水平等方面有着明显的区别。

我国的生育保险现行制度覆盖的对象是城镇各类企业及其职工、职工未就业配偶，职工个人不缴纳生育保险费，但对于企业的缴存比例要求不超过职工工资总额的1%。满足用人单位已经缴纳生育保险费并达到最低时限以及符合国家和省、市人口与计划生育政策规定这两个条件时，能够享受生育医疗费用、产假、生育津贴及法律、法规规定的其他津贴等生育保险待遇。生育医疗费用的具体内容包括女职工因怀孕、生育发生的检查费、接生费、手术费、住院费、药费和计划生育手术费等。女职工生育享受98天产假，生育津贴按照职工所在用人单位上年度职工月平均工资计发。生育津贴低于本人工资标准的，差额部分由企业补足。

社会保险经办机构为用人单位办理职工生育保险登记手续。新设立的用人单位应当自设立之日起，在一定期限内，向社会保险经办机构申报，经办机构核准后，办理参保登记，确定缴费基数，按月向社会保险费征缴机构缴费。

对申报的生育保险费用，凡属于按限额、定额付费的，应依据规定的支付标准进行支付审核；凡属于按项目付费的，应依据“三目录”标准进行支付审核。对申报的生育津贴，应依据计发基数和享受天数支付。

城镇居民和农村居民生育保障服务的对象应具备的条件包括：符合国家和计划生育政策规定生育的；参加城镇居民基本医疗保险或新农合的育龄妇女；按时足额缴纳城镇居民基本医疗保险费或新农合费用的。原则上，城镇居民和农村居民生育保障待遇支出在城镇居民基本医疗保险基金或新农合基金中列支，不再单建基金。

习题

一、填空题

1. 我国生育保险基金按照(　　)原则，由(　　)缴费形成。
2. 我国现行的生育保险制度规定正常生育产假为(　　)天。
3. 我国生育津贴包括(　　)津贴和(　　)津贴。
4. 由生育保险津贴支付的生育津贴标准为(　　)。
5. 我国生育保险待遇享受的前提条件为(　　)和(　　)。

二、单项选择题

1. 我国生育保险制度创建于(　　)。

A. 1951年　　B. 1953年　　C. 1958年　　D. 1986年

2. 按照我国生育保险的规定，生育保险费的提取比例最高不得超过职工工资总额的(　　)。

A. 2%　　B. 6%　　C. 8%　　D. 1%

3. 参加城镇居民基本医疗保险的人员住院分娩发生的医疗费用由(　　)支付。

A. 城镇职工基本医疗保险基金　　B. 新农合基金

C. 城镇居民基本医疗保险基金　　D. 生育保险基金

4. 1951年颁布的《劳动保险条例》规定，女工人和女职工的产假为(　　)天。

A. 50　　B. 56　　C. 90　　D. 98

5. 女职工享受产假期间的生育津贴按照本企业上年度职工月平均工资计发，由(　　)支付。

A. 所在单位　　B. 基本医疗保险统筹基金

C. 医疗保险基金　　D. 社会救助

三、多项选择题

1. 我国生育基金不予支付的项目包括(　　)。

A. 因医疗事故发生的医疗费用　　B. 违反计划生育规定发生的医疗费

C. 婴儿发生的各项费用　　D. 超过定额限额标准之外的费用

2. 我国生育保险覆盖的对象包括(　　)。

A. 城镇各类企业及其职工　　B. 公务员

C. 城镇企业职工未就业配偶　　D. 事业单位及其工作人员

3. 女职工生育的(　　)由生育保险基金支付。

A. 产前检查费　　B. 分娩等手术费

C. 药费　　D. 营养费

4. 下列选项中，(　　)可以享受生育保险的医疗费用报销待遇。

A. 城镇职工　　B. 城镇职工未就业配偶

C. 参加新农合的农村妇女　　D. 参加城镇居民医疗保险的城镇无业妇女

5. 下列选项中，不符合国家规定享受生育津贴的是(　　)。

A. 女职工生育享受产假　　B. 女职工整个哺乳期间

C. 享受计划生育手术休假　　D. 女职工怀孕期间

四、简答题

1. 简述我国生育保险待遇的内容及标准。

2. 简述生育保险待遇支付审核的内容。

第八章　我国工伤保险制度及实务

学习目标

1. 在了解工伤概念及分类的基础上，掌握工伤保险的概念、特征及原则，了解我国工伤保险的建立过程；

2. 掌握我国工伤保险现行制度的内容，包括覆盖范围、基金筹集、待遇标准等；

3. 掌握认定工伤、视同工伤及不得认定工伤的情形，明确劳动能力鉴定的概念及等级；

4. 具备工伤保险相关实务操作技能，掌握工伤登记、工伤认定程序、劳动能力鉴定流程、工伤保险待遇的审核与支付等实务技能；

5. 明确我国工伤保险统筹现状，掌握市级统筹的关键。

第一节　工伤保险概述

一、工伤的概念

工伤是指工作中的意外事故或职业病所致的伤残或死亡。工伤包括两个方面的内容，即由工作引起并在工作过程中发生的事故伤害和职业病。

(一) 事故伤害

工伤事故伤害是指在职业活动所涉及的区域内，由于工作环境恶劣、条件不良、任务过重或突发性事故所导致的对劳动者身体的伤害。

(二) 职业病

职业病是指企业、事业单位和个体经济组织的劳动者在职业活动中，因接触粉尘、放射性物质和其他有毒、有害物质等因素而引起的疾病。认定的职业病患者必须具备以下四个条件。

(1) 患病主体是企业、事业单位或个体经济组织的劳动者，如果该劳动者所在单位并未申报职业病危害项目，则该劳动者所患疾病即使为职业病目录所列病种，也无法认定为工伤。

(2) 所患的病是在从事职业活动的过程中产生的。

(3) 所患的病是因接触粉尘、放射性物质和其他有毒、有害物质等职业病危害因素引起的。

(4) 所患的病是国家公布的职业病分类和目录所列的。

二、工伤的分类

我国国家标准《企业职工伤亡事故分类》(GB 6441—86)指出，伤亡事故是指企业职工在生产劳动过程中发生的人身伤害、急性中毒。根据不同的研究目的，工伤事故可采取不同的方法分类。

1. 按受伤程度分类

工伤一般分为轻伤和重伤，也可分为以下几种。

(1) 轻伤。

(2) 中度伤。

(3) 无生命危险的重伤。

(4) 有生命危险的重伤。

(5) 危重、存活和不明。

2. 按致伤因素分类

(1) 机械性损伤，如锐器造成的切割伤和刺伤，钝器造成的挫伤，建筑物倒塌造成的挤压伤，高处坠落引起的骨折。

(2) 物理性损伤，如烫伤、烧伤、冻伤、电损伤、电离辐射损伤等。

(3) 化学性损伤，如强酸、强碱、磷和氢氟酸等造成的灼伤。

3. 按受伤部位分类

按受伤部位，可分为颅脑伤、面部伤、胸部伤、腹部伤和肢体伤。

4. 按皮肤或黏膜表面有无伤口分类

按皮肤或黏膜表面有无伤口，可分为开放性损伤和闭合性损伤。

5. 按受伤组织和器官多寡分类

按受伤组织和器官多寡，可分为单个伤和多发伤。

三、工伤保险的概念及特征

(一) 工伤保险的概念

工伤保险亦称工业伤害保险、因工伤害保险、职业伤害赔偿保险，它是指劳动者在生产经营活动中或在规定的某些特殊情况下所遭受的意外伤害、职业病，以及因这两种情况造成的劳动者死亡、暂时或永久丧失劳动能力时，劳动者及其遗属能够从国家、社会得到的必要的物质补偿的制度。这种补偿包括医疗康复所需，也包括生活保障所需。

早期的工伤保险实际上是“工伤赔偿”，即劳动者因工伤导致伤残、疾病和死亡时，对劳动者本人或其供养亲属给予经济赔偿和提供物质帮助的一种社会保险制度。随着社会的发展，工伤保险的功能不断延伸。现代意义上的工伤保险，不仅包括对因工伤、残、亡者给予经济补偿和物质帮助，还包括促进企业安全生产、降低事故率及职业病发生率，并通过现代康复手段，使受伤者尽快恢复劳动能力，即工伤预防、工伤补偿、工伤康复三位一体。

(二) 工伤保险的特征

1. 最大强制性，最广的实施范围

工伤保险的前身是雇主责任制，早在100多年前国家就以立法形式强制雇主必须对雇员的工伤负责。100多年来，雇主负责工伤赔偿，并从法律强制变成一种习惯。许多国家在工伤保险方面有专项立法，在19世纪80年代首次立法的国家占10%，20世纪20年代首次立法的国家占43%，20世纪30年代至40年代首次立法的国家占43%，20世纪50年代首次立法的国家占4%。工伤保险实施的范围也是五大险种中最广泛的，在实施社会保险的国家中，有95%的国家实施了工伤保险。

2. 最强保障性，最多、最全面的项目

工伤保险不仅是一次性的经济补偿，更重要的是对伤残、死亡者全过程的保障。工伤保险项目众多，涵盖医疗、疾病、死亡、康复各个方面。它要解决医疗期的工资、工伤医疗费、伤残待遇以及死亡职工的丧葬费、抚恤费和供养直系亲属的生活待遇给付等问题。在医疗期，除免费医疗外，工伤保险还包括护理津贴、职业康复、伤残重建、生活辅助器具、伤残人员的转业培训与就业以及工伤预防等。

3. 最优待遇

对于工伤保险，个人无须缴纳保险费，但其待遇比医疗、失业和养老保险的待遇都要高。养老保险是保障基本生活；失业保险虽然也是保障失业者的生活，但带有救济性质；工伤保险除了保障伤残人员的生活外，还要根据其伤残情况补偿因工受伤的经济损失。工伤保险待遇优厚，体现国家和社会对那些不畏艰险搞好生产、见义勇为、维持社会秩序、保障人民财产的劳动者进行保护和鼓励的政策倾向。

4. 最宽给付条件

享受工伤待遇不受年龄、工伤条件的限制，凡是因工伤残的，均给付相应待遇。与其他四大社保险种相比，工伤保险这一特征非常明显。

四、工伤保险的原则

与其他四大险种相比，工伤保险在实施过程中遵循如下原则，这些原则体现了该险种的特殊之处。

1. 无过错责任原则

无过错责任原则又称无过失赔偿原则，是指劳动者在生产和工作过程中一旦遭遇工伤事故，无论事故责任属于企业、雇主、相关第三人还是本人，都应依法按照规定的标准享受工伤保险待遇，这与通常意义上待遇给付与责任挂钩的赔偿方式不同，待遇的给付与责任的追究并没有关系。该原则在很大程度上保障了劳动者在生产、工作中因意外或职业病遭受人身侵害而应享有的合法权利，是工伤保险与其他几大险种的区别之一。当然，因本人犯罪或故意而造成的“工伤”除外。

2. 个人不缴费原则

工伤事故属于职业性伤害，是指劳动者在生产劳动过程中，为企业、为社会创造价值所付出的代价，所以企业(雇主)应负担全部保险费。工伤保险待遇具有明显的“劳动力修复与再生产投入”性质，属于企业生产成本的特殊组成部分，企业在这部分保费上的投入是完全必要和合理的。工伤保险由单位缴纳，职工个人不缴纳任何费用，这是工伤保险与养老、失业、医疗保险的区别之一。这一点在世界上已达成共识，从国际经验来看，世界上几乎所有国家的工伤保险保费都是由企业(雇主)来承担的。

3. 待遇标准从优原则

考虑到职工为企业建设及发展所做出的贡献与付出的代价，应为受伤、残疾、死亡职工及遗属提供较为优厚的医疗、康复、抚恤待遇。从人性化角度，工伤保险在待遇给付标准上按照从优原则，与养老、医疗、失业、生育等险种相比，更倾向于高标准给付。

4. 工伤保险与工伤预防、工伤康复相结合原则

工伤保险最直接的任务是工伤补偿，以保障伤残职工或遗属的基本生活。现代工伤保险的发展趋势是将工伤补偿与工伤预防、工伤康复结合起来，加强安全生产，减少事故发生，防患于未然。同时，在工伤事故发生时，工伤保险能够积极救治受伤职工，采取有力措施，帮助受伤职工尽快恢复健康并重新走上工作岗位。

2014年，人力资源和社会保障部等四部门印发《关于进一步做好建筑业工伤保险工作的意见》，明确提出将按项目参保证明作为办理项目施工许可证的前置条件。2017年，人力资源和社会保障部制定印发《关于工伤保险待遇调整和确定机制的指导意见》，明确伤残津贴、供养亲属抚恤金、生活护理费和住院伙食补助费等待遇水平的调整确定办法，让工伤职工能够及时享受到社会经济发展成果。2018年，人力资源和社会保障部等六部门印发《关于铁路、公路、水运、水利、能源、机场工程建设项目参加工伤保险工作的通知》，创造性解决了工程建设领域农民工参保难问题。2021年7月，人力资源和社会保障部等八部门联合出台《关于维护新就业形态劳动者劳动保障权益的指导意见》，其中“组织开展平台灵活就业人员职业伤害保障试点”的条款，让灵活就业人员吃下“定心丸”。

截至2020年底，全国31个省、自治区、直辖市和新疆生产建设兵团实现工伤保险省级统筹，不断提高工伤保险管理服务水平。截至2021年底，全国工伤保险参保人数达到28 287万人。2021年，全年认定(视同)工伤129.9万人，评定伤残等级77.1万人；全年有206万人享受工伤保险待遇；全年工伤保险基金收入952亿元，基金支出990亿元。

第二节　我国工伤保险制度

一、我国工伤保险制度的建立与发展

我国的工伤保险制度源于新中国成立初期。1950年，内务部(现为民政部)制定了《革命工作人员伤亡褒恤暂行条例》，建立了国家机关和事业单位职工的工伤保险制度。1951年，政务院(现为国务院)颁布了《劳动保险条例》，1953年进行了修订，初步制定了企业职工工伤保险制度。至此，我国建立了相对全面的覆盖城市机关、事业单位、企业职工的工伤保险制度，但在覆盖面、制度完善性等方面还存在许多问题。1993年，党的十四届三中全会通过了中共中央《关于建立社会主义市场经济体制若干问题的决定》，提出了“普遍建立企业工伤保险制度”的构想，并于1996年颁布了《企业职工工伤保险试行办法》，与《劳动法》一起，构成保障职工合法权益的依据。

2003年4月27日，国务院颁布了《工伤保险条例》，并于2004年1月1日起施行。这是自1951年制定、1953年修订的《劳动保险条例》之后，第一次制定的专门的且具有法律效力的工伤保险法规，对于推进工伤保险改革、规范工伤保险制度、解决工伤保险争议至关重要。

2010年，国务院又修订了《工伤保险条例》，并于2011年1月1日起正式施行。现行的工伤保险制度包括工伤保险对象、工伤保险基金、工伤认定、劳动能力鉴定、工伤保险待遇、监督管理等内容。

2015年4月21日，由人力资源和社会保障部主办的全国工伤保险工作座谈会在天津召开。会议披露，2014年工伤保险参保人数首次突破两亿人，达到20 639万人；工伤保障范围进一步扩大，全国有198万人享受了工伤保险待遇。同时，工伤保障水平进一步提高，28个省份对伤残补贴、供养亲属抚恤金、生活护理费等待遇进行了调整；工伤保险基金抗风险能力进一步增强，市级统筹进一步规范，已有10个省份实现了省级统筹。

二、工伤保险的覆盖范围

根据《工伤保险条例》的规定，工伤保险的覆盖范围包括中华人民共和国境内的企业、事业单位、社会团体、民办非企业单位、基金会、律师事务所、会计事务所等组织和有雇工的个体工商户。公务员行政单位和参照公务员法管理的事业单位、社会团体的工作人员因工作遭受事故伤害或者患职业病的，由所在单位支付费用。具体办法由国务

院社会保险行政部门会同国务院财政部门规定。

由此可见，中华人民共和国境内的各种企业的职工和个体工商户的雇工，均有依照本条例的规定享受工伤保险待遇的权利。根据我国的工伤保险法律规定，用人单位应当承担为职工缴纳工伤保险费的责任。用人单位不仅指企业，还包括有雇工的个体工商户。

用人单位应当为所有职工缴纳工伤保险费，包括临时工。临时工虽然没有与用人单位签订劳动合同，但只要符合《关于确定劳动关系有关事项的通知》规定的相关条件，就应当确认劳动者与用人单位之间存在事实劳动关系。

知识拓展8-1

劳动关系的确定

由于部分用人单位招用劳动者不签订劳动合同，发生劳动争议时因双方劳动关系难以确定，致使劳动者合法权益难以维护，对劳动关系的和谐稳定带来不利影响。为规范用人单位用工行为，保护劳动者合法权益，促进社会稳定，现就用人单位与劳动者确立劳动关系的有关事项通知如下：

(一) 用人单位招用劳动者未订立书面劳动合同，但同时具备下列情形的，劳动关系成立。

1. 用人单位和劳动者符合法律、法规规定的主体资格；

2. 用人单位依法制定的各项劳动规章制度适用于劳动者，劳动者受用人单位的劳动管理，从事用人单位安排的有报酬的劳动；

3. 劳动者提供的劳动是用人单位业务的组成部分。

(二) 用人单位未与劳动者签订劳动合同，认定双方存在劳动关系时可参照下列凭证：

1. 工资支付凭证或记录(职工工资发放花名册)、缴纳各项社会保险费的记录；

2. 用人单位向劳动者发放的“工作证”“服务证”等能够证明身份的证件；

3. 劳动者填写的用人单位招工招聘“登记表”“报名表”等招用记录；

4. 考勤记录；

5. 其他劳动者的证言等。

其中，1、3、4项的有关凭证由用人单位负举证责任。

(三) 用人单位招用劳动者符合第一条规定的情形的，用人单位应当与劳动者补签劳动合同，劳动合同期限由双方协商确定。协商不一致的，任何一方均可提出终止劳动关系，但对符合签订无固定期限劳动合同条件的劳动者，如果劳动者提出订立无固定期限劳动合同，用人单位应当订立。

用人单位提出终止劳动关系的，应当按照劳动者在本单位工作年限每满一年支付一个月工资的经济补偿金。

(四) 建筑施工、矿山企业等用人单位将工程(业务)或经营权发包给不具备用工主体资格的组织或自然人，对该组织或自然人招用的劳动者，由具备用工主体资格的发包方承担用工主体责任。

(五) 劳动者与用人单位就是否存在劳动关系引发争议的，可以向有管辖权的劳动争议仲裁委员会申请仲裁。

资料来源：笔者根据《关于确立劳动关系有关事项的通知》(劳社部发〔2005〕12号)整理而成

三、工伤保险基金的筹集

(一) 工伤保险基金的概念

工伤保险基金是社会保险基金的一种，是指为了保障参保职工的工伤保险待遇，按照国家法律、法规规定，由缴费单位按缴费基数的一定比例缴费以及通过其他合法方式筹集的专项资金。工伤保险基金由用人单位缴费的工伤保险费、工伤保险基金的利息和依法纳入工伤保险基金的其他资金构成。

从理论上来说，工伤保险基金筹集得越多越能够保障劳动者或其遗属的基本权利，但还需考虑两个方面：一方面，筹集的资金要满足工伤社会保险给付的需要；另一方面，要充分考虑企业(雇主)负担保险费的承受能力，不应该出现由于企业(雇主)缴纳工伤保险费而被迫提高企业产品价格，导致市场竞争力下降、利润下降的现象。

(二) 工伤保险基金的缴费基数

《社会保险法》第三十三条规定：“职工应当参加工伤保险，由用人单位缴纳工伤保险费，职工不缴纳工伤保险费。”工伤保险实行用人单位单方缴费体现了工伤保险的雇主责任制。工伤是因职业风险造成的，因此，用人单位有义务保障本单位职工的基本权利，使其在遇到工伤事故时能够在就医、生活等方面有所保障。

工伤保险费的缴费基数为本单位职工的工资总额。用人单位以本单位职工上年度月平均工资总额为缴费基数。用人单位缴纳工伤保险费的数额为本单位职工工资总额与单位缴费费率的乘积。“本单位职工工资总额”是指用人单位直接支付给本单位全体职工的劳动报酬总额，有两点需要强调：一是支付的对象是全体职工，包括农民工、临时工等建立了劳动关系的各种用工形式、用工期限的劳动者，不限于用人单位职工花名册的在册职工；二是工资的构成是劳动报酬总额，包括计时工资、计件工资、奖金、津贴和补贴、加班加点工资以及特殊情况下支付的工资。

(三) 工伤保险基金的缴费费率

《社会保险法》第三十四条规定：“国家根据不同行业的工伤风险程度确定行业的差别费率，并根据使用工伤保险基金、工伤发生率等情况在每个行业内确定费率档次。行业差别费率和行业内费率档次即浮动费率由国务院社会保险行政部门制定，报国务院批准后公布施行。社会保险经办机构根据用人单位使用工伤保险基金、工伤发生率和所属行业费率档次等情况，确定用人单位缴费费率。”

实行“行业差别费率”和“行业内费率档次”确定工伤保险费率的初衷，主要是利用费率杠杆促进企业工伤预防和安全生产，由于各行业在产业结构、生产类型、生产技术条件、管理水平等方面的差异，表现出不同的职业伤害风险，为了体现保险费用公平负担，促使事故多的行业改进生产条件、提出生产技术、搞好安全生产，很多国家都实行了差别费率制度。

根据2015年人力资源和社会保障部、财政部《关于调整工伤保险费率政策的通知》(人社部发〔2015〕71号)，自2015年10月1日起，调整现行工伤保险费率。按照《国民经济行业分类》(GB/T 4754—2011)对行业的划分，根据不同行业的工伤风险程度，由低到高，依次将行业工伤风险类别划分为一类至八类。不同工伤风险类别的行业执行不同的工伤保险行业基准费率。各行业工伤风险类别对应的全国工伤保险行业基准费率为：一类至八类分别控制在该行业用人单位职工工资总额的0.2%、0.4%、0.7%、0.9%、1.1%、1.3%、1.6%、1.9%。

通过费率浮动的办法确定每个行业内的费率档次。一类行业分为三个档次，即在基准费率的基础上，可向上浮动至120%、150%；二类至八类行业分为五个档次，即在基准费率的基础上，可分别向上浮动至120%、150%或向下调整至80%、50%。

统筹地区社会保险经办机构根据用人单位工伤保险费使用、工伤发生率、职业病危害程度等因素，确定其工伤保险费率，并可依据上述因素变化情况，每一至三年确定其在所属行业不同费率档次间是否浮动。对符合浮动条件的用人单位，每次可上下调整一档或两档。统筹地区工伤保险最低费率不低于本地区一类风险行业基准费率。

工伤保险行业风险分类如表8-1所示。

表8-1　工伤保险行业风险分类

行业类别	行业名称
一	软件和信息技术服务业，货币金融服务，资本市场服务，保险业，其他金融业，科技推广和应用服务业，社会工作，广播、电视、电影和影视录音制作业，中国共产党机关，国家机构，人民政协、民主党派，社会保障，群众团体、社会团体和其他成员组织，基层群众自治组织，国际组织
二	批发业，零售业，仓储业，邮政业，住宿业，餐饮业，电信、广播电视和卫星传输服务，互联网和相关服务，房地产业，租赁业，商务服务业，研究和试验发展，专业技术服务业，居民服务业，其他服务业，教育事业，卫生事业，新闻和出版业，文化艺术业
三	农副食品加工业，食品制造业，酒、饮料和精制茶制造业，烟草制品业，纺织业，木材加工和木、竹、藤、棕、草制品业，文教、工美、体育和娱乐用品制造业，计算机、通信和其他电子设备制造业，仪器仪表制造业，其他制造业，水的生产和供应业，机动车、电子产品和日用产品修理业，水利管理业，生态保护和环境治理业，公共设施管理业，娱乐业

(续表)

行业类别	行业名称
四	农业，畜牧业，农、林、牧、渔服务业，纺织服装、服饰业，皮革、毛皮、羽毛及其制品和制鞋业，印刷和记录媒介复制业，医药制造业，化学纤维制造业，橡胶和塑料制品业，金属制品业，通用设备制造业，专用设备制造业，汽车制造业，铁路、船舶、航空航天和其他运输设备制造业，电气机械和器材制造业，废弃资源综合利用业，金属制品、机械和设备修理业，电力、热力生产和供应业，燃气生产和供应业，铁路运输业，航空运输业，管道运输业，体育产生
五	林业，开采辅助活动，家具制造业，造纸和纸制品业，建筑安装业，建筑装饰和其他建筑业，道路运输业，水上运输业，装卸搬运和运输代理业
六	渔业，化学原料和化学制品制造业，非金属矿物制品业，黑色金属冶炼和压延加工业，有色金属冶炼和压延加工业，房屋建筑业，土木工程建筑业
七	石油和天然气开采业，其他采矿业，石油加工、炼焦和核燃料加工业
八	煤炭开采和洗选业，黑色金属矿采选业，有色金属矿采选业，非金属矿采选业

拓展训练8-1

某房地产公司有员工500人，该公司2021年职工工资总额为2 000 000元，由于2021年该公司工伤发生率较高，2022年工伤保险缴费率上浮至行业基准费率的120%。请计算该公司每月需要缴纳多少工伤保险费?

分析与解答：

房地产行业的工伤保险行业基准费率为0.4%，但由于该公司上一年度工伤发生率较高，费率将调整为0.4%×120%=0.48%。

工伤保险费=本单位职工工资总额×缴费费率=2 000 000×0.48%=96 000(元)

四、工伤的认定

(一) 工伤认定的概念

工伤认定是指劳动行政部门依据法律的授权对职工因事故伤害(或者患职业病)是否属于工伤或者视同工伤给予定性的行政确认行为。工伤认定是职工是否享受工伤保险待遇的前提条件，直接关系职工及其直系亲属的权益。

我国的工伤认定是指工伤认定机构(社会保险行政部门)根据工伤保险法律法规及相关政策的规定，确定职工受到的伤害，按照是否属于应当认定为工伤、视同工伤以及不得认定为工伤的情形来确定。工伤认定的对象包括具备下列条件的职工：存在受到伤害或者患职业病的事实；有相关的医疗诊断证明或职业病诊断证明。

(二) 认定工伤的情形

1. 在工作时间和工作场所内，因工作原因受到事故伤害的

这里的“工作时间”，是指法律规定的或者单位要求职工工作的时间。《劳动法》规定劳动者每日工作时间不超过8小时，平均每周工作时间不超过40小时，这段时间属于职工的工作时间。对于那些实行不定时工作制的职工来说，单位确定的工作时间，应该属于该职工的工作时间。此外，合法的加班期间以及单位违法延长工时的期间也属于职工的工作时间，职工在此期间受到的事故伤害，属于应当认定工伤情形的，应按规定将其认定为工伤。这里的“工作场所”可以具体表述为职工日常工作所在的场所，以及领导临时指派其从事工作的场所。

职工在本岗位工作，或虽不在本岗位工作，但由于其所在单位的设备和设施不安全、管理不善，以及本单位领导指派到本单位以外从事工作时，所发生的人身伤害和急性中毒事故，其本质是由于工作原因直接或间接造成的伤害和急性中毒事故。

按照伤亡原因划分，工伤事故可以分为物体打击、车辆伤害、机械伤害、起重伤害、触电、淹溺、灼烫、火灾、高处坠落、坍塌、冒顶片帮、透水、放炮、火药爆炸、瓦斯爆炸、锅炉爆炸、容器爆炸、其他爆炸、中毒、窒息和其他伤害。

死亡事故是指在劳动场地当时死亡或伤后1个月内死亡的事故。

2. 工作时间前后在工作场所内，从事与工作有关的预备性或者收尾性工作受到事故伤害的

“从事与工作有关的预备性或收尾性工作”主要是指在法律规定的或者单位要求的开始工作时间之前的一段合理时间内，以及在法律规定的或者单位要求的结束工作时间之后的一段合理时间内，职工在工作场所内从事本职工作或者领导指派的其他与工作有关的准备工作和收尾工作。准备工作，如运输、备料、准备工具等；收尾性工作，如清理场所、收拾工具等。

3. 工作时间和工作场所内，因履行工作职责受到暴力等意外伤害的

“工作时间”是指法律规定的或者单位依法要求工作的时间，以及在工作时间前后所做的预备性或收尾性工作所占据的时间。“工作场所”既应包括本单位内的工作场所，也应包括因工作需要或者领导指派到本单位以外去工作的工作场所。

“因履行工作职责受到暴力等意外伤害”有两层含义：一是指职工在工作时间和工作场所内因履行工作职责受到的暴力伤害；二是指职工在工作时间和工作场所内因履行工作职责受到的意外伤害。

4. 患职业病的

根据《职业病防治法》的规定，职业病是指企业、事业单位和个体经济组织的劳动者在职业活动中，因接触粉尘、放射性物质和其他有毒有害物质等因素而引起的疾病。它是在有害的环境下工作所患的疾病。

5. 因工外出期间，由于工作原因受到伤害或者发生事故下落不明的

“因工外出”是指职工由于工作需要到本单位以外从事与本职工作有关的工作。主要包括两种情形：一是到本单位以外的但是还在本地范围内；二是到本地区以外或境外。在第一种情形下，可以是受领导指派，也可以是因职责需要自行到本单位以外的情形。在第二种情形下，则必须是受领导指派的情形。“下落不明”是指职工离开其住所或最后居住地或者其工作单位没有任何音讯的情况。

6. 在上下班途中，受到非本人主要责任的交通事故或者城市轨道交通、客运轮渡、火车事故伤害的

工伤认定的范围：一是实现职工上下班交通工具选择的全覆盖。根据《中华人民共和国道路交通安全法》第一百一十九条的规定，“交通事故”是指车辆在道路上因过错或者意外造成的人身伤亡或者财产损失的事件。车辆是指“机动车和非机动车”。也就是说，职工受到助动车、电瓶车等非机动车事故伤害的，纳入工伤认定的范围；职工乘轨道交通、客运轮渡、火车上下班受到的伤害，也纳入工伤认定的范围。二是结果限制，能否认定工伤取决于本人承担的责任程度，职工在交通事故中承担同等责任、次要责任或无责任，在此前提下受到的伤害才能认定为工伤。

7. 法律、行政法规规定应当认定为工伤的其他情形

在现实生活中，伤害的情形是复杂而多样的，随着社会和人类生产活动的发展，可能出现新的应该认定为工伤的情形，而对于未来可能出现的情形，不可能在《工伤保险条例》中规范穷尽。为了使工伤范围的规定更科学、更合理，《工伤保险条例》第十四条第十七款规定，职工有“法律、行政法规规定应当认定为工伤的其他情形”的，应当认定为工伤。

(三) 视同工伤的情形

1. 在工作时间和工作岗位，突发疾病死亡或者在48小时之内经抢救无效死亡的

“工作时间”是指法律规定的或者单位要求职工工作的时间，包括加班加点时间。这里所称的“工作岗位”是指职工日常所在的工作岗位和本单位领导指派从事工作的岗位。“突发疾病”是指上班期间突然发生的任何种类的疾病。“48小时之内”应从医疗机构的初次接诊时间开始计算。

2. 在抢险救灾等维护国家利益、公共利益活动中受到伤害的

职工参与抢险救灾等维护国家利益、公共利益活动的行为，虽然与工作没有直接关系，但这种行为应该得到国家和社会的提倡与保护，职工由此受到的伤害应该得到相应的补偿。“维护国家利益、公共利益活动”是指职工在国家利益、社会利益或者公共利益受到威胁时，有组织或者自发施行的、旨在阻止或者减少这种威胁及其可能造成损失的行为。《工伤保险条例》列举了“抢险救灾”的情形，凡是与抢险救灾性质类似的行

为，都应该认定为维护国家利益和维护公共利益的行为。例如，不特定主体为使国家、公共利益和他人的人身、财产和其他权利免受侵害而采取制止侵害的行为而受到的伤害，也应该按照该项规定，将其认定为视同工伤。在这种情形下，工伤认定不受工作时间、工作地点、工作原因等条件的限制。

3. 职工原在军队服役，因战、因公负伤致残，已取得革命伤残军人证，到用人单位后旧伤复发的

《工伤保险条例》第十五条第三款规定，“职工原在军队服役，因战、因公负伤致残，已取得革命伤残军人证，到用人单位后旧伤复发的”视同工伤，并按照本条例的有关规定享受除一次性伤残补助金以外的工伤保险待遇。军人“旧伤复发”的确认应由协议医疗机构出具相应的医疗诊断，并由具有认定权的工伤认定机构进行确认。这项规定主要是考虑职工原在军队服役期间，因工负伤致残后，已经按照军人的规定享受了各项待遇，工伤保险制度应该支付的是伤残军人旧伤复发后新发生的费用及长期的生活待遇。

上述三种情形都与工作没有直接或间接的关系，不具有职业伤害的本质属性，但是将其纳入工伤补偿范围有其合理性。因此，《工伤保险条例》将上述三种情形规定为“视同工伤”，以区别于第十四条“应该认定为工伤”的各种情形。视同工伤的职工享受的工伤保险待遇，与认定为工伤的情形没有区别，无论视同工伤还是认定为工伤，职工都应按照《工伤保险条例》的规定享受工伤保险待遇。

(四) 不得认定为工伤或者视同工伤的情形

1. 故意犯罪的

职工故意犯罪的，其伤害不能认定为工伤。这意味着过失犯罪及违反治安管理条例伤亡的，只要符合其他工伤认定的标准，均可被认定为工伤或者视同工伤。

2. 醉酒或者吸毒的

职工发生伤害的，如果被有关部门鉴定为醉酒或吸毒，是不能认定为工伤的。另外，对于那些由于企业安排而导致职工醉酒受到伤害的，也不符合工伤认定标准。

3. 自残或者自杀的

工伤保险虽然实行无过错责任原则，但只有那些与工作具有因果联系的伤害才可以纳入工伤范围。职工在工作时间和工作场所内，因自杀或者自残造成的伤害，与工作不具有必然的联系，其后果应由行为人自己承担。

知识拓展8-2

“上下班”工伤认定新规解读

自2014年9月1日起实施的最高人民法院《关于审理工伤保险行政案件若干问题的规定》，对“上下班途中”的工伤认定做出了明确规定：在合理时间内往返于工作地与住所地、经常居住地、单位宿舍的合理路线的上下班途中；从事属于日常工作生活所需要的活动，且在合理时间和合理路线的上下班途中；在合理时间内其他合理路线的上下班途中。

这项规定对“上下班途中”的认定设置了明确的界限，因而在社会上备受关注，至今讨论不断。对于“上下班途中”发生的“工伤”，有三种情况需要厘清。换句话说，并不是所有的“上下班途中”的“工伤”，都能够享受工伤待遇。

在司法实践中，对于“上下班途中”的工伤认定和是否享受工伤待遇要分几种情况。比如，职工在“上下班途中”发生交通事故，并不能都认定为工伤，而只有受到非本人主要责任的交通事故伤害的，才能认定为工伤。

五、劳动能力鉴定

(一) 劳动能力鉴定的概念

劳动能力鉴定是指职工因工负伤或者非因工负伤以及疾病等原因，导致本人劳动与生活能力受损，根据用人单位、本人或者其近亲属的申请，由劳动能力鉴定委员会的专家根据国家制定的标准，遵循国家相关政策法规，运用医学手段和方法，确定劳动者伤残程度和丧失劳动能力程度的一种评定制度。

(二) 劳动能力鉴定的等级及标准

根据《工伤保险条例》的相关规定，劳动功能障碍分为十个伤残等级，最重的为一级，最轻的为十级。生活自理障碍分为三个等级，即生活完全不能自理、生活大部分不能自理和生活部分不能自理。劳动能力鉴定标准由国务院社会保险行政部门会同国务院卫生行政部门等制定。

六、工伤保险待遇

无论是从范围还是从给付标准来看，工伤保险的待遇水平都相对较高。具体的工伤保险待遇包括以下四个方面。

(一) 工伤医疗期间待遇

《工伤保险条例》规定，职工因工作遭受事故伤害或者患职业病进行治疗，享受工伤医疗待遇。社会保险行政部门做出认定为工伤的决定后发生行政复议、行政诉讼的，行政复议和行政诉讼期间不停止支付工伤职工治疗工伤的医疗费用。工伤医疗期间的待遇包括停工留薪期待遇、工伤医疗待遇和其他待遇。

1. 停工留薪期待遇

停工留薪期待遇是指职工因工作遭受事故伤害或者患职业病需要暂停工作接受工伤医疗的，在停工留薪期内，原工资福利待遇不变，由所在单位按月支付。

停工留薪期一般不超过12个月。伤情严重或者情况特殊，经设区的市级劳动能力鉴定委员会确认，可以适当延长，但延长不得超过12个月。工伤职工评定伤残等级后，停发原待遇，按照条例的有关规定享受伤残待遇。工伤职工在停工留薪期满后仍需治疗的，继续享受工伤医疗待遇。

2. 工伤医疗待遇

工伤医疗待遇是指职工发生工伤事故后，治疗工伤所需费用符合工伤保险诊疗项目目录、工伤保险药品目录、工伤保险住院服务标准的，由工伤保险基金支付。工伤保险诊疗项目目录、工伤保险药品目录、工伤保险住院服务标准，由国务院劳动保障行政部门会同国务院卫生行政部门、药品监督管理部门等规定。

职工治疗工伤应当在签订服务协议的医疗机构就医，情况紧急时可以先到就近的医疗机构急救。工伤职工治疗非工伤引发的疾病，不享受工伤医疗待遇，按照疾病医疗保险办法处理。

工伤职工到签订服务协议的医疗机构进行工伤康复的费用，符合规定的，从工伤保险基金中支付。

3. 其他待遇

1) 住院伙食补助费

住院期间伙食补助费标准为本单位因公出差伙食补助标准的70%。单位没有出差伙食补助标准的，参考当地国家机关工作人员出差伙食补助金标准。

住院伙食补助费计算方法为

住院伙食补助费赔偿额=职工因公出差伙食补助费标准×70%

2) 交通费、食宿费

交通费、食宿费标准为本单位职工因公出差补助标准。工伤职工若需要到统筹地区外就医，须经医疗机构出具诊断证明，经办机构同意。

交通费、食宿费计算方法为

交通费、食宿费赔偿额=职工因公出差交通费标准×往返次数+职工因公出差住宿标准×天数+职工因公出差伙食补助费标准×天数

3) 康复治疗费

康复治疗费应符合工伤保险诊疗项目目录、工伤保险药品目录、工伤保险住院服务标准。具体费用标准须依地方规定，康复治疗须经办机构组织专家评定。

4) 辅助器具费

参照各省、直辖市工伤辅助器具限额标准执行。若因日常生活或者就业需要，要安装假肢、矫形器、假眼、假牙和配置轮椅等辅助器具，须经劳动能力鉴定委员会确认。

辅助器具费计算方法为

辅助器具费赔偿额=普通型器具的单价×数量

5) 生活护理费

生活不能自理的工伤职工在停工留薪期需要护理的，由所在单位负责。工伤职工已经评定伤残等级并经劳动能力鉴定委员会确认需要生活护理的，从工伤保险基金按月支付生活护理费。生活护理费按照生活完全不能自理、生活大部分不能自理、生活部分不能自理三个不同等级支付，其标准分别为统筹地区上年度职工月平均工资的50%、40%、30%。

(1) 生活完全不能自理的生活护理费计算方法为

生活完全不能自理的生活护理费=生活护理费统筹地区上年度职工月平均工资×50%

(2) 生活大部分不能自理的生活护理费计算方法为

生活大部分不能自理的生活护理费=生活护理费统筹地区上年度职工月平均工资×40%

(3) 生活部分不能自理的生活护理费计算方法为

生活部分不能自理的生活护理费=生活护理费统筹地区上年度职工月平均工资×30%

(二) 伤残待遇

1. 一级至四级伤残待遇

一次性伤残补助金：一级伤残为27个月的本人工资；二级伤残为25个月的本人工资；三级伤残为23个月的本人工资；四级伤残为21个月的本人工资。

按月享受伤残津贴：一级伤残为本人工资的90%；二级伤残为本人工资的85%；三级伤残为本人工资的80%；四级伤残为本人工资的75%。伤残津贴实际金额低于当地最低工资标准的，工伤保险基金补足差额。

被评定为一级至四级伤残的工伤职工，单位保留其劳动关系，退出工作岗位。工伤职工到退休年龄并办理退休手续后，停发伤残津贴，享受基本养老保险待遇。基本养老保险待遇低于伤残津贴的，工伤保险基金补足差额。用人单位和职工个人以伤残津贴为基数，缴纳基本医疗保险费。

“本人工资”是指工伤职工因工作遭受事故伤害或者患职业病前12个月平均月缴费工资。本人工资高于统筹地区职工平均工资300%的，按照统筹地区职工平均工资的300%计算；本人工资低于统筹地区职工平均工资60%的，按照统筹地区职工平均工资的60%计算。

2. 五级、六级伤残待遇

一次性伤残补助金：五级伤残为18个月的本人工资；六级伤残为16个月的本人

工资。

保留与用人单位的劳动关系，由用人单位安排适当工作。难以安排工作的，由用人单位按月发给伤残津贴，五级伤残为本人工资的70%，六级伤残为本人工资的60%，并由用人单位按照规定为其缴纳应缴纳的各项社会保险费。

伤残津贴实际金额低于当地最低工资标准的，由用人单位补足差额。经职工本人提出，可以与用人单位解除或终止劳动关系，由用人单位分别以其解除或终止劳动关系时的统筹地区上年度职工月平均工资为基数，支付伤残就业补助金(具体标准由省、自治区、直辖市人民政府规定)，由工伤保险基金支付一次性工伤医疗补助金。

3. 七级至十级伤残待遇

享受一次性伤残补助金：七级伤残为13个月的本人工资；八级伤残为11个月的本人工资；九级伤残为9个月的本人工资；十级伤残为7个月的本人工资。

劳动合同期满终止，或者职工本人提出解除劳动合同的，由用人单位分别按其解除或终止劳动合同时的统筹地区上年度职工月平均工资为基数，支付本人一次性伤残就业补助金(具体标准由省、自治区、直辖市人民政府规定)，由工伤保险基金支付一次性工伤医疗补助金。

(三) 工亡待遇

职工因工死亡，其近亲属按照下列规定从工伤保险基金领取丧葬补助金、供养亲属抚恤金和一次性工亡补助金。

(1) 丧葬补助金为6个月的统筹地区上年度职工月平均工资。

(2) 供养亲属抚恤金按照职工本人工资的一定比例发给由因工死亡职工生前提供主要生活来源、无劳动能力的亲属。

供养亲属抚恤金的标准：配偶每月40%，其他亲属每人每月30%，孤寡老人或者孤儿每人每月在上述标准的基础上增加10%。核定的各供养亲属的抚恤金之和不应该高于因工死亡职工生前的工资。供养亲属的具体范围由国务院社会保险行政部门规定。

(3) 一次性工亡补助金标准为上一年度全国城镇居民人均可支配收入的20倍。伤残职工在停工留薪期间因工伤导致死亡的，其近亲属享受前述丧葬补助金的待遇。一级至四级伤残职工在停工留薪期满后死亡的，其近亲属可以享受前述丧葬补助金及供养亲属抚恤金的待遇。供养亲属范围包括以下几方面。

① 职工的配偶、子女、父母、祖父母、外祖父母、孙子女、外孙子女、兄弟姐妹。

② 子女，包括婚生子女、非婚生子女、养子女和有抚养关系的继子女。其中，婚生子女、非婚生子女包括遗腹子女。

③ 父母，包括生父母、养父母和有抚养关系的继父母。

④ 兄弟姐妹，包括同父母的兄弟姐妹、同父异母或者同母异父的兄弟姐妹、养兄弟姐妹、有抚养关系的继兄弟姐妹。

工伤待遇支付标准如表8-2所示。

表8-2　工伤待遇支付标准

<table>
<tr><th rowspan="2">项目</th><th colspan="10">等级</th></tr>
<tr><th>一级</th><th>二级</th><th>三级</th><th>四级</th><th>五级</th><th>六级</th><th>七级</th><th>八级</th><th>九级</th><th>十级</th></tr>
<tr><td>劳动关系状况</td><td colspan="4">保留劳动关系，退出工作岗位</td><td colspan="2">除本人提出或违纪，不能终止或解除劳动关系</td><td colspan="4">合同到期，可以终止劳动关系</td></tr>
<tr><td>医药费</td><td colspan="10">全部报销(符合工伤保险诊疗目录、药品目录、住院服务标准)</td></tr>
<tr><td>停工留薪期待遇</td><td colspan="10">按照伤情给予1～12个月的停工留薪期，留薪期内本人工资按月发放</td></tr>
<tr><td>伤残津贴
(按月支付，本人工资的一定比例)</td><td></td><td></td><td></td><td>75%</td><td>难以安排工作的，支付比例为70%</td><td>难以安排工作的，支付比例为60%</td><td colspan="4">—</td></tr>
<tr><td>一次性伤残补助金(本人月工资的若干倍)</td><td>27倍</td><td>25倍</td><td>23倍</td><td>21倍</td><td>18倍</td><td>16倍</td><td>13倍</td><td>11倍</td><td>9倍</td><td>7倍</td></tr>
<tr><td>一次性工伤医疗补助金和伤残就业补助金</td><td>—</td><td>—</td><td>—</td><td>—</td><td colspan="6">由工伤保险基金支付一次性工伤医疗补助金
由用人单位支付一次性伤残就业补助金
具体标准由省、自治区、直辖市人民政府规定</td></tr>
<tr><td colspan="11">因工死亡</td></tr>
<tr><td>丧葬补助金</td><td colspan="10">上一年度职工月平均工资×6个月</td></tr>
<tr><td>供养亲属抚恤金</td><td colspan="10">配偶抚恤金=本人工资×40%；其他亲属抚恤金=本人工资×30%</td></tr>
<tr><td>一次性工亡补助金</td><td colspan="10">上一年度全国城镇居民人居可支配收入的20倍</td></tr>
</table>

2017年7月，人力资源和社会保障部发布的《关于工伤保险待遇调整和确定机制的指导意见》(人力资源和社会保障部发〔2017〕58号)(以下简称《指导意见》)提出："依据《社会保险法》和《工伤保险条例》，建立工伤保险待遇调整和确定机制，科学合理确定待遇调整水平，提高工伤保险待遇给付的服务与管理水平，推进建立更加公平、更可持续的工伤保险制度，不断增强人民群众的获得感与幸福感。"该《指导意见》规定伤残津贴、供养亲属抚恤金、生活护理费的调整需综合考虑职工工资增长、居民消费价格指数变化、工伤保险基金支付能力等因素，兼顾不同地区待遇差别，按照基金省级统筹要求，适度、稳步提升，实现待遇平衡，原则上每两年至少调整一次。

住院伙食补助费原则上不超过上年度省(区、市)城镇居民日人均消费支出额的40%。一次性伤残补助金、一次性工亡补助金、丧葬补助金按照《工伤保险条例》规定的计发标准计发。工伤医疗费、辅助器具配置费、工伤康复和统筹地区以外就医期间交通、食宿费用等待遇，根据《工伤保险条例》和相关目录、标准据实支付。一次性伤残就业补助金和一次性工伤医疗补助金，由省(区、市)综合考虑工伤职工伤残程度、伤病类别、年龄等因素制定标准，注重引导和促进工伤职工稳定就业。

(四) 停止享受待遇的情形

享受工伤保险待遇有一定的条件，比如必须由社会保险行政部门认定为工伤，享受伤残待遇必须由鉴定机构进行伤残等级鉴定等。如果条件不成立或者丧失，那么职工的工伤保险待遇就可能终止或者丧失。《工伤保险条例》和《社会保险法》都规定了工伤保险待遇停止的情形，并且两者的规定是一致的。

1. 丧失享受待遇条件的

工伤保险制度以工伤职工为特定的保护对象，其目的在于使工伤职工因遭受意外伤害或者患职业病丧失或者部分丧失劳动能力时，能够获得医疗救治和经济救助，在工伤待遇期间，如果工伤职工的情况发生变化，不再具备享受工伤保险待遇的条件(如劳动能力得以完全恢复而无须工伤保险制度来提供保障时)，就应当停止工伤保险待遇。此外，工亡职工的亲属，在某些情形下，也可能丧失享受有关待遇的条件，如享受供养亲属抚恤金的工亡职工的子女达到一定的年龄或就业后，丧失享受抚恤待遇的条件；亲属死亡的，丧失享受遗属抚恤待遇的条件等。

2. 拒不接受劳动能力鉴定的

劳动能力的鉴定是确定工伤保险待遇的基础和前提条件。不同的伤残等级所享受的工伤保险待遇是不同的。伤残等级以及生活自理能力的确定必须通过劳动能力鉴定活动来确定，劳动能力鉴定结论是确定不同程度的补偿、合理调换工作岗位和恢复工作等的科学依据。如果工伤职工没有正当理由，拒不接受劳动能力鉴定，则会产生工伤保险待遇无法确定的结果，同时这也反映了这些工伤职工并不愿意接受工伤保险制度提供的帮助。鉴于此，既然工伤职工拒不接受劳动能力鉴定，那么就不应再享受工伤保险待遇。

3. 拒绝治疗的

提供医疗救治，帮助工伤职工恢复劳动能力，是工伤保险制度的重要目的之一，因而职工遭受工伤事故或患职业病后，有享受工伤医疗待遇的权利，也有积极配合医疗救治的义务。如果无正当理由拒绝治疗，就有悖于《工伤保险条例》第一条“促进职业康复”的宗旨。规定拒绝治疗的工伤职工不得再继续享受工伤保险待遇，就是为了促使工伤职工积极接受治疗，尽可能地恢复劳动能力，以提高自己的生活质量，而不是一味地消极依靠社会救助。但是，如果确有事实和证据证明这种治疗有害于工伤职工，而不是促进职业康复的，不应排除工伤职工的工伤保险待遇。

拓展训练8-2

某公司员工因工伤住院45天，花费治疗费4.2万元(符合工伤保险治疗目录)。经鉴定该员工停工留薪期为60天，出院后鉴定为伤残6级。该员工工伤前一年月平均工资为3800元。康复后，用人单位难以安排合适的工作，按规定每月支付伤残津贴。请分析该员工能够享受的工伤保险待遇有哪些?

分析与解答：

停工留薪期待遇：3800×2=7600(元)

一次性伤残待遇：16个月的本人工资，即16×3800=60 800(元)

伤残津贴：六级伤残津贴为本人工资的60%，即每月伤残津贴为3800×60%=2280(元)

除此之外，住院治疗期间的医疗费用(工伤保险治疗目录内)可以享受工伤保险报销，即可报销4.2万元的医疗费用以及领取住院期间的伙食费补助。

(五) 未参保职工发生工伤后的待遇支付

用人单位按照《工伤保险条例》规定，应当参加工伤保险而未参加的，由劳动保障行政部门责令改正；未参加工伤保险期间用人单位职工发生工伤的，由该用人单位按照《工伤保险条例》规定的工伤保险待遇项目和标准支付费用。

(六) 特殊人群的工亡待遇支付

(1) 退休后的工伤保险待遇。退休前认定为工伤的职工，退休后基本养老保险待遇低于伤残津贴的，由工伤保险基金补足差额；退休后由工伤保险基金继续支付生活护理费和辅助器配备、更换费用；退休后旧伤复发，由工伤保险基金支付工伤医疗待遇。

(2) 职工退休前参加了工伤保险，退休后被诊断为职业病并被认定为工伤的，应该享受工伤医疗待遇。

(3) 根据《关于农民工参加工伤保险有关问题的通知》(劳社部发〔2004〕18号)的规定，对跨省流动的农民工一级至四级伤残长期待遇的支付，可选择一次性或长期支付方式。一次性享受工伤保险长期待遇的，须由农民工本人提出，与用人单位解除或者终止劳动关系，与统筹地区社会保险经办机构签订协议，终止工伤保险关系。待遇标准按照省(自治区、直辖市)劳动保障行政部门制定的标准计发。

(4) 用人单位未按照规定及时足额缴费的，在此期间发生工伤的各项待遇由用人单位负担。用人单位补缴工伤保险费后并正常缴费，在此之后工伤职工的各项待遇和新发生工伤及各项待遇由工伤保险基金支付。

(七) 工亡保险基金先行支付的情况

《社会保险法》第四十一条规定：“职工所在用人单位未依法缴纳工伤保险费，发生工伤事故时，由用人单位支付工伤保险待遇。用人单位不支付的，从工伤保险基金中先行支付。先行支付的工伤保险待遇应当由用人单位偿还。用人单位不偿还的，社会保险经办机构可以依照《社会保险法》第六十三条的规定追偿。”

根据《社会保险法》第四十二条规定：“由于第三人的原因造成工伤，第三人不支付工伤医疗费用或者无法确定第三人的，由工伤保险基金先行支付，工伤保险基金先行支付后，有权向第三人追偿。”

第三节　工伤保险实务

一、工伤保险的管理服务机构

(一) 工伤保险经办机构

社会保险经办管理机构是工伤保险相关事务的执行机构，负责贯彻落实国家工伤保险政策的责任人。由于工伤保险还涉及医疗、康复、辅助器具的配置等机构的配合与服务，工伤保险经办机构要与医疗机构、康复机构、辅助器具配置机构签订服务协议，进行协议管理。

根据《工伤保险条例》的规定，经办机构与医疗机构、辅助器具配置机构在平等协商的基础上签订服务协议，并公布签订服务协议的医疗机构、辅助器具配置机构的名单。

服务协议是指社会保险经办机构与医疗机构、辅助器具配置机构就有关工伤患者就诊、用药、辅助器具安装配置管理、费用给付、争议处理等事项，经过平等协商所达成的权利与义务协议。

经办机构与服务机构签订服务协议的目的包括：一是利用协议规范工伤保险医疗服务管理、康复服务管理和安装配置辅助器具管理，约束双方行为，明确双方的责任、权利和义务，保障工伤职工得到及时有效的救治、康复和辅助器具安装配置服务，服务机构在相关费用方面能够及时结算，保障工伤职工和服务机构的合法权益。二是加强对服务机构的监督检查，控制不合理费用支出，使有限的工伤保险基金发挥更大的效用。三是有利于调动供方的主动性和积极性，对内加强管理，对外参与竞争，提高医疗、康复治疗和服务质量，控制不合理支出，避免资源浪费，使工伤职工在遭受事故伤害或患职业病后能够得到高质量的医疗、康复和辅助器具安装配置服务，最大限度地恢复健康。

(二) 工伤保险医疗机构

医疗机构必须具备法定资格条件，按照《医疗机构管理条例》的规定，经登记取得“医疗机构执业许可证”，具备工伤事故和职业病救治所必需的条件，有较高的医疗技术水平和良好的医疗服务设施，具备为工伤职工提供良好医疗服务的能力，遵守工伤保险管理的有关规定。

职工发生事故伤害或按照《职业病防治法》的规定被诊断、鉴定为职业病需要进行治疗的，应在工伤保险协议医疗机构就医。因情况紧急必须在就近医疗机构急救的，待病情稳定后及时转往工伤保险协议医疗机构治疗。

转诊转院申请由工伤保险协议医疗机构提出，经办机构同意后，方可办理转诊转院手续。工伤职工经批准转往异地治疗的，应转入当地工伤保险协议医疗机构。转出地经办机构可委托转入地经办机构协助进行费用审核与控制。

工伤医疗确定不予支付的范围包括：职工治疗工伤期间发生的治疗非工伤引发的疾

病所发生的医疗费用；在境外发生的医疗费用；违反规定在非工伤保险协议医疗机构治疗发生的医疗费用；未经经办机构同意，擅自转院发生的费用；接到出院通知后，拒不出院所发生的医疗费用；不符合工伤保险药品目录、诊疗项目目录、住院服务标准的医疗费用等。

(三) 工伤保险康复机构

工伤保险康复服务机构可选择专门的康复机构，或者是综合医疗机构的康复医学科。

经办机构应与选定的康复机构在平等协商的基础上签订包括服务对象、服务范围、服务质量、服务期限及解除协议的条件、费用结算办法、费用审核等内容的书面协议，明确双方的责任、权利和义务。

工伤职工在治疗、恢复期间或病情稳定后，可向经办机构提出医疗康复或职业康复的申请。经办机构委托工伤保险协议康复机构进行医疗康复评定或职业能力测定后，决定是否同意申请。

工伤职工医疗康复结束后，工伤保险协议康复机构应向经办机构提供康复评定报告，评定工伤职工总的功能情况，评价康复治疗的效果。

工伤职工在工伤保险协议康复机构进行康复期间发生的符合工伤保险规定的费用，由经办机构直接与康复机构结算。

工伤职工转往异地进行医疗(职业)康复时，须由当地工伤保险协议康复机构提出申请，经过经办机构同意。具体办法由省级劳动保障行政部门制定。

(四) 工伤保险辅助器具配置机构

统筹地区经办机构应根据当地工伤保险的工作需要，择优选择辅助器具配置机构，与其平等协商签订工伤职工辅助器具配置服务协议。

工伤职工因日常生活或就业需要，要求配置辅助器具的，工伤医疗机构、康复机构或劳动能力鉴定专家可向劳动能力鉴定委员会提出辅助器具配置建议，由劳动能力鉴定委员会在规定时间内依据国家有关规定和标准做出决定，并及时送达工伤职工及其所在单位和经办机构。

统筹地区经办机构应按照辅助器具配置决定，组织签订服务协议的辅助器具生产配置机构为工伤职工配置辅助器具，并按照国家规定的标准进行费用结算。

二、工伤登记

工伤登记是指社会保险经办机构依据国家工伤保险政策的规定，对遭受工伤事故或患职业病的人员进行工伤事故备案、工伤职工登记、工伤保险关系变动、劳动能力鉴定登记、就医登记的过程。工伤登记是确定工伤保险待遇享受资格的前提。办理工伤登记，应接收有关资料并审核相应的登记表，核准后登录基本信息并建立相应台账。

(一) 工伤事故备案

职工受到事故伤害或患职业病后，参保单位应积极救治并在规定时限内办理备案登记手续。办理工伤事故备案时，应接收缴费单位提供的注明工伤事故发生的时间、地点、事故经过、职工伤亡情况、救治医院等信息的工伤事故备案表，将备案信息进行登录。对发生重伤和死亡事故的，应配合劳动保障行政部门到事故现场进行调查，核定伤亡职工人数、受伤职工的身份、主要受伤部位、救治过程等情况。

(二) 工伤职工登记

对因工发生事故伤害或者被诊断、鉴定为职业病，经劳动保障行政部门认定为工伤的职工，应办理工伤职工登记。对已进行工伤备案的，在接受工伤认定结论后办理工伤登记手续。办理工伤职工登记时，接收缴费单位填报的工伤职工登记表、劳动保障行政部门出具的工伤认定书、劳动能力鉴定委员会出具的工伤职工停工留薪期确认书，因工死亡的还需接收死亡证明，重点审核缴费单位的缴费情况、工伤职工的身份、缴费单位申请工伤认定情况、停工留薪期等信息，并建立工伤职工数据库。

(三) 工伤保险关系变动

对社会保险关系发生变动的工伤职工，应随之办理工伤保险关系变动手续。在办理社会保险关系增减变动前，应先结清工伤保险各项待遇；在办理社会保险关系增减变动后，应及时接续工伤保险关系或办理工伤职工登记。

(四) 劳动能力鉴定登记

对工伤职工停工留薪期满或伤情相对稳定后存在残疾影响劳动能力的，由于旧伤复发或供养亲属完全丧失劳动能力等原因需要进行劳动能力鉴定的，以及进行劳动能力复查鉴定的，应接收并审核劳动能力鉴定结论，办理劳动能力鉴定登记手续，登录劳动能力鉴定时间、鉴定原因、鉴定结论，作为核定工伤保险待遇的依据。

(五) 就医登记

(1) 对工伤职工需住院治疗的，应接收协议医疗机构开具的住院证和工伤职工的身份证明办理住院登记手续；委托他人办理的，还应接收代办人的身份证明。对符合住院条件的，开具同意住院的确认书。对实现联网的医疗机构，可直接在医院办理住院登记，经办机构在24小时内进行网上确认。

(2) 对工伤职工需在统筹地区协议医疗机构之间转诊转院治疗的，应接收转出医院开具的转诊转院证明办理登记手续。因伤(病)情特殊需要到外地(统筹地区外)就医的，还应接收工伤职工和参保单位提出的书面申请及转出医疗机构出具的诊断证明。

(3) 对工伤职工居住在外地(统筹地区外)，经劳动能力鉴定委员会确定需要长期治疗的，应为工伤职工办理在当地选择工伤保险协议医疗机构的备案手续。

(4) 对工伤职工因功能有缺失或障碍需进行康复治疗的，应接收协议康复机构提出的治疗方案。

三、工伤认定程序

工伤认定是由法律规定的机构对特定伤害是否属于工伤范围的确认，是确定给付工伤保险待遇的依据。在我国，进行工伤认定的法定机构是各级各地劳动保障行政部门。

(一) 工伤认定申请

职工所在单位应当自事故发生之日或按照《职业病防治法》规定被诊断、鉴定为职业病之日起30日内，向统筹地区劳动保障行政部门提出工伤认定申请。用人单位未按规定提出工伤认定申请的，工伤职工或者直系亲属、工会组织在事故伤害发生之日起或者被诊断、鉴定为职业病之日起一年内，可以直接向用人单位所在统筹地区劳动保障行政部门提出工伤认定申请。用人单位未在规定时限内提交工伤认定申请，在此期间发生符合条例规定的工伤待遇等有关费用由该用人单位负担。

提出工伤认定申请应当提交下列材料。

(1) 工伤认定申请表。

(2) 与用人单位存在劳动关系(包括事实劳动关系)的证明材料。

(3) 医疗诊断证明或者职业病诊断说明书(或者职业病诊断鉴定书)。

工伤认定申请表应当包括事故发生的时间、地点、原因以及职工伤害程度等基本情况。

工伤认定申请人提供材料不完整的，劳动保障行政部门应当一次性书面告知工伤认定申请人需要补正的全部材料。申请人按照书面告知要求补正材料后，社会保险行政部门应当受理。

(二) 工伤认定审核

劳动保障行政部门自受理工伤认定申请后，根据审核需要可以对事故伤害进行调查核实，用人单位、职工、工会组织、医疗机构以及有关部门应当给予协助。职业病诊断和诊断争议的鉴定，依照职业病防治法的有关规定执行，对依法取得职业病诊断证明书或职业病诊断鉴定的，劳动保障行政部门不再进行调查核实。

职工或者其近亲属认为是工伤、用人单位不认为是工伤的，由用人单位承担举证责任。

(三) 工伤认定

劳动保障行政部门应当自受理工伤认定申请之日起60日内做出工伤认定的决定，并书面通知申请工伤认定的职工或者其近亲属和该职工所在单位。劳动保障行政部门对受理的事实清楚、权利与义务明确的工伤认定申请，应当在15日内做出工伤认定的决定。

做出工伤认定决定需要以司法机关或者有关行政主管部门的结论为依据的，在司法机关或者有关行政主管部门尚未做出结论期间，做出工伤认定决定的时限中止。

劳动保障行政部门工作人员与工伤认定申请人有利害关系的，应当回避。

(四) 职业病鉴定程序

职业病鉴定流程如图8-1所示。

当事人在有效期限内提出职业病诊断鉴定申请(提供职业病鉴定书面申请)

当事人提供以下材料：

1. 身份证明材料
2. 职业病诊断证明书
3. 职业史、既往史及职业病危害接触史

*4. 当事人的其他材料

5. 健康检查结果(应是按照相应的职业病诊断标准要求进行检查的结果)
6. 相应的作业场所职业病危害因素检测、评价资料
7. 职业病诊疗等劳动者健康资料

注意：*4代表的是用人单位不提供或者不如实提供诊断所需资料时，当事人提供的自述材料、相关人员的证明材料、卫生监督机构或取得资质的职业卫生技术服务机构提供的有关材料

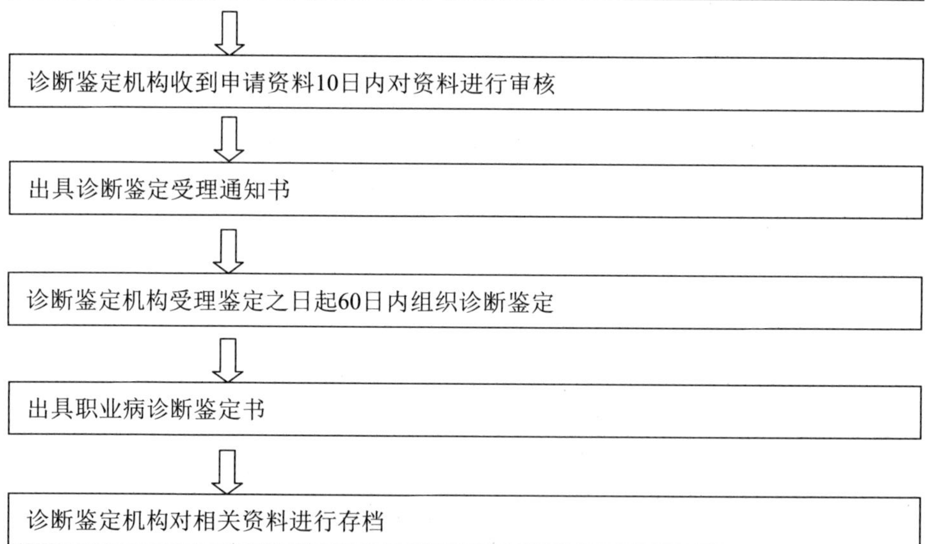

图8-1　职业病鉴定流程

四、劳动能力鉴定申请

(一) 劳动能力鉴定的受理范围

劳动能力鉴定的受理范围包括工伤伤残等级鉴定、因病办理病退鉴定及委托鉴定三大类。其中，委托鉴定又有以下几种情况。

(1) 非法用工、童工及聘用退休人员发生工伤。

(2) 用人单位、工会组织委托超过工伤认定时限的。

(3) 因工负伤职工旧伤复发有争议的因果关系确认。

(4) 因工负伤与疾病界限不明的因果关系确认。

(5) 外省市劳动能力鉴定委员会委托进行劳动能力鉴定的。

(6) 法院、劳动仲裁、信访等部门委托按工伤鉴定标准鉴定处理的。

(二) 劳动能力的鉴定部门

劳动能力鉴定由用人单位、工伤职工或者其直系亲属向设区的市级劳动能力鉴定委员会提出申请，并提供工伤认定决定和职工工伤医疗的有关资料。

省、自治区、直辖市劳动能力鉴定委员会和设区的市级劳动能力鉴定委员会分别由省、自治区、直辖市和设区的市级社会保险行政部门、卫生行政部门、工会组织、经办机构代表以及用人单位代表组成。劳动能力鉴定委员会建立医疗卫生专家库。

设区的市级劳动能力鉴定委员会收到劳动能力鉴定申请后，应当从其建立的医疗卫生专家库随机抽取3名或者5名相关专家组成专家组，由专家组提出鉴定意见。设区的市级劳动能力鉴定委员会根据专家组的鉴定意见做出工伤职工劳动能力鉴定结论，必要时，可以委托具备资格的医疗机构协助进行有关的诊断。

劳动能力鉴定委员会收到劳动能力鉴定申请后，应当从建立的医疗卫生专家库中随机抽取3名或者5名专家组成专家组，由专家组提出鉴定意见。设区的市级劳动能力鉴定委员会根据专家组的鉴定意见，做出工伤职工劳动能力鉴定结论。

设区的市级劳动能力鉴定委员会应当自收到劳动能力鉴定申请之日起60日内，做出劳动能力鉴定结论，必要时可以延长30日。劳动能力鉴定结论应当及时送达申请鉴定的单位和个人。

(三) 鉴定标准

《劳动能力鉴定职工工伤与职业病致残等级》(GB/T 16180—2006)(以下简称新标准)由国家标准化管理委员会批准发布，于2007年5月1日实施。劳动能力鉴定包括劳动功能障碍程度和生活自理障碍程度的等级鉴定。劳动功能障碍分为十个伤残等级，最重的为一级，如器官缺失或功能完全丧失，其他器官不能代偿，存在特殊医疗依赖或完全或大部分护理依赖。最轻的为十级，如器官部分缺失，形态异常，无功能障碍，无医疗依赖，无护理依赖。

五、工伤保险待遇审核与支付

(一) 享受待遇人员资格的核定

享受待遇人员资格的核定是指经办机构对用人单位为受伤员工及时足额缴费情况，工伤认定、劳动能力鉴定情况，单位申报工伤认定时间是否符合规定，因工死亡职工分类及享受供养亲属抚恤金人员的资格进行审核。

(1) 经办机构对三类人员的资格进行审核，即工伤职工、工亡职工、供养亲属。

(2) 进行享受待遇人员资格审核时，经办机构受理申请人应填写待遇申请表，并提供居民身份证或户口簿、工伤认定结论、劳动能力鉴定结论、因工死亡职工供养亲属身份及供养关系公证材料等。

(3) 经办机构对以下材料进行审核：申请人提供的工伤认定结论；该职工发生工伤时，其所在单位参保缴费情况；参保单位是否在事故发生或职业病诊断(鉴定)后的规定时间内申请了工伤认定；工亡职工供养亲属有关证明材料。

(4) 审核通过后，确定享受待遇人员名单，明确支付责任，并将审核意见告知申请人。

(5) 享受待遇资格的验证。经办机构对工伤职工享受工伤待遇资格和供养亲属待遇资格每年验证一次，包括职工参保信息、领取待遇人员的生存状况、待遇支付信息等。

(二) 工伤医疗(康复)待遇审核

工伤医疗(康复)待遇审核是指经办机构对职工发生事故伤害或者按照《职业病防治法》规定被诊断、鉴定为职业病，经认定为工伤的职工所发生的医疗、康复费用是否符合国家和地方有关规定进行审核。

(1) 职工在工伤认定前的工伤医疗费用及统筹地区以外就医的工伤医疗费用由参保单位垫付，待接到工伤认定结论后，到经办机构按规定进行审核。

(2) 经办机构受理申请人填写的费用核定表，并要求提供工伤职工的医疗(康复)票据和费用清单(处分)、医疗诊断证明书等材料。

(3) 经办机构对工伤职工各项检查治疗是否与工伤部位、职业病病情相符合，是否符合规定的项目、目录、标准等进行审核。

(4) 经办机构根据相关标准计算核定工伤职工住院伙食补助费、到统筹地区以外就医交通食宿费的数额。

(5) 工伤职工终止或解除劳动合同，按照伤残等级标准核定一次性医疗补助金。

(6) 审核通过后，经办机构计算申领人的医疗(康复)待遇数额，并将审核意见告知申请人。

(7) 职工经认定为工伤，或者工伤职工旧伤复发的，经办机构对工伤医疗(康复)费用进行审核，并与协议医疗(康复)机构之间结算费用。

(8) 待遇申领人对工伤医疗(康复)待遇核定金额有异议，提出重核申请时，经办机构应予以重核，并将重核结果告知待遇申领人。

(三) 伤残待遇核定

伤残待遇核定包括一次性伤残补助金、伤残津贴、生活护理费和辅助器具配置费等。符合一次性领取资格的人员，按相关规定执行。

(1) 经办机构受理工伤职工伤残待遇申请，并审查通过资格核定的待遇申领表、劳动能力鉴定结论、配置辅助器具确认书等材料。

(2) 经办机构根据劳动能力鉴定结论确定伤残等级，按照规定计算工伤职工一次性伤残补助金、伤残津贴和生活护理费支付数额以及核定配置(更换)辅助器具费用金额，并将核定结果告知申请人。

(3) 经办机构与签订协议的辅助器具配置机构之间结算费用时，应按规定进行审核。

(4) 工伤职工对一次性伤残补助金、伤残津贴和生活护理费支付金额以及配置(更换)辅助器具费用核定金额有异议，提出待遇重核申请时，经办机构应予以重核，并将重核结果告知参保单位和工伤职工。

(四) 工亡待遇核定

工亡待遇包括丧葬补助金、一次性工亡补助金和供养亲属抚恤金。工亡待遇核定是经办机构区别直接死亡、停工留薪期内因工导致死亡和一级至四级伤残职工在停工留薪期满后死亡的情况，对其亲属核定丧葬补助金、一次性工亡补助金，符合享受供养条件的人员按具体人数核定供养亲属抚恤金。

(1) 职工因工死亡，经办机构受理工亡待遇申请，并审查通过资格核定的待遇申领表、工伤认定结论等材料。

(2) 经办机构按规定标准计算工亡职工一次性工亡补助金、丧葬补助金，计算符合享受供养资格的亲属的抚恤金数额，核定计发金额，发给供养亲属资格证明，并将核定结果告知申请人。

工亡职工供养亲属对工亡待遇核定金额有异议，提出重核申请时，经办机构应予以重核，并将重核结果告知申请人。

(五) 待遇调整审核

当统筹地区统一调整工伤保险待遇，或工伤职工有关情况发生变化，工亡职工供养亲属丧失供养条件时，按规定调整工伤保险待遇。

(1) 根据有关规定对享受工伤保险待遇人员的相关待遇进行统一调整。

(2) 工伤职工达到退休年龄、被收监执行或死亡的，供养亲属丧失或暂时丧失供养条件的，经办机构应及时核对，停止其工伤保险待遇。

(3) 工伤职工劳动能力鉴定结论发生变化或服刑完毕的，应重新填写待遇申领表并提交劳动能力鉴定结论或服刑完毕证明。经办机构进行核对，调整或恢复其工伤保险待遇。

(4) 享受工伤保险待遇人员对待调整金额有异议，提出重核申请时，经办机构应予以重核，并将重核结果告知有关享受工伤保险待遇人员。

(六) 待遇支付

待遇支付是指经办机构根据待遇核定结论，对各项待遇费用，包括工伤医疗(康复)费用、住院伙食补助费、到统筹地区以外就医的交通食宿费、一次性医疗补助金、一次性伤残补助金、伤残津贴(含工伤保险伤残津贴高于基本养老金的差额)、生活护理费、配置辅助器具费用、丧葬补助金、一次性工亡补助金和供养亲属抚恤金等，进行结算、支付。

伤残津贴、生活护理费从完成劳动能力鉴定次月开始计发；供养亲属抚恤金从工伤职工死亡次月开始计发；工伤医疗(康复)待遇由经办机构根据核定的结果支付参保单位(工伤职工)垫付的费用或工伤医疗(康复)协议服务机构的医疗(康复)费用；安装配置辅助器具费用由经办机构依据待遇核定的安装配置辅助器具的项目、金额，及时支付给有关协议医疗机构或辅助器具配置机构。具体支付方式根据当地的具体情况和享受工伤保险待遇人员的意见来确定，有条件的地方应对定期支付的待遇实行社会化发放。

六、工伤保险储备金

(一) 工伤保险储备金的规模

《工伤保险条例》规定，工伤保险基金应当留有一定比例的储备金，用于统筹地区重大事故的工伤保险待遇支付。工伤保险储备金制度是市场经济体制下调整财政支出结构的需要，也是工伤保险制度正常运行的有效保证。工伤事故的发生有其不确定性，建立风险储备金，一方面能够更好地保证工伤职工的合法权益，另一方面能更好地分摊发生重大工伤事故的用人单位的资金风险。

由于我国幅员辽阔，各地经济发展水平、行业风险情况和用人单位的安全状况存在较大差异，《工伤保险条例》规定，储备金占基金总额的具体比例和储备金的使用方法，由省、自治区、直辖市人民政府规定。

在规定储备金占基金总额的具体比例时，应进行储备金的测算。虽然就整体参保人群而言，工伤事故的发生是有一定规律的，灾害造成损失的大小稳定在一定的水平上，但由于多种因素的影响，在某一时间范围内基金的实际支出有可能偏离正常支出。如果实际支出大于正常支出，工伤保险费就不足以应对实际支出。在规定储备金占基金总额的具体比例时，应考虑辖区内可知的潜在风险和未知的、突发的风险，并对辖区内行业分布、企业风险程度和安全生产状况，以及当地经济发展水平等因素进行分析测算，以确保发生重大工伤事故和职业病伤害时，储备金能够满足基金大规模支出的需要。

(二) 工伤保险储备金的管理和使用

储备金应存入基金财政专户，用于统筹地区重大事故的工伤保险待遇支付。储备金不得购买国家债券，不得挤占、挪用和随意动用，以保证储备金应对突发事件的支付能力。储备金在工伤保险基金结余中单独列支。如突发重大工伤事故，工伤保险基金当年入不敷出时，按下列顺序解决。

(1) 动用储备金。

(2) 储备金不足以支付时，动用工伤保险历年结余基金。

(3) 结余基金仍不足以支付时，由同级人民政府给予垫付。

(4) 仍不足以支付时，由劳动保障行政部门和财政部门共同协商，向上一级政府部门申请调剂。

工伤保险储备金的动用由社会保险经办机构提出申请，财政部门按照省级人民政府制定的使用办法及有关规定将储备金及时审核拨付到支出户。

七、工伤保险统筹层次

(一) 工伤保险统筹层次的含义

工伤保险统筹层次是指工伤保险基金统筹管理调剂使用的范围，如省级统筹、市级统筹、县(区)级统筹等，涉及参保、缴费、工伤认定、劳动能力鉴定、待遇支付等政策标准的统一及经办流程、管理服务的规范。

《工伤保险条例》第十一条第一款规定："工伤保险基金在直辖市和设区的市实行全市统筹，其他地区的统筹层次由省、自治区人民政府确定。"工伤保险费率较低，是社会保险中比较容易实现较高层次统筹的险种之一。按照《社会保险法》和《工伤保险条例》的规定，工伤保险基金逐步实现省级统筹。截至2020年底，我国工伤保险已经实现工伤保险基金省级统筹工作。

(二) 工伤保险统筹现状

在工伤保险实施过程中存在一对矛盾。一方面，随着时间的推移，扩面难度不断加大；另一方面，高风险企业参保难现象依然存在。由于县级统筹层次低，基金规模有限，高风险企业想参保，基金却无力承担，拒绝高风险企业参保的情况时有发生，形成扩面难和参保难并存的尴尬局面。县级统筹难以为继，提高统筹层次迫在眉睫，政府、社会各界对提高统筹层次的认识逐步趋向一致，工伤保险市级统筹大势所趋，势在必行。

(三) 工伤保险市级统筹的标准

建立工伤保险市级统筹的核心是实现工伤保险基金统筹管理，在全市范围内调剂使用，基础是统一参保缴费办法、待遇支付等政策标准，以及规范工伤认定、劳动能力鉴定、工伤预防、工伤医疗和工伤康复等多项管理服务。要实现工伤保险市级统筹，应做好以下几项工作。

(1) 统一参保范围和参保对象，按《工伤保险条例》和有关政策规定推进各类用人单位和职工参加工伤保险。

(2) 统一行业差别费率标准，做好征缴工作。

(3) 统一基金管理，实现全市基金收支预算管理制度，有条件的地区要实现基金统支统收，暂不具备条件的地区要统一基金财务管理制度和使用办法，加大基金市级调剂力度，逐步实现全市范围内统一调剂和使用基金。

(4) 统一制定工伤认定和劳动能力鉴定办法，规范认定和鉴定程序。

(5) 统一工伤保险待遇支付标准，统一调整地域、时间标准，使用统一的职工月平均工资标准，以及工伤保险药品目录、工伤保险辅助器具目录等。

(6) 统一经办流程和信息系统，规范工伤保险管理和服务。

(四) 工伤保险市级统筹的困难

我国幅员辽阔，各地实际情况有较大差异，行业分布不均衡，一些地方高风险行业、企业相对集中。一些城市是以矿建市或以厂建市，如大同、鹤岗、鸡西等市是以煤炭为主的矿产资源型城市，大庆、克拉玛依、东营等市是以石油为主的矿产资源型城市。地市级统筹仍背不动超大型煤炭等企业的工伤保险给付待遇，在这些高风险企业中，重大事故多发，历史遗留的老工伤人员众多，情况复杂。

总体来说，制约统筹层次提升的主要因素有以下几个。

1. 认识上的原因

一些地方对提高统筹层次后基金能否实现平稳运行信心不足，担心提高统筹层次会使责任过于集中在市级，弱化县级对扩面征缴、服务管理、审核支付和基金平衡的责任，难以有效控制县级基金收支行为，给基金运行带来风险。

2. 体制上的原因

我国实行的是在国家统一政策的指导下，分级筹集资金、分级管理、分级负责的工伤保险管理体制。这种基金分级管理体制，以及财政“分灶吃饭”体制，导致跨统筹地区调剂使用基金困难。

3. 管理上的原因

经办机构管理不统一，各险种提高统筹层次进度和要求不统一。在管理方式上，一些地方没有实现计算机系统联网，一些地方还采用手工、半手工操作，加大了推进市级统筹的工作难度。

2017年6月，人力资源和社会保障部、财政部发布的《关于工伤保险基金省级统筹的指导意见》(人力资源和社会保障部发〔2017〕60号)提出：“工伤保险实行省级统筹，要求在省(区、市)内统一工伤保险参保范围和参保对象，统一工伤保险费率政策和缴费标准，统一工伤认定和劳动能力鉴定办法，统一工伤保险待遇支付标准，统一工伤保险经办流程和信息系统。在基金管理上，有条件的省(区、市)可以实行基金统收统支管理；不具备条件的省(区、市)也可以在省级建立调剂金，由市(地)按照一定的规则和比例上解到省级社保基金财政专户集中管理，用于调剂解决各市(地)工伤保险基金支出缺口。”

2019年9月，人力资源和社会保障部办公厅发布的《关于加快推进工伤保险基金省级统筹工作的通知》(人社厅函〔2019〕164号)提出：“确保2020年底前全部实现工伤保险基金省级统筹工作目标。”同时进一步强调：“推进工伤保险基金省级统筹，核心是工伤保险基金在全省(区、市)范围内统筹调剂使用，基础是统一参保缴费、待遇支付等政策标准和规范工伤认定、劳动能力鉴定、工伤预防、工伤医疗和工伤康复等管理服务，难点在打破原有的管理模式和利益格局，关键要明确各级职责分担、建立激励约束机制。同时，全面推进工伤保险信息化建设，建成省级集中的社会保险信息系统，为实现省级统筹提供必要支撑。要切实加强基金管理，实行全省(区、市)基金收支预算管理制度，加快提升基金预算编制水平，支持有条件的省份实行基金统收统支管理，稳妥处理各市(地)原基金结余；目前暂不具备条件的省份可以先在省级建立调剂金，由市(地)按照一定规则和比例将基金上解到省级社保财政专户集中管理，用于调剂解决各市(地)工伤保险基金支出缺口。”

本章小结

工伤保险是指劳动者在生产经营活动中或在规定的某些特殊情况下所遭受的意外伤害、职业病，以及因这两种情况造成的劳动者死亡、暂时或永久丧失劳动能力时，劳动者及其遗属能够从国家、社会得到必要的物质补偿的制度。工伤保险与其他四大保险相比，具有最大强制性、最广实施范围，最强保障性、最多及最全面的保障项目、最优待遇、最宽给付条件等特点。

我国工伤保险现行制度的覆盖范围包括境内的企业、事业单位、社会团体、民办非企业单位、基金会、律师事务所、会计事务所等组织和有雇工的个体工商户。由用人单位按照行业差别费率与浮动费率相结合的方式缴纳保险费，职工个人不缴费。认定工伤的情形：在工作时间和工作场所内，由于工作原因受到事故伤害的；工作时间前后在工作场所内，从事与工作有关的预备性或者收尾性工作受到事故伤害的；工作时间和工作场所内，因履行工作职责受到暴力等意外伤害的；患职业病的；因工外出期间，由于工作原因受到伤害或者发生事故下落不明的；在上下班途中，受到非本人主要责任的交通事故或者城市轨道交通、客运轮渡、火车事故伤害的。视同工伤的情形：在工作时间和工作岗位，突发疾病死亡或者在48小时之内经抢救无效死亡的；在抢险救灾等维护国家利益、公共利益活动中受到伤害的；职工原在军队服役，因战、因公负伤致残，已取得革命伤残军人证，到用人单位后旧伤复发的。经劳动能力鉴定后，工伤职工可享受停工留薪期待遇、工伤医疗待遇、住院伙食补助费、康复治疗费、辅助器具费、生活护理费、伤残待遇、工亡待遇等。应当参保而未参保的职工，发生工伤后，由用人单位按照《工伤保险条例》的项目和标准，支付费用。

工伤登记是社会保险经办机构依据国家工伤保险政策的规定，对遭受工伤事故或患职业病的人员进行工伤事故备案、工伤职工登记、工伤保险关系变动、劳动能力鉴定登记、就医登记的过程。职工所在单位应当自事故发生之日起30日内，提出工伤认定申请，接受劳动保障行政部门的工伤认定。

工伤保险待遇的审核重点是享受待遇人员的资格、工伤医疗待遇、伤残待遇以及工亡待遇等。

习题

一、填空题

1. 工伤保险的原则包括(　　)、(　　)、待遇从优原则及(　　)。

2. 我国工伤保险缴费率实行(　　)与(　　)相结合。

3. 浮动费率是在行业基准费率的基础上浮动，上浮第一档为(　　)，上浮第二档为(　　)。

4. 劳动能力鉴定主要对(　　)和(　　)方面进行鉴定。

5. 停工留薪待遇应由(　　)支付。

二、单项选择题

1. 我国《工伤保险条例》于(　　)颁布。

A. 1951年　　B. 1993年　　C. 2003年　　D. 2011年

2. 用人单位自事故发生之日起(　　)内，提出工伤认定申请。

A. 15日　　B. 30日　　C. 60日　　D. 90日

3. 一次性工亡补助金标准为(　　)。

A. 6个月当地平均工资　　B. 全国城镇居民人均可支配收入的20倍

C. 20个月当地平均工资　　D. 全国居民人均可支配收入的20倍

三、多项选择题

1. 实行浮动费率的行业包括(　　)。

A. 一类行业　　B. 二类行业　　C. 三类行业　　D. 所有行业

2. 生活护理费的标准按照不同级别分别为统筹地区上年度职工月平均工资的(　　)。

A. 60%　　B. 50%　　C. 40%　　D. 30%

3. 工伤保险的执行机构为社会保险经办管理机构，除此之外还涉及(　　)。

A. 医疗机构　　B. 康复机构

C. 辅助器具配置机构　　D. 法院

四、简答题

1. 简述认定工伤及视同工伤的情形。

2. 简述一级至四级伤残等级的伤残待遇。

3. 突发重大工伤事故，工伤保险基金当年入不敷出时，如何解决资金缺口？

五、实务题

在施工过程中，某建筑公司合同制工人黄某(男，39岁，混凝土工，身份证号码为21011119760201××××)不慎被设备砸伤，造成左臂粉碎性骨折，进行住院治疗。黄某参加了工伤保险，符合享受工伤保险待遇的条件。经工伤认定为六级伤残，停工留薪期间为3个月。根据上述情况，完成表8-3和表8-4。

表8-3　工伤事故备案(正面)

年　月　日

单位代码：

单位名称：

事故发生时间		事故发生地点		死亡人数	
受伤人数		急救医院		急救科室	
转诊医院			治疗科室		
事故经过					

工伤职工基本情况(反面)

身份证号码	姓名	性别	年龄	工种	伤亡情况	受伤部位

缴费单位制表人(章)　　社保机构(章)　　审核人(章)

缴费单位法定代表人(章)　　负责人(章)

表8-4　工伤职工登记

年　月　日

单位代码：　　　　单位名称：

<table>
<tr><td rowspan="4">工伤职工基本情况</td><td colspan="2">身份证号码</td><td></td><td colspan="2">姓名</td><td colspan="2"></td><td>性别</td><td></td></tr>
<tr><td colspan="2">出生日期</td><td>年　月</td><td>工种</td><td></td><td colspan="2">劳动关系类型</td><td colspan="2"></td></tr>
<tr><td colspan="2">户口所在地</td><td></td><td colspan="2">家庭住址</td><td colspan="4"></td></tr>
<tr><td>居住地所在街(乡、镇)</td><td></td><td>联系电话</td><td colspan="2"></td><td colspan="2">邮政编码</td><td colspan="2"></td></tr>
<tr><td rowspan="6">工伤认定情况</td><td>工伤时间</td><td></td><td>工亡时间</td><td colspan="2"></td><td colspan="2">工亡地点</td><td colspan="2"></td></tr>
<tr><td colspan="2">伤害部位及程度</td><td colspan="7"></td></tr>
<tr><td colspan="2">职业病病种</td><td colspan="3"></td><td colspan="2">职业病分类</td><td colspan="2"></td></tr>
<tr><td colspan="2">工伤认定依据</td><td colspan="3"></td><td colspan="2">工伤类别</td><td colspan="2"></td></tr>
<tr><td colspan="2">工伤认定机构</td><td></td><td colspan="2">工伤认定时间</td><td>年　月　日</td><td colspan="2">工伤认定书编号</td><td></td></tr>
<tr><td>停工留薪期限</td><td></td><td>起始时间</td><td colspan="2">年　月　日</td><td colspan="2">终止时间</td><td colspan="2">年　月　日</td></tr>
<tr><td rowspan="3">就医情况</td><td colspan="2">就医类别</td><td colspan="3"></td><td colspan="2">急救医院</td><td colspan="2"></td></tr>
<tr><td colspan="2">门诊医院</td><td colspan="3"></td><td colspan="2">住院医院</td><td colspan="2"></td></tr>
<tr><td colspan="2">科别</td><td colspan="3"></td><td colspan="2">床位号</td><td colspan="2"></td></tr>
</table>

缴费单位制表人(章)　　　　社保机构(章)　　　　审核人(章)

缴费单位负责人(章)　　　　　　　　　　　　　　负责人(章)

第九章　我国失业保险制度及实务

学习目标

1. 在了解失业的含义及类型的基础上，掌握失业保险的含义及特征；

2. 掌握我国失业保险现行制度的内容，包括覆盖范围、享受资格、待遇标准及享受待遇的期限；

3. 具备失业保险实务的相关操作技能，熟练掌握失业登记、申领失业保险待遇、失业保险关系的转移接续等实务技能；

4. 明确我国失业保险的统筹层次，掌握市级统筹的实施要点。

第一节　失业保险概述

一、失业及失业率

(一) 失业的含义

失业是指有劳动能力的劳动年龄人口愿意接受现行的工资水平和工作条件，但仍然没有工作的状态。

按照国际劳工组织的定义，一定年龄范围之内的劳动年龄人口，同时满足下述三个条件的才能视为失业。

(1) 本人无工作，没有从事有报酬的职业或自营职业。

(2) 本人当前具有劳动能力，可以工作。

(3) 本人正在采取各种方式寻找工作。

大多数国家把16～65岁的人口称为劳动年龄人口，根据劳动年龄人口是否就业，将其划分为三种状态，即就业人口、失业人口、不在劳动力人口。所谓不在劳动力人口是指既非就业又非失业的人口，即客观上丧失工作岗位、主观上又不愿意工作的人口。

我国统计意义上的失业是指城镇非农业户口在劳动年龄内(男16～50岁、女16～45岁)有劳动能力、无业而要求就业并在当地劳动部门进行失业登记的人员。我国关于失业的概念，体现了两个特点：第一，失业人员主要是指城镇非农业户口劳动者，不包括农村劳动者，因而大量进城务工的民工并不在失业人员统计之列；第二，失业人员的年龄限于男16～50岁、女16～45岁，该年龄段的上限比我国法定退休年龄低。

我国一般意义上的失业是指劳动者在有劳动能力并确定在寻找工作的情况下不能得到适宜职业而失去收入的状态。

知识拓展9-1

失业与下岗

失业人员是指在劳动年龄内，具有劳动能力，要求就业，尚未就业的人员。下岗职工是指在原企业已没有工作岗位，但没有与原企业解除劳动关系，有就业要求，尚未就业的人员。失业人员已与企业解除劳动关系，档案已转入户口所在地街道、镇劳动和社会保障部门。而下岗职工虽然无业，但未与原企业解除劳动关系，档案关系仍在原企业。下岗职工在保证最低生活需要的条件下，可以积极寻找新的就业岗位，或积极参加职业培训，为重新上岗创造条件。

下岗职工问题最早出现于1990年代初期，当时还不叫下岗，有的地方叫"停薪留职"，有的地方叫"厂内待业"，有的叫"放长假""两不找"。20世纪90年代中后期，下岗职工问题作为一种社会经济现象开始突显，并且引起社会各方面广泛关注。1998年，国务院《关于切实做好国有企业下岗职工基本生活保障和再就业工作的通知》提出："凡是有下岗职工的国有企业，都要建立再就业服务中心或类似机构，下岗职工不多的企业也可由有关科室代管。再就业服务中心(包括类似机构或代管科室)负责为本企业下岗职工发放基本生活费和代下岗职工缴纳养老、医疗、失业等社会保险费用，组织下岗职工参加职业指导和再就业培训，引导和帮助他们实现再就业。为加强再就业服务中心的组织、管理力量，可从行政机关抽调得力人员到中心工作。"下岗职工通过企业再就业服务中心保障其基本生活，最长时间为3年；期满后仍未就业的，按规定领取失业保险金，最长时间为两年；享受失业保险两年后仍未就业的，按规定享受城市居民最低生活保障待遇。从2001年开始，实行国有企业下岗职工基本生活保障制度向失业保险并轨，国有企业不再建立新的再就业服务中心；企业新的减员原则上也不再进入该中心，由企业依法与其解除劳动关系，按规定享受失业保险待遇。

资料来源：笔者根据相关文件整理而成

(二) 失业率

失业率是反映一个国家或地区失业状况的主要指标，以失业人数与在业人数和失业人数之和的比例反映失业率。

我国使用的城镇登记失业率计算公式为

城镇登记失业率=城镇登记失业人数÷(城镇在业人数+城镇登记失业人数)×100%

由于登记及统计过程复杂，登记失业率是以每年最后一天的失业人数来计算的，而没有采用国际上通行的月度失业率统计方法。从上述方面看，登记失业率很难真实反映失业的状况。

二、失业的类型

按照就业意愿，可将失业分为自愿性失业和非自愿性失业。自愿性失业是指劳动者自动放弃就业机会，而没有找到新的工作岗位的情况。非自愿性失业是指劳动者愿意接受现有的货币工资水平却仍找不到工作的情况。劳动者自愿性失业受各方面的影响。例如，受自己的知识水平、认识能力、周围环境等影响，劳动者认为现有的工资水平与自己付出的劳动所应该获得的报酬不相符，他们宁愿失业，也不愿意做低于自己应得工资收入的工作。因此，这种主动选择失业的无业者不是失业保险的保障对象，失业保险关注的失业类型是被迫的、非自愿性失业。常见的非自愿性失业包括摩擦性失业、结构性失业、周期性失业、季节性失业等。

三、失业保险的含义及特点

(一) 失业保险的含义

失业保险是指国家(或政府)通过立法实施的，由社会各方筹集建立基金，旨在通过为符合条件的劳动者提供基本生活保障和相关服务来增强劳动者抵御失业风险能力的一项社会保险制度。这一概念主要包括以下三个层次的含义。

(1) 失业保险的核心内容是由国家建立失业保险基金，分散这一劳动风险，使处于失业状态的劳动者生活获得基本保障。

(2) 失业保险对失业者提供基本生活需求的保障具有法定时限，超过一定时限的救济不属于失业保险的范围。

(3) 失业保险是现金帮助与提供就业服务的统一，提供就业服务、激励失业者就业是它的基本目的之一。

失业保险是社会保障体系的重要组成部分，是社会保险的主要项目之一。根据失业保险所追求的目标，同时受经济发展水平的限制，失业保险又有消极的失业保险和积极的失业保险之分。所谓消极的失业保险是指仅在劳动者失业期间给付失业保险金以维持其基本生活。一般来说，在各国建立失业保险的初始阶段，基本上实行消极的失业保险。积极的失业保险是指除了在劳动者失业期间给付失业保险金，维持其基本生活，还通过转业训练、职业介绍等手段为其重新就业创造条件。西方大多数工业国家均采取这种失业保险。

(二) 失业保险的特征

失业保险作为社会保险的子系统，除了具备社会保险所具有的特征外，还具有自身的特点。

(1) 失业保险的对象是失业劳动者。社会保险的其他子系统，如医疗、养老、生育、工伤保险，其对象均是暂时或永久丧失劳动能力的劳动者，而失业保险只对有劳动能力并有劳动意愿但无劳动岗位的人提供保险，失业保险与其他社会保险项目最大的不同点就是失业保险对象是没有丧失劳动能力的劳动者。丧失劳动能力而失去劳动机会的情况不包括在失业保险范围之内。

(2) 非自然因素是造成风险的主要原因。通常来说，其他社会保险项目所涉及的风险往往与人的生理变异等自然因素有关，失业保险所涉及的风险却不是由人的生理因素等自然因素所引起的，而是由一定时期的社会和经济因素所引起的，在一定程度上，它也与国家在一定时期的宏观经济政策有关。例如，人口劳动力资源与经济增长的比例失调、产业结构调整以及就业政策变化等，都可能成为劳动者失业的原因。这和其他社会保险项目中的劳动风险事故的成因有明显的区别。

(3) 保障形式和内容的多样性。失业保险不同于其他社会保险，失业保险既有保障失业者生理再生产的功能和目标，也有保障劳动力再生产的功能和目标，这两种功能和目标是同等重要的。因此，失业保险在保障形式和内容上具有自身的特殊性，它除了需要向受保者发放保险金、提供物质帮助，以保障其基本生活需要之外，还需要通过就业培训等形式帮助失业者提高其文化素质和业务素质，以便其重新就业。

四、我国失业保险的发展历程

(一) 初步建立时期

1951年2月，我国颁布了《劳动保险条例》，该条例对职工的生育、年老、疾病、死亡、工伤、残障等方面的待遇做出了具体规定，初步确立了包括养老、医疗、工伤、生育、遗属补助在内的社会保险的基本框架。

我国真正意义上的失业保险制度的建立是在1986年7月，以国务院颁布的《国营企业职工待业保险暂行规定》(以下简称《暂行规定》)为标志。《暂行规定》为初创期的失业保险构建了制度框架，对构成该制度的一些基本内容做出原则性规定。首先，《暂行规定》将失业保险的覆盖范围限定为四类人，包括宣布破产的企业的职工，濒临破产的企业法定整顿期间被精简的职工，企业终止、解除劳动合同的职工，企业辞退的职工；其次，确定以基金制方式筹集保险费，规定企业按照其全部职工标准工资总额的1%缴纳保险费(保险费在企业缴纳所得税前列支)；最后，将保险待遇定义为待业救济金，同时规定了领取救济金的资格条件和待遇水平。从《暂行规定》的基本内容可以看出，1986年建立的待业保险制度，其覆盖面仅限于国营企业且保障层次很低，失业者不承担缴费义务，其享受的待业救济金仅仅是为了解决基本的生活困难。当时的待业救济金若以实际工资计算，替代率大约为40%，人均待业救济金约为40元，仅相当于国营企业平均工资的25%，比当时国家规定的生活困难补助标准50元还要低。从保险对象来看，存在保险和风险不对等的问题。一方面使得很多事实上的失业者得不到保障，另一方面使得待业救济金发放不出去。1986年建立的《暂行规定》，因其自身存在的制度缺陷，并没有在实际生活中发挥其应有的作用。

(二) 逐步完善时期

1993年4月，针对1986年的《暂行规定》实施范围窄、保障水平低、基金承受能力弱等方面的不足，国务院颁布了《国有企业职工待业保险规定》(以下简称《规定》)。《规定》在失业保险制度的组织管理模式、资金筹集等方面沿用了《暂行规定》的框架，但扩大了适用范围，即将失业保险的适用范围扩大到七类人，不过仍然局限在国有企业内部。另外，《规定》调整了待业保险待遇的参照标准，由原来的参照本人标准工资改为参照社会救济水平，这一改变使得在法定适用范围内的所有失业者都可以享受同等的失业救济水平。

(三) 跨越式发展时期

虽然1993年颁布的《规定》在很多方面都有所改进，但依然存在较深的计划经济的烙印，仍然使用“待业”一词，并且在资格规定等方面也没有遵循国际通行的原则，存在较大的缺陷。直到1999年1月20日，国务院颁布《失业保险条例》(以下简称《条例》)，才表明我国已接受市场经济条件下失业是由经济发展的规律决定的这一事实，并在很多方面进行了较大的突破和改变，主要包括覆盖范围的扩大、基金筹集比例的调整、失业保险金发放依据的调整等，为失业保险制度的推行提供了可靠的法规依据。

第二节　我国失业保险制度

一、失业保险的覆盖范围

城镇国有企业、集体企业、外商投资企业、港澳台投资企业、私营企业等各类企业，以及事业单位都必须参加失业保险并按规定缴纳失业保险费。从个人来讲，上述单位的职工也要按规定缴纳失业保险费，失业后符合条件的可以享受失业保险待遇。社会团体及其专职人员、民办非企业单位及其职工、城镇中有雇工的个体工商户及其雇工是否适用《条例》，由各省级人民政府确定。

知识拓展9-2

农民工、公务员的失业保险

农民工是一个很特殊的群体，统计上对于失业的定义针对的是城镇非农户口人员，因此，具有农民身份的农民工并不会存在“失业”的情况。但随着经济的发展，一方面，二代、三代农民工对进入城市成为市民的需求越来越迫切，很多农民工并不是为获得额外收入才成为职工或工人，而是希望留在城市生活，因而他们并不符合从事农业的前提假设，应当为这个群体提供同等的社会保险服务。如长沙在2009年实行的《统一农民合同制工人与城镇职工失业保险费费率及失业保险待遇标准等有关暂行规定》就明确了“全市行政区域内城镇企业、事业、民办非企业单位和社会团体签订1年以上劳动合同的农民合同制工人，实行与城镇职工相同的失业保险缴费政策”。另一方面，农业户口带来的拥有土地使用收益权的特殊性又使得农民工的社会保险起点高于当下无地又无固定工作的市民，因而有的地区采取了“差异模式”(即一次性生活补助模式)。如北京市的失业保险规定城镇企业事业单位招用的农民合同制工人本人不缴纳失业保险费，合同期满不再续订或提前解除劳动合同的，由社会保险经办机构根据用人单位为其连续缴费的时间，支付一次性生活补助。每满一年发给一个月生活补助，最长不得超过十二个月。

此外，公务员并不是没有失业问题。《中华人民共和国公务员法》第八十八条的规定：“公务员有下列情形之一的，予以辞退：

(一) 在年度考核中，连续两年被确定为不称职的；

(二) 不胜任现职工作，又不接受其他安排的；

(三) 因所在机关调整、撤销、合并或者缩减编制人员名额需要调整工作，本人拒绝合理安排的；

(四) 不履行公务员义务，不遵守公务员纪律，经教育仍无转变，不适合继续在机关工作，又不宜给予开除处分的；

(五) 旷工或者因公外出、请假期满无正当理由逾期不归连续超过十五天，或者一年内累计超过三十天的。”

因此，国家公务员是可能在有就业意愿和劳动能力的同时处于失业状态的，而国家公务员并不参加社会保险中的失业保险。我国只有深圳市等个别城市规定了国家公务员的失业保险。

二、失业保险的费用负担

根据《失业保险条例》第五条的规定，用以支付失业保险待遇的失业保险基金由下列各项构成。

(1) 城镇企业事业单位、城镇企业事业单位职工缴纳的失业保险费。

(2) 失业保险基金的利息。

(3) 财政补贴。

(4) 依法纳入失业保险的其他资金。

失业保险费包括单位缴纳和个人缴纳两部分，这是基金的主要来源；财政补贴是政府负担的一部分；基金利息是基金存入银行和购买国债收益部分；其他资金主要是指对不按期缴纳失业保险费的单位征收的滞纳金等。

根据对未来的失业率的预测，失业保险费由城镇企业事业单位按照本单位工资总额的2%缴纳，城镇企业事业单位职工按照本人缴费工资的1%缴纳失业保险费。各省、自治区、直辖市人民政府可以根据本行政区域失业人员数量和失业保险基金数额，报经国务院批准，适当调整本行政区域失业保险费的费率。城镇企业事业单位招用的农民合同制工人本人不缴纳失业保险费。

为了进一步减轻企业负担，促进稳定就业，我国人力资源和社会保障部联合财政部印发了《关于调整失业保险费率有关问题的通知》，规定从2015年3月1日起，失业保险费率暂由现行《条例》规定的3%降至2%，单位和个人缴费的具体比例由各省、自治区、直辖市人民政府确定。从各省、自治区、直辖市的实施情况来看，大多采取单位按照本单位职工工资总额的1.5%缴纳，职工按照本人缴费工资的0.5%缴纳。

在确定缴费基数时，各地可以根据情况统一规定各单位以哪一个时期的工资总额和工资额为缴费基数。例如，以上一年度单位工资总额为基数，平摊到本年度各个月份，每月按相同数额征收；以上月单位工资总额为基数，按实际发生数确定征收数额；对工资总额不易认定的，可由负责征缴的机构参照当地工资水平和该单位生产经营状况核定缴费基数。个人缴费基数的确定方法应与单位相一致。北京市失业保险费征缴标准如表9-1所示。

表9-1　北京市失业保险费征缴标准

项目	主要法规依据	应参保单位和个人	月缴费系数			缴费比例及金额	
			标准	上限	下限	单位	个人
城镇企业及城镇职工失业保险费	北京市政府〔1999〕第38号令	本市行政区域内城镇企业事业单位及其职工	上年度城镇缴费职工月平均工资(q)或总额(Q)	上年度全市职工月平均工资的300%	上年度本市职工月最低工资标准	比例=1.5%×金额=Q×1.5%	比例=0.5%×金额=q×0.5%
城镇用人单位及农民工失业保险费		本市行政区域内城镇用人单位及其农民工	上年度本市职工月最低工资标准(s)			比例=1.5%×金额=s×农民工人数×1.5%	农民工不缴纳失业保险费

上述工资总额，包括单位招用的农民合同制工人的工资部分，但农民合同制工人个人不缴费，合同期满不再续订或提前解除劳动合同的，支付一次性生活补助。这样规定，主要考虑农民合同制工人流动性较强，且离开原单位后可以回乡务农，有一定生活保障，应与城镇失业人员有所区别，采取支付一次性生活补助的办法较为可行。对农民合同制工人采取不同办法，既维护了他们的合法权益，也与尚不具备城乡一体、待遇统一的现实相适应，这是针对失业保险制度的一项重要政策。

三、享受失业保险待遇的条件

根据《失业保险条例》的规定，同时具备下列条件的人员可以享受失业保险待遇。

(一) 按时缴纳失业保险费

失业保险和其他保险一样都是一种风险共担方式，保险缴费形成承担风险和补偿的基金，因此缴费是参与风险共担的前提条件，领取失业保险待遇者是按时缴纳失业保险费者。根据《失业保险条例》的要求，职工失业后想要领取失业保险金，除了按时缴费，还必须在失业前连续缴纳失业保险费满一年。

(二) 非本人意愿中断就业

在讨论失业保险时，我们根据失业者的主观意愿将失业分为自愿失业和非自愿失业。非自愿失业即在当前条件下，劳动者个人不愿意中断就业时失业。自愿失业则是指劳动者自愿离职而导致的失业。各国都是将非自愿失业者纳入失业保险的领取范围。实践中，把非本人意愿中断就业(即非自愿失业)限定为劳动合同终止，被用人单位解除劳动合同，被用人单位开除、除名、辞退，还包括因用人单位用工不当依法解除劳动合同。

(三) 已进行失业登记，有求职要求

为了解失业人员的基本情况，确认其资格，办理失业登记是失业人员领取失业保险金的必要程序。另外，失业保险的保障对象是有劳动能力的非自愿失业者，非自愿失业即有就业意愿和能力，因此领取失业保险待遇要求失业者有求职意愿。

办理失业登记主要有两个目的：一是让公共服务机构掌握失业人员的情况，提供及时的就业服务和再就业培训；二是为发放失业保险待遇提供依据。

失业者有求职要求的证明方式有很多，例如，接受相关部门组织的就业培训、介绍的工作以及积极寻找就业岗位。

四、失业保险待遇

失业人员可享受的失业保险待遇项目包括：按月领取的失业保险金，领取失业保险金期间的医疗待遇，领取失业保险金期间死亡的失业人员的丧葬补助金及其供养的配偶、直系亲属的抚恤金。另外，还可以为失业人员在领取失业保险金期间提供职业培训、职业介绍等服务，以帮助失业人员实现再就业，并减轻失业人员的经济负担。

(一) 失业保险金

失业保险金是失业保险待遇的主要内容，失业保险金标准的高低关系到失业人员能够领取的失业保险金的多少，关系到失业保险待遇水平的高低。我国各地经济和社会发展水平不平衡、不协调，由省级人民政府确定失业保险金标准具有现实必要性。因此，《社会保险法》第四十七条规定：“失业保险金的标准，由省、自治区、直辖市人民政府确定，不得低于城市居民最低生活保障标准。”

关于确定失业保险金标准的原则，必须综合考虑经济和社会发展状况及职工工资水平，一般要遵循以下原则：第一，保障失业人员的基本生活。失业保险金是失业人员的主要经济来源。失业保障金低于失业人员原来的工资水平。失业保险的制度导向是促进失业人员积极再就业，如果失业保险金高于原来的工资水平或者与原来的工资水平一样，会造成变相鼓励失业、放任失业，违背制度的宗旨。第二，权利与义务相统一。职

工参加失业保险的主要义务是缴纳失业保险费。职工失业保险费是按照本人工资的一定比例缴纳的，职工所在单位是按本单位工资总额的一定比例缴纳的，不同参保人员所缴纳的失业保险费是不同的，与之相适应，失业保险金的标准应当体现这一差别。

失业保险金的标准由省级人民政府确定，包括省人民政府、自治区人民政府和直辖市人民政府。各省级人民政府大多采用以当地最低工资标准的百分比来确定失业保险金的具体数额。如黑龙江省规定，失业保险金的标准为当地同期最低工资标准的70%；湖南省规定，失业保险金的标准为当地同期最低工资标准的80%。

《失业保险条例》规定，失业保险金的标准应当低于当地最低工资标准，且高于城市居民最低生活保障标准的水平。在立法过程中，有的意见认为失业保险金标准低于最低工资标准不尽合理，应当根据缴费工资和家庭抚养人口确定。由于意见不一致，《社会保险法》只规定失业保险金标准不得低于城市最低生活保障标准，对于是否低于当地最低工资标准不再做出规定，可待以后《失业保险条例》修改时再做调整。

2012年全国人均失业保险金为707元，2016年达到1051元，年均增长10.4%。5年来，共有2170万人次领到失业保险金。2017 年9月，人力资源和社会保障部、财政部共同印发了《关于调整失业保险金标准的指导意见》(人力资源和社会保障部发〔2017〕71号)(以下简称《指导意见》)，指导各地适当上调失业保险金标准。《指导意见》提出，提高失业保险金标准应以《失业保险条例》相关规定为依据，兼顾失业保险“保生活”和“促就业”两项基本功能，在确保基金运行安全的前提下，随着经济社会发展，分步实施，循序渐进，逐步将失业保险金标准提高到最低工资标准的90%。

甘肃省人力资源和社会保障厅、省财政厅联合印发《关于调整提高失业保险金发放标准的通知》，决定从2022年7月1日起，再次调整全省失业保险金发放标准，失业保险金标准达到最低工资标准的90%，月人均增加180元，平均增幅为13%。调整后全省失业保险金发放标准分别为一类区每月1638元、二类区每月1593元、三类区每月1548元、四类区每月1503元。全省失业补助金、农民工一次性生活补助等失业保险待遇同步提高。

知识拓展9-3

失业保险基金与失业保险金

失业保险基金是指国家通过立法强制实行的，由社会集中建立基金，对因失业而暂时中断生活来源的劳动者提供物质帮助的制度。我国失业保险基金由下列各项构成：城镇企业事业单位、城镇企业事业单位职工缴纳的失业保险费；失业保险基金的利息；财政补贴；依法纳入失业保险基金的其他资金。失业保险金是指失业保险经办机构依法支付给符合条件的失业人员的基本生活费用，是对失业人员在失业期间失去工资收入的一种临时补偿。失业保险金是为了保障失业人员的基本生活需要。失业保险金依法从失业保险基金中列支。

资料来源：作者根据《失业保险条例》整理而成

(二) 医疗待遇

改革开放之前，我国的医疗保险主要面向公职人员的公费医疗和职工的劳保医疗，所有的医疗保险待遇都依附于单位，即国家或企业。一旦离开了工作岗位就失去了如同职业福利一样的医疗保险待遇，因此失业者没有医疗保险。

《社会保险法》制定实施前，职工在失业期间不能享受医疗保险待遇，仅能申领医疗补助金。失业人员在领取失业保险金期间患病就医的，可以按照规定向社会保险经办机构申请领取医疗补助金，医疗补助金标准由省、自治区、直辖市人民政府规定。

《社会保险法》为了使失业人员能有更高水平的医疗保障，对现行做法做了修改，将申领医疗补助金改为享受基本医疗保险待遇。《社会保险法》第四十八条规定："失业人员在领取失业保险金期间，参加职工基本医疗保险，享受基本医疗保险待遇。失业人员应当缴纳的基本医疗保险费从失业保险基金中支付，个人不缴纳基本医疗保险费。"

由于失业人员已经失业，失去了主要的经济收入来源，如果再让其负担基本医疗保险费，会进一步加剧生活困境。为了更好地保障失业人员的生活和健康，《社会保险法》规定失业人员的基本医疗保险费由失业保险基金支付，失业人员不需要缴纳基本医疗保险费。需要说明的是，失业保险基金所支付的基本医疗保险费包括个人应当缴纳的部分和用人单位应当缴纳的部分，统筹地区可以对缴纳标准等做出具体规定。

(三) 死亡相关待遇

在我国，有着为死亡职工的遗属发放丧葬补助金和抚恤金的历史传统。失业保险制度包含这方面内容。

失业人员在领取失业保险金期间死亡的，参照当地对在职职工死亡的规定，向其遗属发给一次性丧葬补助金和抚恤金，所需资金从失业保险基金中支付。个人死亡同时符合领取养老保险丧葬补助金、工伤保险丧葬补助金和失业保险丧葬补助金条件的，其遗属只能选择领取其中的一项。

失业保险丧葬补助金是指对失业人员在领取失业保险金期间死亡的，由失业保险基金支付其遗属一定数额，用以安排丧葬事宜的资金。抚恤金是指对失业人员领取失业保险金期间死亡的，由失业保险基金发给其亲属的费用。参照当地对在职职工死亡的规定，向其遗属发给丧葬补助金和抚恤金，具体数额要参照各地在职职工死亡的有关标准来规定。

《长沙市失业保险办法》第二十九条规定："失业人员在领取失业保险金期间死亡的，按照在职职工同等待遇对其家属发给丧葬补助金和一次性抚恤金。其中，丧葬补助金为3个月的失业保险金，抚恤金按供养直系亲属的人数确定：供养1人，为14个月的失业保险金；供养2人，为18个月的失业保险金；供养3人及3人以上，为22个月的失业保险金。"

(四) 职业培训和职业介绍

《失业保险条例》第一条就明确了《失业保险条例》的制定是为了“保障失业人员的基本生活，促进其再就业”。促进再就业主要的直接推手就是职业培训和职业介绍。职业培训和职业介绍主要包括职业培训服务、职业介绍服务以及就业指导三个方面。

《失业保险条例》第十条第(四)款规定，失业保险基金可用于领取失业保险金期间接受职业培训、职业介绍的补贴，补贴的办法和标准由省、自治区、直辖市人民政府规定。职业培训服务是失业人员在领取失业保险待遇期间，失业保险经办机构的人员安排失业人员接受职业培训或为其提供培训补贴，让其提高自己的技能，或掌握一种新的技能，所需费用由失业保险基金开支。职业介绍服务是失业人员在领取失业保险待遇期间，可以不受任何限制到职业介绍机构进行求职，既可以到公共职业介绍机构，也可以到私人职业介绍机构。失业人员在领取失业保险待遇期间，如果在求职中遇到困难和障碍，或者想知道更多的与职业有关的知识，或者想创办自己的经济实体，自谋职业，皆可以到失业保险经办机构指定的职业指导机构接受职业指导。

(五) 生育补助

在失业期间生育子女的情况下，由于处于失业状态不符合生育保险的领取条件，由失业保险提供相应待遇，以保障这一自然现象的顺利完成。

《长沙市失业保险金申领发放办法》第二十一条至二十三条规定：“符合国家计划生育政策规定的女性失业人员，在领取失业保险金期间生育的，可申请领取生育补助金。补助金标准为平产按本人失业保险金月标准3个月补助，难产按本人失业保险金月标准4个月补助。”

《浙江省失业保险条例》及《关于〈浙江省失业保险条例〉实施中若干具体操作问题的通知》规定，符合计划生育规定，在领取失业保险金期间或期满后的失业期间生育子女的，夫妻双方有一方失业的，失业的一方可以一次性领取相当于本人3个月失业保险金的生育补助；夫妻双方均失业的，可以同时领取相当于本人3个月失业保险金的生育补助。

五、享受失业保险待遇的期限

只要失业职工及其失业前所在单位依法参保缴费并达到申领条件，不论个人及其家庭经济状况如何，经办机构都应该为其发放失业保险金。职工参加失业保险的时间有长有短，所缴纳的失业保险费有多有少，为了体现公平原则和权利与义务相统一原则，职工失业时所领取的失业保险金应该有合理的差别。《社会保险法》根据失业人员失业前，用人单位和本人累计缴费年限的不同，确定了相应的领取失业保险金期限，同时，还规定了职工再次就业情况下，前后领取期限的合并问题。

《社会保险法》第四十六条规定：“失业人员失业前用人单位和本人累计缴费满一

年不足五年的，领取失业保险金的期限最长为十二个月；累计缴费满五年不足十年的，领取失业保险金的期限最长为十八个月；累计缴费十年以上的，领取失业保险金的期限最长为二十四个月。重新就业后，再次失业的，缴费时间重新计算，领取失业保险金的期限与前次失业应当领取而尚未领取的失业保险金的期限合并计算，最长不超过二十四个月。”

(一) 领取失业保险金的期限

根据失业人员失业前用人单位和本人累计缴费期限，规定了三档领取失业保险金的期限，分别为12个月、18个月和24个月。这三档期限为最长期限，并非实际领取期限，实际期限根据失业人员的重新就业情况确定，可以短于或等于最长期限。例如，规定累计缴费满1年不足5年的，领取失业保险金的期限最长为12个月，如果在6个月内重新就业，失业保险金只能领取6个月。不能理解为累计缴费时间满1年不足5年的失业人员不论其是否存在重新就业等情况，都能领取12个月的失业保险金。如杭州市失业保险的相关法规有如下规定。

(1) 缴费时间不满1年的，不领取失业保险金。

(2) 缴费时间满1年的，领取2个月的失业保险金。

(3) 缴费时间1年以上的，1年以上的部分，每满8个月增发1个月的失业保险金，余数超过4个月不满8个月的，按照8个月计算，但享受待遇的期限最长不超过24个月。

北京市失业保险领取期限规定，如表9-2所示。

表9-2　北京市失业保险领取期限规定

累计缴费时间	失业保险领取期限/个月
1～2年(含)	3
2～3年(含)	6
3～4年(含)	9
4～5年(含)	12
5年以上	每满1年增发1个月，最长不超过24个月

(二) 累计缴费期限

累计缴费期限有利于促进劳动力的合理流动，促进用人单位和职工参加失业保险的积极性。《失业保险条例》规定，领取失业保险金的期限是依据失业人员失业前所在单位和个人的累计缴费时间决定的。这样规定主要有两点考虑：一是将履行缴费义务与享受失业保险待遇的权利紧密联系起来。缴费时间越长，领取失业保险金的期限越长。不按规定缴费的，应在计算其领取期限时做相应扣除，这是强化职工缴费意识的重要手段；二是允许缴费时间累计相加作为确定享受期限的标准，有利于保护失业人员的合法权益，特别是对那些失业前多次转换工作单位，并且参加了失业保险的人员来说，更加体现了这一精神。从这点来讲，也有利于促进劳动力合理流动，促进用人单位和职工参加失业保险。《社会保险法》延续了《失业保险条例》的这一做法，采用了累计期限的方式。

(三) 再次失业情况下失业保险金的领取

职工失业后，按照规定领取失业保险金，在此期间，职工如果重新就业，则其应该停止领取失业保险金，并重新开始缴纳失业保险费，重新计算缴费时间，这样，失业人员实际领取失业保险金的期限有可能会短于可以领取的最长期限，即会存在一个剩余期限。如果职工重新就业后又再次失业，可以根据重新计算的缴费时间来领取失业保险金。除此之外，如果再次失业，失业人员还有前次失业期间剩余的领取失业保险金期限，则可根据《失业保险条例》的规定，将再次失业后领取失业保险金的期限与前次应当领取而未领取的失业保险金期限合并计算。需要注意的是，如果出现合并期限超过24个月的情况，失业人员最长只能领取24个月的失业保险金。

六、停止领取失业保险待遇的情形

失业人员在领取失业保险金期间，有可能会发生情况变化，致使其丧失继续享受领取失业保险待遇的条件。在这种情况下，应当停止其享受失业保险待遇。根据我国《社会保险法》第五十一条的规定，失业人员在领取失业保险金期间有下列情形之一的，应停止领取失业保险金，并同时停止享受其他失业保险待遇。

(一) 重新就业的

职工失业享受失业保险待遇的一个重要条件就是有求职要求而找不到工作。失业期间，失业人员通过加强学习、接受就业培训、接受就业服务机构的职业介绍等，大多会重新就业。对个人而言，重新就业后，其身份转变为从业人员，不再属于失业保险的保障范围，不能继续享受失业保险待遇。

(二) 应征服兵役的

在我国，公民不分民族、种族、职业、家庭出身、宗教信仰和受教育程度，都有服兵役义务。失业人员在享受失业保险待遇期间，符合条件的，可以应征服兵役，根据有关军事法律、法规、条令享受服役和生活保障。

(三) 移居境外的

随着全球化时代的到来和国际交往日益密切，我国公民移居其他国家的数量逐年增多。失业人员移居境外，表明其在国内没有就业意愿，不符合领取失业保险金待遇的条件，而且其在国外是否就业不好证明。

(四) 享受基本养老保险待遇的

根据《社会保险法》的规定，基本养老保险实行累计缴费，失业人员失业前参加基本养老保险并按规定缴费的，在其享受失业保险待遇期间，基本养老保险关系暂时中断，其缴费年限和个人账户可以存续，待重新就业后，应当继续基本养老保险关系。失业人员达到法定退休年龄时缴费满15年可以从享受失业保险直接过渡到享受基本养老保险，按其缴费年限享受养老保险待遇，基本生活由基本养老保险金予以保障。在这种情况下，应当停止其享受失业保险待遇。

(五) 无正当理由，拒不接受当地人民政府指定部门或者机构介绍的适当工作或者提供培训的

建立失业保险制度的目的是保障失业人员的基本生活，促进失业人员再就业。在保障失业人员基本生活的同时，政府和社会还应根据失业人员的自身特点、求职意愿和市场需求，为其提供就业服务、创造就业条件。在这种情况下，失业人员应主动接受政府和社会提供的就业岗位和培训，尽快实现再就业。这不仅可以从根本上解决失业人员的基本生活问题，也可以减轻失业保险基金的支出。为了鼓励失业人员尽快实现再就业，对无正当理由，拒不接受当地人民政府指定部门或者机构介绍的适当的工作或者提供培训的，停止其享受失业保险待遇。另外，此项规定中，无正当理由是关键，一般来讲，无正当理由拒绝介绍的工作应当是与失业人员的年龄、身份状况、受教育程度、工作经历、工作能力及求职意愿基本相符的工作。

(六) 被判刑收监执行的

失业人员在享受失业保险待遇期间，触犯刑律构成犯罪的，或违反有关行政法规给予行政处罚的，应根据对其处罚结果确定是否停止其享受失业保险待遇。对被判刑收监执行的，不存在基本生活问题，应停止其享受失业保险待遇；对判处缓刑或其他行政处罚的，应当继续支付失业保险待遇。

(七) 法律、行政法规规定的其他情形

这是一条概括性规定，主要是考虑到出现上述情形以外的情况，确需停止失业人员享受失业保险待遇时，可由法律、行政法规另行规定。至今法律、行政法规尚未规定其他情形。这一规定还表明，除法律、行政法规有权规定停止享受失业保险待遇的情形外，部门规章、地方性法规和地方规章及政策均不能对此做出规定。

拓展训练9-1

某企业职工小刘2018年因旷工被单位除名。按规定，小刘开始领取失业保险金，期限为24个月。小刘领取10个月后，自2019年12月1日开始被B公司录用，实现重新就业，停止领取失业保险金。2022年12月，B公司因严重污染环境被政府关闭，小刘再次失业。若该地区规定失业前单位和个人缴费累计满3年不足4年的，可领取8个月失业保险金。

(1) 小刘第二次失业可领取多长时间的失业保险金?

分析与解答：

重新就业后再次失业的，缴费时间重新计算，领取失业保险金的期限与前次失业应领取而尚未领取的期限合并计算，最长不超过24个月。

因此，小刘第二次失业，缴费时间为3年，领取期限为8个月，再加上上次应领取而未领取的14个月，应该领取22个月的失业保险金。

(2) 若该地区失业保险金的标准为最低工资的80%，2018年该地区的最低工资为1300元，小刘第二次失业能够领取的失业保险金合计为多少元?

分析与解答：

失业保险金的月标准：1300×80%=1040(元)

小刘共可享受22个月的失业保险金：22×1040=22 880(元)

(3) 若小刘于2023年8月因病去世，有需要供养的直系亲属2人，该地区规定领取失业保险金期间死亡的(不含违法犯罪和交通事故死亡)，可领取一次性的丧葬补助金和抚恤金。丧葬补助金为3个月的失业保险金，抚恤金按供养直系亲属的人数确定：供养1人，为14个月的失业保险金；供养2人，为18个月的失业保险金；供养3人及3人以上，为22个月的失业保险金。请分析小刘的遗属能够享受的待遇合计为多少元?

分析与解答：

一次性丧葬补助金：1040×3=3120(元)

一次性抚恤金：1040×18=18 720(元)

第三节　失业保险实务

一、失业登记

办理失业登记是领取失业保险金的重要条件，办理失业登记是为了让公共服务机构掌握失业人员的情况，及时提供就业指导，促进再就业；也是为发放失业保险待遇提供依据和信息。失业登记的主要内容有失业人员的个人情况、原就业情况、失业时间与原因等失业情况。

失业登记是失业人员户籍所在地社会保险经办机构依据国家有关规定，接受失业人员在终止或解除劳动合同之日起60日内办理失业保险金申领手续，并核定享受失业保险待遇期限和标准以及确定领取方式的过程。

接受失业登记时，应要求失业人员携带本人身份证明、终止或解除劳动关系证明、失业证、求职登记凭证。

职工失业后，应当积极到公共就业服务机构办理失业登记，享受国家有关失业保障及鼓励就业政策。根据一些地方的实践，办理失业登记后，失业人员可以接受公共职业介绍机构提供的免费职业介绍、职业指导服务；参加适应市场需求的职业培训并按规定减免培训费用；按规定享受各项就业扶持政策；符合失业保险金申领条件的，按规定申领失业保险金和其他失业保险待遇。当然，在享受这些权利的同时，还应履行一些义务，具体包括：应该如实向失业登记机构反映求职情况；积极应聘公共职业介绍机构推荐的就业岗位，接受职业指导；积极参加劳动保障部门组织的免费职业培训和各类就业促进项目；接受和配合地区就业援助机构关于失业登记人员求职活动、求职意愿、参加培训等情况调查。

一次失业登记的有效期为6个月，在有效期满后仍然符合失业登记条件的失业人员，应该重新办理失业登记。

二、申领失业保险待遇的程序

失业保险金自办理失业登记之日起计算。失业人员申领失业保险待遇，应当按照一定的程序进行。

(1) 由失业人员失业前所在的单位为其出具终止或解除劳动关系的证明。城镇企业事业单位职工失业，可分为两种情形。

① 终止劳动合同，即双方在合同中约定的期限已到期或者双方约定的合同终止条件出现，合同终止履行，单位不再与其续签劳动合同，造成失业。

② 解除劳动合同，即双方提前终止劳动合同的履行。根据劳动法的规定，解除劳动合同的具体条件包括：第一，双方协商同意解除劳动合同。第二，用人单位可以在下列情况下解除劳动合同：劳动者在试用期间被证明不符合录用条件的；严重违反劳动纪律或者用人单位规章制度的；严重失职、营私舞弊，对用人单位利益造成重大损害的；被依法追究刑事责任的；劳动者患病或者非因工负伤，医疗期满后，不能从事原工作也不能从事由用人单位另行安排的工作的；劳动者不能胜任工作，经过培训或者调整工作岗位，仍不能胜任工作的；劳动合同订立时所依据的客观情况发生变化，致使原劳动合同无法履行，经双方协商不能就变更合同达成协议的；用人单位濒临破产进行法定整顿期间或者生产经营状况发生严重困难，确需裁减人员的。

用人单位在劳动者患职业病或者因工负伤并被确认为全部丧失或者部分丧失劳动能力，患病或者负伤并在规定的医疗期内，女职工在孕期、产期、哺乳期内及法律、行政法规规定的其他情形出现时解除劳动关系的，其行为无效，劳动者应当通过申请劳动争议仲裁维护自己的合法权益。

用人单位应当为失业人员出具解除或终止劳动关系的证明(见图9-1)，证明应当注明失业人员的姓名、年龄等基本情况及解除或终止劳动关系的时间、原因等内容，并告知失业人员是否可以享受失业保险待遇、应当在多长时间内向哪个经办机构提出申领申请等。

解除或终止劳动合同(关系)证明书

你与我单位订立了(固定期限、无固定期限、完成一定工作任务)的劳动合同，合同期内从事___工作。根据《劳动合同法》等有关法律法规的规定，现按下列第___条___款规定于年___月___日解除或终止你与___单位的劳动合同(关系)。

经办人：　　年　月　日

图9-1　解除或终止劳动合同(关系)证明书

(2) 用人单位应将失业人员的名单在7日内报所在地社会保险经办机构备案。

(3) 职工失业后，可以选择是否申领失业保险待遇。愿意申领的，应当持本人身份证、单位出具的终止或解除劳动关系的证明等材料，及时到失业保险关系所在地的失业保险经办机构办理申领登记手续。

(4) 失业保险经办机构对申领申请进行审核，内容包括：申请人提供的证明材料是否真实可靠，申请人参加失业保险和缴纳失业保险费的情况，是否进行过失业登记和求职登记等。对不符合领取条件的申请人，应当书面告知其理由，并告知申请人有异议时可在多长时间内向哪一个劳动保障行政部门提出复议申请；经审核符合领取条件的，应当为失业人员办理领取失业保险金的有关手续。

(5) 领取失业保险金。经失业保险经办机构办理领取失业保险金手续后，失业人员按月到同一个失业保险经办机构领取失业保险金，或由失业保险经办机构开具单据，到指定的银行领取失业保险金。

(6) 丧葬补助金和抚恤金申领。丧葬补助金和抚恤金的申领对象是在领取失业保险金期间死亡的失业人员的家属。失业人员家属应当在失业人员死亡之日起30日内向街道(乡镇)劳动保障管理站提出书面申请。经审核符合条件的，失业保险经办机构于批准的次月委托经办银行发放。

三、失业保险的统筹层次

《失业保险条例》根据不同地区经济发展水平和失业保险工作的现状，规定了相应的统筹形式。直辖市和设区的市实行全市统筹，这将原来大部分实行县级统筹的地区提高为市级(地级市)统筹。这样规定主要考虑直辖市和设区的市经济发展水平相对较高，工作基础较好，市场就业机制正在逐步形成，有条件实行全市统筹。在具体的实施过程中，各地可以结合实际情况，确定不同的全市统筹的实现方式，可以统一管理和调度使用全部基金，也可以统筹调剂使用部分基金，以充分发挥基金保障失业人员基本生活和促进再就业的功能。其他地区的统筹层次，由各省、自治区根据实际情况确定。

四、失业保险关系的转移接续

城镇企业事业单位成建制跨统筹地区转移，失业人员跨统筹地区流动的，失业保险关系随之转迁。《失业保险条例》这样规定主要是考虑城镇企业事业单位成建制跨统筹地区转移前已按规定参加了失业保险，并缴纳了失业保险费。失业人员在跨统筹地区流动前已在享受失业保险待遇。单位和失业人员不能因其转移和流动而中止失业保险关系，否则就会损害其合法权益。单位转移和失业人员流动后，原失业保险关系所在统筹地区的失业保险经办机构应当将其失业保险关系转至迁入的统筹地区，迁入地的失业保险经办机构应当接续其失业保险关系。

五、骗取失业保险待遇的处罚

《失业保险条例》对享受失业保险待遇的条件和停止享受失业保险待遇的情形做了明确的规定。违反规定领取失业保险待遇的，属于违法行为，应当承担相应的法律责任。

在现实生活中，不符合享受失业保险待遇条件，骗取失业保险待遇的行为主要表现为：隐瞒已经就业的事实，以失业人员的身份骗领失业保险待遇；伪造失业登记证件，骗取失业保险待遇；谎报年龄，在享受养老保险待遇的同时，享受失业保险待遇等。这类行为的共同特征是不符合领取失业保险待遇条件的人员通过各种手段编造虚假情况，隐瞒真实情况，以达到非法占有失业保险金和其他失业保险待遇的目的。

为预防和减少骗取失业保险金和其他失业保险待遇的行为，避免失业保险基金流失，《失业保险条例》做出了明确的处罚规定。对情节轻微的，由失业保险经办机构责令退还。所谓情节轻微，一般是指行为人具有骗取时间较短、数额较小、行为系首次发生、主动交代问题并退还所骗待遇等情节。对情节严重的，由劳动保障行政部门处骗取金额1倍以上3倍以下的罚款。所谓情节严重，一般是指行为人骗取时间较长、数额较大，曾经因骗取行为受过处罚仍不改过，组织多人骗取失业保险待遇，拒不退还已骗取的失业保险待遇等情节。对具有这些情节的行为人，应当给予严厉的处罚，除责令其退还外，还应视其情节处以罚款。对触犯刑律，构成犯罪的，经办机构应及时通报司法部门。罚款处罚决定只能由劳动保障行政部门做出，经办机构不能擅自处理。

本章小结

失业保险是指国家通过立法实施的，由社会各方筹集建立基金，旨在通过为符合条件的劳动者提供基本生活保障和相关服务来增强劳动者抵御失业风险能力的一项社会保险制度。失业保险具有保障对象是失业劳动者、保障风险是非自然因素风险、保障形式和内容多样性等特点。

我国失业保险现行制度覆盖城镇各类企业事业单位及职工，城镇企业事业单位按照本单位工资总额的2%缴纳失业保险费，职工按照本人工资的1%缴纳失业保险费。城镇企业事业单位招用的农民合同制工人本人不缴纳失业保险费。失业人员在满足按时缴纳失业保险费、非本人意愿中断就业、已进行失业登记、有求职要求等条件时，能够享受失业保险金、医疗待遇、死亡相关待遇、职业培训和职业介绍等待遇内容，但其待遇享受根据失业前用人单位和本人累计缴费时间而决定的享受期限限定，最长不超过24个月。失业人员在领取待遇期间出现重新就业的、应征服兵役的、移居境外的、享受基本养老保险待遇的、无正当理由拒不接受当地人民政府指定部门或者机构介绍的适当工作或者提供的培训的、被判刑收监执行的等情形时，停止享受失业保险待遇。

失业登记是领取失业保险金的重要条件，是社会保险经办机构依据国家有关规定，接受失业人员在终止或解除劳动合同之日起60日办理失业保险金申领手续，并核定享受失业保险待遇期限和标准以及确定领取方式的过程。失业保险金自办理失业登记之日起计算。

申领失业保险的程序：由原单位为其出具终止或解除劳动关系的证明，并将失业人员的名单在7日内报所在地社会保险经办机构备案，失业保险经办机构对申领申请进行审核，经审核符合领取条件的，应当为失业人员办理领取失业保险金的有关手续。

失业保险基金在直辖市和设区的市实行全市统筹。失业人员跨统筹地区流动的，失业保险关系随之转迁。

习题

一、填空题

1. 失业的统计指标为(　　)，其计算公式为(　　)。

2. 我国城镇登记失业率=(　　)。

3. 失业保险所关注的失业类型为(　　)。

4. 我国享受失业保险待遇的条件包括(　　)、(　　)、(　　)、有求职要求。

5. 领取失业保险金期间死亡的，向其遗属发放(　　)和(　　)。

二、单项选择题

1. 我国失业保险制度的初步建立是在(　　)。

A. 1986年　B. 1951年　C. 2003年　D. 1999年

2. 一次失业登记的有效期为(　　)。

A. 12个月　B. 6个月　C. 18个月　D. 24个月

3. 我国失业保险待遇能够享受的最长期限为(　　)。

A. 12个月　B. 24个月　C. 36个月　D. 98天

三、多项选择题

1. 非自愿性失业包括(　　)。

A. 摩擦性失业　B. 结构性失业　C. 周期性失业　D. 季节性失业

2. 我国失业保险的覆盖范围是(　　)。

A. 城镇各类企业及其职工

B. 事业单位及其职工

C. 公务员

D. 与城镇企业签订劳动合同的农民合同制工人

3. 我国下岗职工的“三条保障线”包括(　　)。

A. 由再就业服务中心发放的生活补助　　B. 由失业保险发放的失业保险金

C. 由民政部门发放的低保　　D. 就业津贴

四、简答题

1. 我国失业保险待遇包括哪些内容？

2. 简述停止领取失业保险待遇的情形。

五、实务题

北京市某物流公司员工李某(男，汉族，未婚，大学本科毕业，家庭住址为北京市××区××街1号，身份证号为11010019800101××××，2017年1月参加工作)，于2021年3月因劳动合同到期与公司终止了劳动合同，符合领取失业保险待遇的条件。经审核，李某可以领取10个月的失业保险金，每月900元。根据上述材料，完成“失业人员登记表”和“失业保险申领登记表”，如表9-3和表9-4所示。

表9-3　失业人员登记

填表日期：　年　月　日

姓名		性别		民族		照片
出生年月		文化程度		婚否		
身体状况		政治面貌		社保卡号码		
户口地址	区　路　号　单元　户			邮政编码		
身份证号码			联系人		联系电话	
外语语种			外语水平		计算机水平	
专业技术职务(工种)			职业资格等级		资格证书号码	
学历情况	毕业时间		毕业学校		所学专业	
工作简历	何年何月至何年何月		在何单位		做何工作	
家庭成员	姓名	年龄	工作单位		身份证号	

(续表)

家庭经济状况	(1)高于全市最低生活保障线；(2)低于全市最低生活保障线					
求职培训愿望	1.			2.		3.
求职工种培训专业	1.			2.		3.
原工作单位				隶属关系		
所属行业		经济类型		工商营业执照号码		
失业原因				本单位工作年限		
个人缴纳失业保险情况	自　年　月至　年　月，累计　年 社会保险征缴机构(签章)					
享受失业保险金期限及标准	从办理失业登记的次月，可享受　个月的失业保险金(其中本次)应领　个月，前次尚未领完　个月。 失业保险金每月标准　元，医疗费　元					
原单位意见	经办人： 年　月　日(盖章)			失业保险经办机构审核意见	经办人： 年　月　日(盖章)	
失业人员本人意见	年　月　日(签章)					
办理失业登记时间	年　月　日 经办机构(盖章)					
备注						

注：1.“失业人员登记表”由失业人员本人和失业人员原单位共同填写。

2. 失业人员无正当理由逾期两个月不到户口所在区办理失业登记，视为自动放弃失业保险待遇。

3. 办理失业登记后，此表应及时存入本人档案。

表9-4　失业保险申领登记

编号：

身份证号码							
姓名		性别	□1.男 □2.女	是否参加医疗保险			照片
民族			婚姻状况				
文化程度	□1.大专及以上　□2.高中　□3.中专　□4.初中及以下						
家庭住址							
联系电话				邮政编码			
原工作单位							
原工作单位性质及经济类型	□1.企业(□国有□集体□股份□联营□有限责任公司 □股份有限公司□外商投资□港澳台投资□其他) □2.事业　□3.社团　□4.个体　□5.其他						
参加工作时间				失业时间			
失业原因	□合同期满□辞退或辞职□其他						

(续表)

<table>
<tr><td colspan="3">单位(个人)缴纳失业保险费时间</td><td colspan="2"></td></tr>
<tr><td>有无求职要求</td><td colspan="2">□有求职要求
□无求职要求</td><td>是否进行求职登记</td><td>□已登记
□未登记</td></tr>
<tr><td rowspan="3">家庭状况</td><td>姓名</td><td>关系</td><td>工作或学习单位</td><td>备注</td></tr>
<tr><td></td><td></td><td></td><td></td></tr>
<tr><td></td><td></td><td></td><td></td></tr>
<tr><td>审核意见</td><td colspan="4">核定该同志失业保险金享受期限　月，失业保险金享受数额　元/月
发放时间　年　月至　年　月
经办人：　审核人：　　年　月　日</td></tr>
</table>

注：以上由申领失业保险金的人员填写，请在有选项的栏目□上打“√”。

参考文献

[1] 李丽. 社会保险理论与实务[M]. 北京：中国财政经济出版社，2015.

[2] 夏静. 社会保险理论与实务[M]. 2版. 大连：东北财经大学出版社，2011.

[3] 胡晓义. 社会保险经办管理[M]. 北京：中国劳动社会保障出版社，2011.

[4] 李兵. 社会保险[M]. 2版. 北京：中国人民大学出版社，2016.

[5] 赵越，马兵. 社会保险实务[M]. 北京：北京师范大学出版社，2015.

[6] 潘自影，李晓芳. 社会保险管理与经办实务[M]. 北京：北京师范大学出版社，2011.

[7] 邹莉. 社会保险实务[M]. 上海：复旦大学出版社，2015.

[8] 孙树菡，毛艾琳. 社会保险学[M]. 北京：北京师范大学出版社，2012.

[9] 邓大松. 社会保险[M]. 3版. 北京：中国劳动社会保障出版社，2015.

[10] 郑秉文. 中国养老金发展报告2014——向名义账户制转型[M]. 北京：经济管理出版社，2014.

[11] 郑秉文. 中国养老金发展报告2012[M]. 北京：经济管理出版社，2012.

[12] 吕学静. 社会保障国际比较[M]. 北京：首都经济贸易大学出版社，2013.

[13] 刘晓梅. 中国农村社会养老保险理论与实务研究[M]. 北京：科学出版社，2010.

[14] 刘晓梅，邵文娟. 整合与发展：中国社会养老保险制度研究[M]. 北京：中国财政经济出版社，2014.

[15] 刘晓梅，邵文娟. 社会保障学[M]. 北京：清华大学出版社，2014.

[16] 马瑄. 劳动与社会保障法[M]. 大连：东北财经大学出版社，2015.

[17] 岳宗福. 社会保险法制度解读 • 案例应用与实务答疑[M]. 北京：中国法制出版社，2011.

[18] 孙树菡. 社会保险学[M]. 2版. 北京：中国人民大学出版社，2012.

[19] 潘锦棠. 社会保险原理与实务[M]. 北京：中国人民大学出版社，2011.

[20] 胡晓义. 社会保障概论[M]. 北京：中国劳动社会保障出版社，2012.

[21] 刘畅. 社会保障概论[M]. 北京：北京大学出版社，2012.

[22] 郑功成. 中国社会保障改革与发展战略(养老保险卷)[M]. 北京：人民出版社，2011.

[23] 郑功成. 社会保障学——理念、制度、实践与思辨[M]. 北京：商务印书馆，2000.

[24] 杨伟民，罗桂芬. 失业保险[M]. 北京：中国人民大学出版社，2000.

[25] 孙树菡. 工伤保险[M]. 北京：中国人民大学出版社，2000.

[26] 侯文若，孔泾源. 社会保险[M]. 北京：中国人民大学出版社，2002.

[27] 林义. 社会保险[M]. 北京：中国金融出版社，1998.

[28] 吕学静. 各国失业保险与再就业[M]. 北京：经济管理出版社，2000.

[29] 丁学娜. 社会保险实务实训教程[M]. 西安：西安电子科技大学出版社，2018.

[30] 法律出版社法规中心. 中华人民共和国社会保险法注释本[M]. 北京：法律出版社，2019.

[31] 李丽. 社会保险理论与实务 [M]. 2版. 北京：中国财政经济出版社，2019.

[32] 郑功成. 社会保险法及实践研究[M]. 北京：人民出版社，2020.

[33] 谭建淋. 社会保险知识读本[M]. 北京：经济科学出版社，2020.

[34] 孙林. 社会保险理论与实务[M]. 北京：中国劳动社会保障出版社，2021.

[35] 林义. 社会保险[M]. 5版. 北京：中国金融出版社，2022.